HACIA UNA CRITICA
CULTURAL LATINOAMERICANA

HACIA UNA CRITICA CULTURAL LATINOAMERICANA

PATRICIA D'ALLEMAND

CENTRO DE ESTUDIOS LITERARIOS
"ANTONIO CORNEJO POLAR"

LATINOAMERICANA
EDITORES

Berkeley - Lima
2001

Fotolitos: Pre-Prensa: Color Tech
(tel 011-51-1-241-9406)

ISBN: 0-9704923-4-0

La presente edición cuenta con los auspicios de la
REVISTA DE CRITICA LITERARIA LATINOAMERICANA
que evaluó el manuscrito y contribuyó parcialmente
a financiar su publicación.

Impreso en Ann Arbor, Michigan para
CELACP
CENTRO DE ESTUDIOS LITERARIOS
"ANTONIO CORNEJO POLAR" -

LATINOAMERICANA EDITORES

2125 California St.
Berkeley, CA 94703-1472 - USA
Tel/Fax (510) 883-9443
e-mail: acorpol@socrates.berkeley.edu
Internet: http://celacp.perucultural.org.pe

Berkeley - Lima

Versiones anteriores de secciones de este libro aparecieron en *Bulletin of Latin American Research* 15:3 (1996), *Thesaurus: Boletín del Instituto Caro y Cuervo* XLIX: 3 (1994), *Travesia. Journal of Latin American Cultural Studies* 3: 1-2 (1994), *Nuevo Texto Crítico* 16-17 (1995-96), *Journal of Hispanic Research* 3 (1994-95), *Estudios. Revista de Investigaciones Literarias* 2 (1993), *Neophilologus* LXXXIV: 1 (2000).

La edición en español de este libro es versión puesta al día de la edición original inglesa publicada por The Edwin Mellen Press, 2000. Título original: *Latin American Cultural Criticism - Reinterpreting a Continent*.

CONTENIDO

AGRADECIMIENTO

Quisiera expresar mi enorme gratitud a William Rowe sin cuyo incansable apoyo y sabia asesoría, la preparación de este libro nunca habría sido posible. En deuda estoy también con los lúcidos consejos de Bernard McGuirk, editor de la versión inglesa de este trabajo, con las fértiles observaciones de John Kraniauskas, Carlos Pacheco y mis colegas en el Queen Mary & Westfield College de la Universidad de Londres y con la paciencia y comprensión brindadas por mi familia.

PROLOGO

Hace unos quince años no se podía hablar de "crítica literaria latinoamericana" y ser tomado en serio. Sonaba o como una actividad marginal, una breve nota a pie de página, tal vez, a la historia de la Crítica Literaria, o como un provincialismo estrafalario inútil para decidir cómo leer la literatura latinoamericana. Al menos éste era el caso en la mayoría de los círculos, con la excepción de los miembros de AELSAL en Europa, o la gente que había trabajado con Antonio Cornejo Polar en el Perú, Venezuela o los Estados Unidos, o con Beatriz Sarlo y Carlos Altamirano en la Argentina. ¿Qué razones se argüían? ¿Por qué esta dificultad para aceptar que la crítica literaria podía constituir una tradición intelectual seria en América Latina?

La pregunta tiene varias dimensiones. Si antes la prestigiosa apelativa de una tradición intelectual tendía a reservarse para la crítica europea, hoy, con el giro hacia la influencia de la Academia Norteamericana, se ha normalizado la idea de que hay una historia intelectual de los países del sur e, inclusive, que la práctica de los estudios latinoamericanos podía ser una formación intelectual de tipo orientalista. El rechazo colonial aparentemente se ha sustituido por la legitimidad. Sin embargo, me temo que esta legitimación sea más de tipo profesional que intelectual y metodológico.

Más precisa es la hipótesis de que son las luchas por el poder institucional las que han tendido a hacer invisibles las tradiciones intelectuales latinoamericanas. En este caso se está hablando –en un orden histórico aproximado– de la estilística, el estructuralismo, el post-estructuralismo, el post-modernismo, la teoría post-colonial, etc., como formas en las que se ha traducido una lucha por el poder interpretativo cuyas líneas argumentativas muchas veces han pasado de largo la producción de teorías y métodos en Latinoamérica. Habría que ver a qué se debe esto. Invocar la globalización es insuficiente, ya que dentro de esta proposición hay una débil analogía entre diferentes clases de procesos –económicos e intelectuales, para hablar de los términos resultantes– y la explicación simplemente reproduce lo que se supone que debería explicar. Rectificaciones recientes a esta situación, como las provenientes de los estudios culturales, los estudios subalternos y la teoría post-colonial, que constituyen los principales tópicos del debate actual, corren el riesgo de tener el mismo efecto, cualquiera que sean sus objetivos explícitos. Estos enfoques, o más bien sus exponentes, tienden a usar su canon de conceptos de tal manera que nadie podría imaginar qué tipos de pensamiento y de modos de proceder similares habían ya existido en América Latina durante un buen tiempo. Es decir, nadie lo imaginaría a no ser que a un académico latinoamericano se le ocurra señalarlo. Y una vez más, el fenómeno al que me refiero tiene sin duda algo que ver con la voluntad de crear un aparato interpretativo capaz de durar lo suficiente para que sus representantes se conviertan en las voces centrales de la academia. Y esto es una debilidad epistemológica: los conceptos usados de este modo se convierten en una pantalla que resta interés a las necesidades y tradiciones específicas a las sociedades latinoamericanas. Y eso, a su vez, determina la agenda investigativa. Queda sin resolver, sin embargo, el principal problema, o sea, la invisibilidad del efecto. Aquí resulta útil recordar por qué es mucho lo que está en juego: de lo que se trata no es de modelos de lectura, sino del prestigio de las humanidades o, quizás más precisamente, de decidir qué métodos necesitamos en una época post-humanista.

Otra forma de afinar el interrogante inicial es considerar el prestigio de la literatura como institución. Cuando en los años setenta, despegó el "boom" editorial de la novela latinoamericana se elaboraron lenguajes y procedimientos críticos sobre esa base y las voces de los críticos se hicieron oír, pero todo eso ocurrió en detrimento de un serio sopesar de la relación entre literatura y conocimiento y, específicamente, de la relación de la literatura no sólo con las muchas formas de conocimiento, sino con la historia y transmisión de las mismas, existentes en el sub-continente. Se menoscabó así el saber local, que cuenta con una genealogía que se remonta sobre todo al siglo XIX, por ejemplo, a Sarmiento. Resulta interesante señalar que aquí convergen dos problemas: lo que este matrimonio entre la crítica literaria y el mercado dejó por fuera y lo que esa crítica latinoamericana concebida a espaldas de las formas de conocimiento locales, excluyó. La respuesta a ambos problemas se podría encontrar en la frase "cultura popular", pero haciendo la aclaración que "popular" no es un valor (eso sería populismo), sino un modo de investigar el campo cultural como totalidad y en su complejidad, como lo hizo Mariátegui.

Sin embargo, el actual énfasis ético en que las ideas de lo colonial y lo subalterno tienden a insistir, por ejemplo, tiene la desventaja de eclipsar la estética de la lectura. La riqueza de la lectura tiende –en los estudios literarios hoy en día– a subordinarse a esquemas conceptuales. El peligro está en olvidar que los lectores se van formando a través del tiempo y que la lectura tiene una historicidad y, más aún, que la función de la crítica podría hacer cambiar la manera en que leemos. Otra dificultad, aparentemente opuesta, es de orden epistemológico. Un cierto profesionalismo de los estudios literarios sostiene, o actúa como si fuera verdad que hay todavía un suficiente grado de universalidad de ciertos conceptos, de modo que esa teoría puede justificarse por su aplicabilidad y esa aplicabilidad es cuestión de ser suficientemente experto en su uso. Ese tipo de postura es incompatible con tomar en serio la posibilidad de un episteme latinoamericano o con el principio de que –para usar una afirmación de un libro publicado en París en 1991– "los universales no explican nada, sino que ellos mismos deben ser explicados".

De nuevo, la dificultad está en que no es suficiente con llamar la atención sobre lo que la gente hace, sino que es también necesario hacer algo diferente. Es aquí donde el libro de Patricia D'Allemand constituye una intervención importante. D'Allemand nos ayuda a comprender y confrontar los problemas esbozados arriba, al explorar las obras de cinco de los más importantes exponentes de la crítica latinoamericana y sugerirnos los aportes metodológicos que ésta nos ofrece. De ahí su preocupación por devolver a dichas obras "su multiplicidad de significaciones y la riqueza de su alcance", lo que significa leerlas como parte de una tradición y como productoras de conocimiento. La puesta a prueba de una tradición es su vigencia en el presente, su capacidad para interpelar con vitalidad las necesidades del presente, o para revelar necesidades que de otra manera no se podrían percibir; lo demás es pedantería.

El estudio de D'Allemand despliega esta vitalidad, crucialmente, por ejemplo, al mostrarnos cómo estos críticos nos introducen a "la complejidad de la esfera cultural y a la pluralidad [...] del corpus de la literatura de la región". Es decir, como ella nos muestra, la crítica literaria latinoamericana es una crítica cultural *avant la lettre*. En el caso de Mariátegui, por ejemplo, quien escribió entre 1920 y 1930, hay una propuesta de estudio de la interrelación de la imaginación artística y social y de interpretación de la literatura como una acción múltiple que involucra lo social, lo político, lo religioso y lo estético. De esa multiplicidad se deriva, justamente, la capacidad de penetrar la densidad de lo local –lo que contrarresta eficazmente los nuevos abordajes universalistas en boga hoy en día. La obra de Mariátegui se nutre de un muy serio análisis de la cuestión del socialismo y lo irracional, un problema que se presentó con particular agudeza en Perú, donde la mayoría de la población vivía en sociedades no modernas. Pero su actitud no es arqueológica. Mariátegui ubica las artes allí donde se inventa el futuro, que es precisamente donde se encuentra la tradición: "La verdadera tradición está invisible, etéreamente en el trabajo de creación de un orden nuevo". ¿Cuál es nuestra tradición invisible?

D'Allemand nos ofrece tanto exposición clara, como crítica necesaria. No evita riesgos, como cuando señala los efectos reductores del nacionalismo de Angel Rama o de su concepción de la ciudad. Y pru-

dentemente llama nuestra atención sobre la utilidad del esfuerzo de
Beatriz Sarlo tanto por abrir una brecha entre la literatura y la política que permita prevenir la reducción de una esfera a la otra, como
por proponer "una redefinición [...] del concepto mismo de la política
y del lugar del discurso político dentro de la esfera pública". Como escribe Sarlo, "Me resisto a pensar la cultura argentina como una empresa de homogeneización realizada en nombre de la identidad nacional". En el caso de Alejandro Losada, un crítico poco leído hoy en
día, D'Allemand lleva a cabo una importante labor de rescate, mos-
trándonos cómo Losada propone un conjunto coherente de conceptos
con el propósito de poner en la mira la relación entre literaturas
latinoamericanas específicas y sociedades y sub-sociedades específicas en períodos temporales determinados. El método de Losada propone así, por un lado, una manera útil de verificar las premisas con
las que trabajamos y, por otro, constatar si ellas son adecuadas al
material objeto de estudio. Losada llama la atención, por ejemplo, sobre la diferencia de las regiones y sobre el hecho de que éstas no
coinciden con las fronteras nacionales. De crucial importancia son
sus modos de ubicar a la literatura dentro del campo cultural en su
sentido más amplio (particularmente desde una óptica antropológica), lo que, entre otras cosas, abre los estudios literarios a géneros de
menor prestigio, como es el caso de las crónicas, testimonios y folletines.

El abordaje de D'Allemand a la obra de Antonio Cornejo Polar es
particularmente útil en tanto que hasta el momento no se ha llevado
a cabo un recuento sistemático de la misma. D'Allemand dirige nuestra atención hacia la vital intervención de Cornejo Polar en contra de
la lectura imperante que, al convertir los valores del mercado del
"Boom" en términos de pseudo-análisis, había conducido a la
marginación de la novela regional. Cornejo prosiguió, además, a
hacer un llamado por una redefinición del corpus de la literatura
latinoamericana. A lo largo de su obra utilizó y desarrolló el concepto
mariateguiano de heterogeneidad como medio de entender la modernidad diferencial de Latinoamérica y de romper con programas conceptuales europeos. La productividad epistemológica de ese concepto
está todavía en proceso de evaluación. Lo que queda claro, sin embargo, es que el estudio de D'Allemand es un manual de fundamental
importancia para aquéllos que quieran saber dónde está la crítica
cultural latinoamericana hoy en día. Si queremos tomar decisiones,
tenemos que conocer la historia del campo que nos concierne; de otra
manera, podríamos estar atendiendo ciegamente a un conjunto de
necesidades ajenas. ¿Cuánto trabajo reciente se limita simplemente a
eso?

William Rowe,
Londres, febrero del 2000

INTRODUCCION

Un viejo cliché con el que todos estamos familiarizados, lo constituye aquella afirmación sobre el supuesto vacío de una reflexión crítica en América Latina; aquella idea de que Latinoamérica "no posee un pensamiento crítico propio" capaz de "fundar" o "configurar" la literatura de la región y de articularla a procesos históricos y culturales más amplios. Y sin embargo, como nos recuerda Antonio Cornejo Polar, este

> vacío que es algo así como una ilusión óptica: parece ser que no hay crítica porque no hemos leído los textos pertinentes con ánimos de incorporarlos en una tradición (con sus continuidades, rupturas y disidencias) que no es ni más ni menos propia que la literatura producida en nuestra América. (Cornejo Polar 1992, ix)

Este tipo de ceguera se explica en parte como resultado de esa tendencia entre los latinoamericanistas a privilegiar las teorizaciones provenientes de los centros académicos metropolitanos a expensas de aquéllas surgidas en las más modestas y menos prestigiosas instituciones latinoamericanas. Por lo general son las primeras las que determinan las agendas investigativas y ponen en circulación los debates, que son acatados ávidamente por las segundas. La inercia de hábitos de pensar coloniales que no acabamos de sacudirnos siguen pesando y teniendo como consecuencia además de la subvaloración del potencial de la región como productora de conocimiento, el silenciamiento de los proyectos surgidos en ella.[1]

No se está sugiriendo que los críticos latinoamericanos no se lean en absoluto; se leen unos más que otros y dentro de aquéllos que se leen, muchas veces se leen con insistencia sobre todo ciertos segmentos de sus obras (o por lo menos se citan), mientras el resto queda en la oscuridad; interesa cuestionar la génesis misma de esta selección de lo que se lee o cita, así como los criterios con que se realiza esa se

---

[1] Este reclamo informa en buena medida las revalorizaciones de la obra crítica y metacrítica de Roberto Fernández Retamar efectuadas por Walter Mignolo desde los debates alrededor de la aplicación de los estudios poscoloniales al espacio latinoamericano (1991, 1996).

lección; hasta qué punto, habría que preguntarse, si ella responde a las necesidades particulares de esas agendas y esos debates emanados de la academia metropolitana; habría que inadagar también en qué medida este tipo de selección que subordina esas voces críticas, no sólo empobrece nuestra lectura, sino que borra las propias agendas de aquéllas, privándoles de su capacidad de interpelación y de configuración de los debates.[2] Para citar sólo dos o tres ejemplos, hay mucho más en las obras de Rama y Cornejo Polar que las nociones de transculturación y heterogeneidad, así como hay mucho más en el pensamiento crítico de Mariátegui que su lectura de la literatura peruana en "El proceso de la literatura" (1986).

La invitación es a incursionar a cabalidad en la crítica latinoamericana y a leer las obras por derecho propio, más allá de los segmentos hechos visibles por esta selección un tanto arbitraria que venimos comentando, evitando además, la tentación de asimilarlas a tendencias dominantes afines como estrategia para legitimarlas; el precio a pagar sería en todo caso alto: la deshistorización de los discursos y su pérdida de significados. No se trata tampoco de negar la posible existencia de afinidades entre objetivos del pensamiento crítico de izquierda o la crítica cultural en América Latina, por ejemplo y, digamos, los estudios poscoloniales o los estudios culturales en sus vertientes más radicales; finalmente, tampoco se trata de rechazar la posibilidad, o aún la utilidad de tender puentes entre unos y otros; se trata más bien de cuestionar los procedimientos y de hacer un llamado de atención sobre los riesgos que una estrategia tal puede involucrar.[3] La invitación es, entonces, a reinsertar esas obras en sus contextos y a entenderlas dentro de tradiciones de pensamiento con características propias, para devolverles su multiplicidad de significaciones y la riqueza de su alcance; pero el objetivo no es simplemente una reconstrucción de valor arqueológico, sino iluminar lo que de vigente hay en los proyectos que proponen y restaurarles su capacidad de intervención en los debates actuales sobre la cultura latinoamericana.

Volviendo a la cita inicial, como lúcidamente señala Cornejo, el vacío a que hace referencia allí no ha estado en la práctica crítica (1992, ix), sino en la reflexión sobre ésta, ya que no contamos con una historia comprensiva del desarrollo de la crítica latinoamericana, sino sólo con bosquejos de algunas líneas de trabajo (Portuondo 1972, Fernández Retamar 1975, Sosnowski 1987, Mariaca Iturri 1992); tampoco contamos con suficientes estudios de obras teóricas o críticas

---

2 Esta preocupación está hasta cierto punto presente tanto en el examen que de la categoría de la transculturación realiza Román de La Campa (1994), como en la discusión que Neil Larsen hace de Mariátegui en relación a los estudios poscoloniales (1996).

3 Un cuestionamiento de una estrategia de lectura asimiladora de Mariátegui al pensamiento poscolonial sustenta el artículo de Neil Larsen citado arriba.

específicas (los mismos autores) ni de los problemas teóricos y metodológicos que la disciplina ha encontrado a su paso o de las vías que ha buscado para resolverlos (Cornejo 1982, Bueno 1991, Rincón 1973, 1978).

El espacio donde se instala este trabajo es justamente el de la reflexión sobre una práctica crítica, la crítica cultural, que cuenta con una ya larga trayectoria en el continente. A riesgo de redundancia, habría que recalcar que al hablar de crítica cultural latinoamericana se está hablando de una práctica crítica históricamente específica, cuyo perfil se busca esbozar, al menos parcialmente, en este libro. La especificidad de los varios proyectos de crítica cultural latinoamericana tiende a diluírse cuando se la homologa al rótulo de "estudios culturales", de tan amplia circulación hoy día.[4] En un reciente libro William Rowe hace un muy pertinente llamado de atención sobre la actual tendencia a asimilar acríticamente los términos "Estudios culturales" y "Cultural Studies"; allí cuestiona la validez de este tipo de homologaciones, que pasan por alto las diferencias históricas entre la tradición inglesa de Cultural Studies y otras tradiciones de análisis cultural tanto *en* América Latina como *sobre* América Latina (1996).[5]

Los proyectos examinados aquí forman parte de un proceso crítico que, por diversas vías, busca dar razón de los rasgos peculiares de literaturas producidas en sociedades atadas desde sus orígenes a centros de dominación externa; constituyen una crítica que opta por un abordaje del fenómeno literario en sus articulaciones históricas y socio-culturales; una crítica que distanciándose de visiones universalizantes y homogeneizantes de la América Latina y su producción literaria, produce reinterpretaciones de ellas que enfatizan la complejidad de la esfera cultural y la pluralidad de proyectos que componen el corpus de la literatura de la región.

El foco del libro lo constituyen algunos de los más importantes hitos en el proceso de desarrollo de la crítica cultural latinoamericana: los escritos de José Carlos Mariátegui, Angel Rama, Alejandro Losada, Antonio Cornejo Polar y Beatriz Sarlo. Obviamente aquella no se agota en las obras de estos autores, pero no queda duda de que a éstas debe las más fértiles alternativas de lectura de las literaturas hispanoamericanas. Este estudio no se propone construir una historia comprensiva de la crítica cultural latinoamericana.[6] Su propósito es más bien examinar de cerca momentos fundamentales en su desenvolvimiento, ofreciendo a la vez un bosquejo del contexto desde

---

[4] Ver, por ejemplo, Moraña (1995).

[5] Para una diferenciación entre los "Cultural Studies" británicos y estadounidenses, ver John Beverley con Goffredo Diana y Vicente Lecuna (1996).

[6] Una historia comprensiva de la crítica cultural continental –tarea que urgiría emprender– debería forzosamente incluir la crítica cultural brasileña, que cuenta con los fundamentales aportes, entre otros, de autores de la talla de Antonio Cândido y de Roberto Schwartz.

el cual aquélla se va formulando y una perspectiva desde la cual leer-
la, con el ánimo de reactivar la productividad de sus textos.

Ahora bien, si a los críticos estudiados en este libro los separan
las diferentes herencias intelectuales y circunstancias históricas a
las cuales se deben, así como las diferentes perspectivas desde las
cuales abordan su objeto, los acerca, sin embargo, su rechazo a concepciones estéticas jerarquizantes que impiden la justa valoración de
la contribución de las culturas populares al particular perfil de las
literaturas del continente. Este trabajo pretende reconstruir las
propuestas de los autores arriba mencionados y realizar un balance
tanto de los logros como de los aspectos problemáticos engendrados
por una disciplina moldeada por su búsqueda de autonomía intelectual.

Uno de los ejes que organiza este estudio lo proporciona tanto el
examen de los modos en que interactúan discursos políticos y discursos estéticos en cada uno de los autores discutidos, como de las posi-
ciones que cada uno de ellos despliega ante la interacción misma de
dichos discursos. En el ámbito latinoamericano tal vez esto no nos
sorprenda: a lo largo de la historia cultural del continente, política y
cultura se entreveran y se informan mutuamente, en más de una
ocasión, con muy diversos resultados. Dentro de este espacio de intersección de las esferas de la política y la cultura, se ubica el debate
sobre "lo nacional" o más precisamente, sobre la producción de identidades nacionales, regionales y continentales que informa las propuestas críticas examinadas aquí. La pregunta por "lo nacional" juega un papel central y en cierta forma ineludible, si se lo mira a través
del lente histórico, en el desarrollo de la crítica cultural del continente; de hecho, cabría argüir que a pesar de las predicciones de muchos, los procesos de globalización actuales no logran hacerla anacrónica.[7] Las diversas maneras en que cada uno de los autores se rela-
cionan con ella son objeto de discusión, junto con las múltiples razones tanto de su persistencia y sus varios significados, como de sus
problemáticos efectos sobre los proyectos aquí considerados.

Todos estos proyectos tienen como punto de partida una convicción en el carácter histórico de los procesos de producción y recepción
estética y cultural, convicción que los separa, en primer lugar, de
todo marco crítico inmanentista y en segundo lugar, de modelos de
lectura universalistas, que impiden la percepción de la diferencia. A
la crítica cultural latinoamericana le interesa precisamente destacar
las diferencias y las peculiaridades tanto de sus letras como de sus
sociedades con respecto a las metropolitanas, poniendo en tela de juicio la legitimidad de los discursos homogeneizadores que sustentan a
tales modelos.

---

[7] Este argumento es convincentemente defendido por Hugo Achugar (1996).

El examen de una crítica que reivindica la especificidad histórica y cultural de la sociedad en que se articula, nos remite al pensamiento de José Carlos Mariátegui, cuya vigencia es garantizada por la permanencia en el continente de una problemática irresuelta aún; en otras palabras, la conflictiva relación entre los distintos proyectos de modernización en que las sociedades latinoamericanas se han embarcado y sus respectivas tradiciones culturales nacionales; tal problemática, de hecho, ha vuelto a ser puesta en primer plano por las ciencias sociales latinoamericanas a partir de los años setenta. Efectivamente, éstas reconocen en el discurso cultural de la generación de Mariátegui, las bases para el desmonte de perspectivas universalistas y eurocéntricas, así como para el desarrollo de una teorización autónoma sobre los procesos sociales y culturales latinoamericanos.[8] En este sentido, los planteamientos de Mariátegui, que serán considerados en el primer capítulo de este trabajo, son punto de referencia obligado para los proyectos de crítica autonomista latinoamericana propuestos durante la década del setenta, proyectos que serán examinados en los capítulos dos, tres y cuatro.

Pero la reflexión estética de Mariátegui no constituye únicamente un antecedente del proyecto de construcción de una crítica latinoamericana autónoma; en realidad, ella merita una relectura que le reconozca una capacidad de intervenir en el debate cultural contemporáneo que va más allá de su "Proceso a la literatura peruana" (1985) y que le restituya la densidad que le es propia y que la disciplina ha venido ignorando. Si bien su discurso político ha sido ampliamente debatido, no han contado con la misma suerte sus escritos sobre el arte y la literatura y más aún, su sutil tratamiento de la relación entre la imaginación artística y la imaginación social, entre la estética y la política, que no somete la lógica de la primera a la de la segunda y que no hace tampoco desaparecer las formas bajo el peso de los contenidos ideológicos. Igualmente relevantes resultan su manejo de la relación entre estética y nacionalismo cultural, así como sus planteamientos sobre lo cosmopolita y lo nacional en la configuración de la cultura peruana y por extensión la latinoamericana. La crítica del continente tiene aún mucho que aprovechar de la propuesta mariateguiana.

Durante las últimas décadas el campo intelectual latinoamericano ha venido produciendo reinterpretaciones de su historia y de su cultura y distanciándose de las perspectivas universalistas que hasta entonces ejercieran un papel hegemónico dentro de las ciencias socia-

---

[8] Otra figura clave de dicha generación sería el dominicano Pedro Henríquez Ureña, a quien, por lo demás, Angel Rama considera pionero en la introducción de una perspectiva antropológica que sirviera de sustento a su empeño por dar cuenta de la peculiaridad de las letras hispanoamericanas en sus *Seis ensayos en busca de nuestra expresión* (1987, 17-18).

les en el continente.[9] A este movimiento de reacción contra el eurocentrismo de dichas perspectivas no ha sido ajena la crítica.[10] Por el
contrario, a él se ha sumado, cuestionando tanto la larga sumisión de
la disciplina a teorías estéticas articuladas a partir del desarrollo de
las literaturas de las metrópolis europeas, como la mecánica aplicación de las mismas al proceso literario de la América Latina, sin
poner en entredicho siquiera, su pretendida validez universal. No se
puede seguir pasando por alto, enfatiza, el hecho que la crítica como
discurso social que es, ha cumplido en Europa funciones sociales
concretas y ellas, evidentemente, no son transferibles. Como no lo
son tampoco las categorías que conforman sus sistemas conceptuales;
las categorías críticas se derivan también de praxis literarias concretas y a su formulación se han comprometido en un esfuerzo colectivo los críticos latinoamericanos más importantes de las últimas décadas.

Esta preocupación por dar una voz y una mirada autónoma a la
crítica del continente, que le permita dar razón de los rasgos propios
de sus letras es recogida por Angel Rama, precursor de este impulso
nacionalizador de la crítica latinoamericana, en el siguiente aparte
tomado de su artículo "Sistema literario y sistema social en Hispanoamérica":

> La sociedad latinoamericana comporta una estratificación y una dinámica
> enteramente distintas de las sociedades europeas de los últimos ciento cin-
> cuenta años y no le son aplicables sin graves deformaciones los esquemas
> teóricos que interpretan a las últimas. Además, la literatura hispanoameri-
> cana, como su sociedad, presupone siempre la existencia previa de la euro-
> pea, mientras que ésta se ha desarrollado, al margen de las normales in-
> fluencias, sobre carriles propios, expandiéndose por el universo respon-
> diendo a sus necesidades intrínsecas y no a las de las zonas que fue encon-
> trando en su camino. (1974, 87-88)

El apelar a estos presupuestos universalistas conduce, de hecho,
al desconocimiento de las particularidades del desenvolvimiento de la
cultura y la literatura latinoamericanas, cuyos rasgos específicos resultan, en el mejor de los casos, diluidos dentro de ese supuesto modelo universal y en el peor, silenciados; sobre todo cuando ellos poco o
nada tengan que ver con las tradiciones occidentales y, en cambio,
mucho con las otras formaciones culturales –indígenas y africanas
primordialmente– que han contribuido a dar el perfil actual a la mal
llamada América Latina.

---

9 Ver por ejemplo el libro de Pedro Morandé (1987), en el que el autor chileno
analiza las limitaciones que a la sociología latinoamericana de las últimas décadas han causado su fundamentación en categorías y modelos "universales" y su
vacío de una reflexión sobre la cultura que hiciera posible el establecimiento de
un espacio de autonomía intelectual para la disciplina.
10 Para una síntesis del estado de la disciplina en el momento de irrupción de los
proyectos de crítica autonomista ver Raúl Bueno (1991).

Por otra parte, la erección del proyecto histórico-cultural europeo en paradigma universal, implica su institución en modelo exclusivo y por lo tanto en estipulador de los parámetros por relación a los cuales van a ser medidas todas las demás propuestas. Establece una visión jerárquica que condena a lo latinoamericano a ser leído como "repetición" como "copia" generalmente "imperfecta" y, en todo caso, siempre a la saga de lo europeo. Asigna a la América Latina el papel de simple receptor y reproductor pasivo de los discursos producidos en los centros de poder, como si el proceso de apropiación y rearticulación de aquéllos se realizara en un vacío histórico y cultural; deshistoriza así el acto de la lectura e ignora el hecho de que el resultado de esta dinámica intertextual constituye un producto nuevo, con características diferentes al "original", con una nueva función y un nuevo significado que le son conferidos por su propio ámbito sociocultural.

A esta problemática pretenden dar respuesta las varias propuestas de crítica autónoma latinoamericana que se han venido desarrollando en las últimas décadas; les interesa ante todo proveer maneras de abordar la producción cultural del continente en su especificidad, rescatando los aportes de las culturas populares y autóctonas, su creatividad, su potencial contrahegemónico, en fin, su capacidad de ofrecer fórmulas distintas a las dominantes.

No se trata de justificar, a estas alturas, la legitimidad de un proyecto tal como el de una crítica latinoamericana autónoma y disputar para ella un espacio en el ámbito académico. Esta tarea se realizó con elocuencia en importantes textos de comienzos de los años setenta, entre los que cabe señalar el influyente trabajo *Para una teoría de la literatura hispanoamericana y otras aproximaciones* del cubano Roberto Fernández Retamar (1975).[11] Ella es un hecho hoy en día; no sólo cuenta con un significativo conjunto de propuestas teóricas y metodológicas, sino con una serie de proyectos de relectura de la historia de la producción literaria de la región, como los coordi-

---

[11] El crítico cubano, quien gozara de enorme prestigio dentro de la intelecualidad de izquierda del continente, concibe su libro como una contribución a la descolonización de la crítica literaria continental. Su propuesta, que forma parte del proceso de institucionalización de la Revolución Cubana, se vincula tanto al desarrollo de políticas culturales provenientes de la misma como a la tradición nacionalista y anti-imperialista del proceso revolucionario cubano. Para una síntesis y contextualización de este trabajo de Fernández Retamar, ver Hugo Achugar (1977). Para un comentario crítico y una evaluación de su significación para la crítica del continente ver Guillermo Mariaca Iturri (1993). Para un intento de articular el discurso de Fernández retamar a los debates culturales de los noventa ver los artículos de Mignolo (1991, 1996).

[12] Alejandro Losada (1991, 1996) funda y coordina desde la Universidad Libre de Berlín primero y luego desde el grupo AELSAL (Asociación para el Estudio de las Literaturas y las Sociedades de América Latina), un proyecto de elaboración co-

nados por Alejandro Losada[12] o Ana Pizarro,[13] proyectos que involucran a la plana mayor de la crítica del continente. Más bien se trata
ahora de realizar un balance tanto de sus logros y perspectivas de
desarrollo, como de sus limitaciones y ello con miras a buscarles alternativas. Entre sus encrucijadas se cuentan, específicamente, la
dimensión nacionalista que la atraviesa y su énfasis en el compromiso político del productor intelectual, objeto ellos de virulento y destructivo desafío esta vez desde el neoliberalismo,[14] a este desafío
deben responder los proyectos de crítica autónoma, haciéndose cargo
de los problemas teórico-metodológicos que dichos ejes conceptuales
le han ocasionado.

Esta búsqueda de autodefinición de la cultura y la literatura
latinoamericanas tienen como trasfondo inmediato tanto la oleada
revolucionaria que, desatada por el proceso cubano, sacudiera al
continente a lo largo de los años sesenta y parte de los setenta, como
la intensificación de la guerra fría en el hemisferio americano. En
este sentido, la agresión norteamericana en contra de Cuba, su manifiesta intención de impedir que esta experiencia política se repita en
otros países latinoamericanos y su abierto apoyo a las fuerzas de la
reacción en los mismos, actúan como incentivo de los discursos anti-
imperialistas que entran en auge por estos años y que alertan sobre
la penetración económica y cultural de la región por parte de los
Estados Unidos. A esta coyuntura se articulan los proyectos nacionalistas y latinoamericanistas, que reactivados y reformulados por
aquel entonces, llegan a ocupar un lugar dominante dentro de la
izquierda del campo intelectual del período. Si bien aquí se hace énfasis en la coyuntura inmediata, conviene recordar que la vocación
nacionalista y anti-imperialista de la izquierda y del pensamiento
progresista latinoamericano se remonta al siglo XIX. Como señala
Jorge Castañeda, históricamente, su proyecto de transformación social ha ido mano a mano con uno de emancipación nacional y aún
continental, donde el principal obstáculo al cambio y la mayor amenaza a la soberanía nacional han provenido de los Estados Unidos.[15]

El ambiente de asedio que experimenta la izquierda como consecuencia de la ofensiva estadounidense conduciría a que la defensa de

---

lectiva de una Historia Social de la Literatura Latinoamericana, proyectos que
continúa desarrollando AELSAL después de la muerte del crítico argentino.

[13] Sobre el proyecto inicialmente dirigido por Angel Rama y Antonio Cândido y
más tarde coordinado por Ana Pizarro, ver Pizarro (1985, 1987).

[14] Sobre las críticas del neoliberalismo al nacionalismo de la izquierda latinoamericana y a su noción de compromiso del trabajo del intelectual, ver William Rowe
(1991).

[15] Para una exploración del por qué de la asociación entre nacionalismo y transformación social, ver Jorge Castañeda (1994).

la identidad cultural de la región y de la autonomía de la producción de sus intelectuales se convirtieran en causa común de sus cuadros. La integración de la América Latina se percibe como una estrategia de resistencia al imperialismo: a la vez que se realizan esfuerzos de intercomunicación concretos a través de revistas, congresos, etc., se reviven las viejas utopías americanistas de Bolívar y Martí; en efecto, la "segunda independencia" del poeta y ensayista cubano se convierte en emblema de la lucha antiimperialista para las izquierdas latino-americanas. Paradójicamente, a esta latinoamericanización del continente contribuirían también las mismas dictaduras militares que cerraran brutalmente este período de agitación revolucionaria, con el éxodo masivo que provocaran y la consecuente puesta en contacto de los exiliados del cono sur, por ejemplo, con las realidades de los países en que se asilaran.

Examinar cómo la defensa de las identidades locales y continentales son asumidas por la crítica latinoamericana de los últimos años, es justamente uno de los objetos de discusión de este trabajo. Los aportes de Angel Rama, Alejandro Losada y Antonio Cornejo Polar al desarrollo de una crítica autónoma comparten de una u otra manera esta experiencia histórica y tratan de responder a la necesidad de formular el aparato conceptual que le confiera a la disciplina independencia para definir su objeto y dar razón de él.

Además de estas posturas nacionalistas, latinoamericanistas y anti-imperialistas, son característicos también un cuestionamiento de la noción tradicional del intelectual y de sus relaciones con la sociedad, una revigorización de la idea del arte comprometido y una revisión del problema de la distancia entre vanguardia política y vanguardia artística, que en la mayoría de los casos conduce a una subordinación de la esfera estética a la de la ideología y la política. Para completar este esquemático bosquejo de algunos de los principales ejes que atraviesan el debate cultural en esos años, habría que añadir la importancia que para el mismo cobrara la Teoría de la Dependencia. En efecto, las perspectivas de análisis que ésta pusiera en boga dentro de las ciencias sociales para dar cuenta de las relaciones entre las zonas centrales y periféricas del sistema capitalista internacional, serían traspuestas acríticamente al campo de la reflexión sobre la circulación de discursos entre la América Latina y las metrópolis; por esta asimilación entre procesos sociales y procesos estéticos y culturales no sólo se diluyen sus diferencias, sino que de hecho se imponen los principios que rigen a los primeros por sobre aquéllos que rigen a los últimos. El cómo estos ejes funcionan en los proyectos de Rama, Losada y Cornejo y los aspectos problemáticos que dentro de los mismos introducen serán discutidos en los capítulos dedicados a cada uno de estos autores.

Al uruguayo Angel Rama se le reconoce no sólo el papel de pionero en el movimiento de renovación de la crítica literaria contemporá-

nea en el continente, sino el de instigador de su proceso de latinoamericanización; al crítico uruguayo se deben los primeros desafíos a
las lecturas "nacionales" de las letras latinoamericanas, los primeros
intentos por plantear la totalidad de la producción de la América
Latina como materia de estudio de una disciplina que amplía su objeto de la dimensión nacional a la continental. A Angel Rama se deben
también las primeras tentativas por construir un discurso crítico
autónomo con respecto de los metropolitanos hasta entonces hegemónicos en la América Latina. Dentro de ellas ocupan un lugar destacado, por excelencia, sus escritos sobre la transculturación narrativa,
que ponen de relieve la vitalidad, la creatividad y la capacidad
contestataria de las culturas populares rurales de que se alimenta
dicha narrativa, escritos que constituyen el foco de nuestro análisis.

A esta tarea de edificación de una crítica que dé cuenta de los
rasgos específicos de la literatura latinoamericana respecto de las literaturas europea o norteamericana se suman tanto el argentino Alejandro Losada como el peruano Antonio Cornejo Polar. Ambos comparten con Rama, además, su interés en el replanteamiento del corpus de la literatura continental, el rescate de las culturas populares,
la deselitización de la disciplina y la revaluación de la noción de
literatura nacional. La obra de Losada conforma uno de los más importantes esfuerzos por dotar a la crítica latinoamericana de un fundamento científico y de un sistema conceptual que sirva de base a su
ya mencionado proyecto de elaboración colectiva de una historia social de la literatura continental. En el capítulo correspondiente a
Losada se hace un seguimiento de la evolución de su sistema teórico
y se sintetizan y discuten las sucesivas definiciones que éste ofrece de
las categorías esenciales de dicho sistema.

La obra de Cornejo Polar, heredera de la rica tradición que sobre
la problemática socio-cultural del Perú se desarrollara en el país
desde los años veinte, se declara deudora del pensamiento de José
Carlos Mariátegui, especialmente en cuanto toca al discurso del
primero sobre las "literaturas heterogéneas", o literaturas forjadas
en la conflictiva intersección de culturas ocasionada por la acción de
la Conquista sobre las sociedades americanas. Su teorización sobre
dichas literaturas, que tuviera como punto de partida su revaloración
de la narrativa indigenista y su esclarecimiento del estatuto socio-
cultural de la misma, abre la posibilidad de una relectura del proceso
literario peruano y de la América Latina desde sus traumáticos orígenes, en términos de su pluralidad de proyectos, de la multiplicidad
de sus articulaciones socio-culturales y de la reivindicación tanto de
sus propuestas heterodoxas, como de su carácter renovador.

El capítulo cinco está dedicado a los trabajos críticos publicados
por la argentina Beatriz Sarlo a lo largo de los años ochenta, los cuales, aunque desde un espacio y un momento muy distintos a aquéllos
en que Mariátegui articulara su discurso, proporcionan al igual que

la obra del peruano, una importante contribución a las propuestas de crítica autonomista de los años setenta. Estrictamente hablando, los escritos de Sarlo que aquí se examinan, son ajenos a tal proyecto; ellos se desprenden de la reflexión que tuviera lugar al interior de la izquierda argentina, una década más tarde, sobre la problemática que la crítica de su país derivara del nacionalismo cultural, de la disolución de los límites entre arte, política e ideología, en fin, de la serie de perspectivas que la izquierda argentina compartiera en los años setenta con el resto de la América Latina y que en mayor o menor grado están presentes, como ya se ha señalado, dentro de los proyectos de crítica autonomista estudiados aquí. El futuro desarrollo de la misma depende, hasta cierto punto, de su habilidad para incorporar las nuevas vías que Sarlo abre al debate cultural en la América Latina.

El capítulo final ofrece un balance de los proyectos examinados, repensando su lugar en el contexto de los debates actuales sobre la literatura y la cultura de la región y sugiriendo perspectivas de desarrollo para la disciplina.

CAPITULO 1

JOSE CARLOS MARIATEGUI: MAS ALLA DE "EL PROCESO DE LA LITERATURA"

Dentro de la vasta literatura que sobre la obra de Mariátegui se ha escrito, relativamente menor es la atención que a su reflexión estética y cultural se ha dedicado.[16] Una relectura de la misma se impone no sólo porque, como es evidente, el retorno de la mirada crítica latinoamericana a la especificidad histórica y cultural continentales a partir de la década de los años setenta cuenta con ella como obvio antecedente, sino por su capacidad para intervenir en un debate que permanece abierto. El discurso crítico de Mariátegui merita una lectura que le restituya su densidad y multiplicidad de dimensiones, característica que por lo general la disciplina literaria ha pasado por alto.

El énfasis de la crítica mariateguista se ha centrado sobre todo en la discusión de su discurso político y en el análisis del mismo con respecto a la tradición marxista, relegando habitualmente a un segundo lugar, la significación de su aporte a la crítica cultural en América Latina. Esta tendencia dentro de los críticos de Mariátegui a divorciar la política de la cultura en sus escritos, y a privilegiar una sobre la otra, introduce una imagen incompleta de su visión y del sentido de su proyecto, ya que para el peruano estas dos esferas, lejos de ser independientes, se intersectan y se nutren mutuamente, como se desprende de su interpretación del potencial transformador del surrealismo, por ejemplo. Esta última ilustra, por lo demás, la importancia que el arte y la cultura revisten dentro de su concepción revolucionaria; generalmente esta importancia sólo le es reconocida al indigenismo, silenciando o relegando junto con las otras manifestaciones de su "faceta idealista", su interés en las propuestas de las vanguardias. Mariátegui no opone indigenismo a vanguardia, ni opta por el primero en detrimento de la segunda; para él, ambos caminos son válidos en el proceso de renovación de la cultura peruana. Con

---

16 Abril (1980), Cornejo Polar (1980c), Dessau (1971), Flores Galindo (1980), Garrels (1976), Larsen (1996), Melis (1971, 1973, 1976, 1980, 1981), Moraña (1984), Moretic (1970), Posada (1968, 1980).

pocas excepciones, entre las que se cuentan Antonio Melis y Alberto
Flores Galindo, los analistas de Mariátegui se han mostrado poco
dispuestos a realizar una lectura positiva de las líneas no ortodoxas
de sus escritos, las cuales resultan ya ignoradas, ya descalificadas
como desviaciones "irracionalistas" o "idealistas" dentro de su marxismo. Esta reticencia de la crítica mariateguista para acercarse a lo
que en realidad constituye uno de los aspectos creativos dentro del
marxismo del peruano ha conducido a una apreciación parcial de sus
planteamientos, lo que, en cierta manera los desvirtúa. Ahora bien,
tal reticencia se explica, en parte, justamente en razón de las dificultades que tradicionalmente han acompañado al pensamiento marxista cuando se trata de dar cuenta del fenómeno creador y en parte,
a un nivel más general al interior de las ciencias sociales latinoamericanas, como consecuencia de la tendencia cientifista dominante en
ellas hasta hace algunos años.[17]

En lo que toca a su estética, el Mariátegui recuperado por la
disciplina es el Mariátegui del séptimo de sus *Siete ensayos de interpretación de la realidad peruana*, ensayo que recoge solamente un
aspecto de sus plurales búsquedas dentro del proceso de creación
intelectual de América. Este estrecho abordaje de Mariátegui es el
caso incluso de uno de sus mejores críticos, Antonio Cornejo Polar,
cuya obra en gran medida se entiende como desarrollo de aspectos
centrales de dicho ensayo, como se puede apreciar en el capítulo de
este trabajo dedicado a él. Por otra parte, este abordaje selectivo del
proyecto crítico de Mariátegui se explica hasta cierto punto en términos de las posturas nacionalistas y anti-imperialistas hegemónicas
dentro de la producción intelectual de la izquierda latinoamericana a
partir de la década de los sesenta, posturas que dentro de la crítica
desembocan en una apuesta por las literaturas articuladas a las
culturas tradicionales locales, en contra de y por sobre las literaturas
urbanas inscritas en los circuitos internacionalizados de la cultura.
Esta bi-polarización de las letras continentales es en todo caso una
perspectiva con más justicia adjudicable a la crítica contemporánea
que a la propuesta mariateguiana.

En síntesis, aunque válida, la visión que del discurso mariateguiano nos ofrecen sus críticos, es una visión parcial; de ella está
ausente buena parte de su reflexión sobre los problemas del arte y la
cultura, reflexión que no constituye un simple apéndice a su discurso
político; por el contrario, en su intento de articulación de ambas
esferas, sin que ello implique la subordinación de la primera a la
segunda y las consecuencias que de esta postura se derivan para su
tratamiento de los lenguajes de vanguardia y su experimentación
formal, la crítica continental contemporánea puede encontrar cami-

---

17 A este problema y a las dificultades para encontrar un nuevo lenguaje crítico
hace referencia Jean Franco en su comentario a la obra de García Canclini *Culturas híbridas: estrategias para entrar y salir de la modernidad* (1992).

nos alternativos a aquéllos que constituyen algunos de sus problemas centrales. No menos útil para el debate cultural actual resulta el examen de la pluralidad de proyectos estéticos que Mariátegui puede manejar y las maneras en que su comprensión del problema nacional le llevan a la reivindicación de la tradición andina y su recuperación para la crítica peruana moderna, pero en cambio, no le llevan a incurrir en actitudes sectarias ni programáticas. El potencial revolucionario y transformador del arte no es monopolio de los espacios articulados a las culturas tradicionales; la renovación de la literatura peruana admite una multiplicidad de búsquedas que no excluye la de los lenguajes producidos en las urbes e insertos en el circuito internacionalizado de la cultura. Finalmente, sería también una gran pérdida para la disciplina el restar importancia a la naturaleza del enfoque mariateguiano del hecho literario, enfoque libre tanto de reducciones aprioristicas, como de lecturas contenidistas; el entusiasmo del crítico peruano por la obra de Martín Adán, por ejemplo, pone en evidencia su concepción integral del arte y su conciencia de que la forma y no solamente el contenido ideológico son objeto de la crítica. Este aspecto de su discurso estético ha sido, en el mejor de los casos, descuidado; por lo general, ha sido menospreciado como parte de su visión "idealista" o "irracionalista". La ortodoxia desde la que se lo ha leído ha impedido la justa valoración de las dimensiones más innovadoras de su propuesta, al descartarlas precisamente a causa de su heterodoxia; el hecho es que Mariátegui se propone abordar, sin romper con una perspectiva histórica y marxista, los problemas de carácter formal específicos de la actividad literaria, problemas que constituyen también, por aquel entonces, el objeto de la teorización de los formalistas rusos. La disciplina le debe aún hoy el crédito de una concepción del arte que rebasa la del reflejo o la representación y enfatiza la de su poder subvertor, anticipatorio y prefigurador; igualmente en deuda se encuentra con respecto a su proyecto de articulación de lo literario, lo histórico y lo ideológico, proyecto que ni cae en el esteticismo ahistorizante, ni reduce el razonamiento crítico a una lectura de orden ideológico, donde los procesos formales resultan ahogados por los contenidos. El objetivo de este capítulo es, precisamente, examinar ese Mariátegui hasta ahora silenciado.

Dentro del proyecto nacionalista revolucionario de Mariátegui sus escritos críticos ocupan un espacio importante. El debate sobre la cultura y la actividad artística constituyen ejes centrales de su discurso y son componente integral de su proyecto de transformación general de la sociedad peruana como, por otra parte, lo ilustra elocuentemente la labor político-cultural que desempeñara su revista *Amauta*.[18]

---

18 Para Mariátegui, la lucha por el socialismo constituye un proyecto a largo plazo que implica no solamente el desarrollo político de las masas, sino un paciente

Si bien Mariátegui no emprende jamás el desarrollo sistemático de una estética, recoge en numerosos artículos sus preocupaciones por el arte y la cultura de su tiempo. De ellos es posible extraer sus perspectivas teóricas, no pocas de las cuales son de absoluta vigencia para la crítica y el debate cultural actuales en Latinoamérica.

El pensamiento latinoamericano debe a Mariátegui la apropiación del marxismo desde una perspectiva nacional y su adecuación a los datos proporcionados por la propia realidad, replanteando de hecho sus presupuestos universalistas y constituyéndolo en instrumento para la revelación de las especificidades no sólo del Perú, sino de las distintas formaciones socio-culturales de la América Latina.

En particular, interesa aquí determinar las articulaciones que en Mariátegui se dan entre su polémica noción de "mito", su concepción de lo nacional-popular y su discurso crítico, con el propósito de establecer su estatuto estético.

El proceso de apropiación de la perspectiva marxista por parte de Mariátegui va acompañado de una amplia reflexión sobre la problemática del arte y la cultura tanto en el seno de las sociedades burguesas, como en el espacio post-revolucionario soviético.[19] En el escenario europeo post-bélico en que le toca vivir, registra el peruano las convulsiones ocasionadas por la guerra al campo intelectual: el quiebre de algunas de las certezas ideológicas de la sociedad burguesa, sobre todo su ilusión de Progreso; el auge de los discursos pacifistas y críticos del orden burgués y el alineamiento de buena parte de la intelectualidad de vanguardia con la revolución y el cambio sociales.[20] Mariátegui sigue con especial interés los desarrollo de las corrientes de vanguardia europeas, sus formulaciones estéticas, las relaciones que éstas se plantean respecto al campo de la política y a los movimientos sociales, en fin, sus propuestas en términos de políticas culturales y de tareas de organización general de la cultura. Durante este período inicial, sin embargo, al igual que su ensayo político, su discurso crítico se desarrolla dentro de una perspectiva internacionalista,[21] desde la cual Mariátegui introduce la serie de temas y problemas arriba mencionados. La mayoría de estos —sin perder totalmente la dimensión internacional— se rearticulan en su pos-

---

trabajo a nivel de la esfera cultural. En este marco hay que ubicar su concepción de la revista *Amauta* que funda en 1926 con el doble propósito de servir de órgano de expresión a las distintas fuerzas progresistas al interior de la sociedad peruana de los años veinte y de estimular un proceso de renovación que busca dirigir, para oponer en bloque a la cultura dominante.

[19] Ver, principalmente, artículos críticos en (1959, 1964b, 1970b).

[20] Ver, por ejemplo, "El grupo Clarté" o "Henri Barbusse" (1964b) y "La emoción de nuestro tiempo" (1970b).

[21] De esta postura dan testimonio, entre otros, sus artículos: "Aspectos viejos y nuevos del futurismo" (1959) o "Nacionalismo e internacionalismo" (1970b).

terior período nacionalista, a su reflexión sobre el arte y la cultura
dentro de su proyecto de transformación social para el Perú.

Ocupa, pues, un lugar privilegiado en los escritos críticos de
Mariátegui su discurso sobre la relación entre el intelectual y la revolución, sobre la articulación entre la vanguardia política y la vanguardia estética. En sus escritos sobre el trabajo político-cultural de
Henri Barbusse y su revista *Clarté*, expresa su inquietud por el compromiso del escritor y del intelectual con la política y por la necesidad
de reunir en una fuerza las dos vanguardias; no resulta difícil encontrar puntos de contacto entre los objetivos que más tarde concibe
para su propia revista *Amauta* y la síntesis que hace del sentido de la
revista de Barbusse dentro de la Francia de los años veinte:

> Significa un esfuerzo de la inteligencia por entregarse a la revolución y un
> esfuerzo de la revolución por apoderarse de la inteligencia. La idea revo-
> lucionaria tiene que desalojar a la idea conservadora no sólo de las insti-
> tuciones sino también de la mentalidad y del espíritu de la humanidad. Al
> mismo tiempo que la conquista del poder, la Revolución acomete la
> conquista del pensamiento. (1964b, 156)

Aunque la crítica haya dejado claramente establecida a ésta
como una de sus preocupaciones fundamentales, ella no ha exami-
nado suficientemente otro aspecto no menos importante de su pensamiento: la relación entre las esferas del arte y de la política; entre los
campos de la producción estética y de la ideología; entre el trabajo del
artista y su militancia política; en fin, su concepción de lo revolucionario en el arte frente a lo revolucionario a nivel social y político. En
Latinoamérica esta discusión se reactivaría a partir de los años sesenta y llegaría a constituirse en un eje bastante problemático para
los proyectos de crítica autonomista que despegarían en la siguiente
década. Ello hace que cobre relevancia el análisis de las búsquedas
mariateguianas.

Mariátegui no reconoce una independencia absoluta al arte respecto de la política, porque la política para él no es otra cosa que "la
trama misma de la historia" (1959, 3-4). Si bien es cierto que para
Mariátegui el "mito de la Inteligencia pura", la pretendida autonomía
del intelectual frente a las ideologías políticas, no es más que la aceptación del *status-quo*, también lo es que él no considera el trabajo del
intelectual o del artista y los discursos políticos, asimilables sin mediación alguna (1969a, 21). En su ya citado artículo "Aspectos viejos y
nuevos del futurismo", Mariátegui afirma, por una parte, que ningún
gran arte puede ser apolítico:

> El artista que no siente las agitaciones, las inquietudes, las ansias de su
> pueblo y de su época, es un artista de sensibilidad mediocre, de compren-
> sión anémica. ¡Que el diablo confunda a los artistas benedictinos, enfermos
> de megalomanía aristocrática, que se clausuran en una decadente torre de
> marfil! (1959, 58)

Lo que no significa que el discurso político subordine la labor del intelectual. Refiriéndose a la actividad del crítico, Mariátegui enfatiza la "indivisibilidad" del "espíritu" del hombre y la consecuente "coherencia" entre su labor intelectual y su pensamiento político. Pero se apresura a añadir que ello no puede implicar el

> ... que considere el fenómeno literario o artístico desde puntos de vista extraestéticos, sino que mi concepción se unimisma, en la intimidad de mi conciencia, con mis concepciones morales, políticas y religiosas, y que, sin dejar de ser concepción estrictamente estética, no puede operar independiente o diversamente (1986, 230-31).

Pero, por otra parte, nos dice, la política no puede ser tampoco dictada por el arte. "... La ideología política de un artista no puede salir de las asambleas de estetas. Tiene que ser una ideología plena de vida, de emoción y de verdad. No una concepción artificial, literaria y falsa..." (1959, 58).

Más clara aún es su postura respecto a los límites entre los campos del arte y la política y a las especificidades de éstos en sus análisis de la estética surrealista y de los postulados ideológicos de dicho movimiento. Para Mariátegui el surrealismo (que a la usanza de la época Mariátegui llamara suprarrealismo), constituye hasta cierto punto un paradigma del potencial renovador y revolucionario dentro del arte de vanguardia. Hay que aclarar, a modo de paréntesis, sin embargo, que para Mariátegui la noción de surrealismo se desarrolla hasta abarcar más allá de la escuela francesa original, para comprender todas las expresiones artísticas que rompiendo radicalmente con el fundamento realista de la estética burguesa, se empeñan en la búsqueda de la "... realidad por los caminos de la fantasía"; pero se trata de una concepción histórica de la misma:

> ... la ficción no es libre. Más que descubrirnos lo maravilloso, parece destinada a revelarnos lo real. La fantasía cuando no nos acerca a la realidad, nos sirve bien poco ... La fantasía no tiene valor sino cuando crea algo real .... (23)

Mariátegui encuentra el sentido histórico del surrealismo en su capacidad de llevar sus metas estéticas y políticas al extremo de sus posibilidades, como se deduce de su visión de las otras corrientes de vanguardia, que se habrían "... limitado a la afirmación de algunos postulados estéticos, a la experimentación de algunos principios artísticos" (46). Tal potencial transformador del surrealismo lo constata el peruano en la confluencia entre sus objetivos estéticos y políticos y la coherencia de los mismos:

> La insurrección suprarrealista entra en una fase que prueba que este movimiento no es un simple fenómeno literario, sino un complejo fenómeno *espiritual*. [Léase cultural] No una moda artística sino una protesta del espíritu. Los suprarrealistas pasan del campo artístico al campo político. Denuncian y condenan no sólo las transacciones del arte con el decadente

pensamiento burgués. Denuncian y condenan, en bloque, la civilización capitalista. (42; énfasis mío)

Pero, hay que enfatizar, la convergencia de proyectos no implica asimilación. De hecho, Mariátegui realiza dos lecturas paralelas de la historia y las búsquedas revolucionarias de los surrealistas, haciendo uso de dos lenguajes diferenciados, uno para hablar de sus metas políticas y otro, de sus metas en el orden estético; la cultura constituye el espacio de articulación de ambas esferas. Contrastando el comportamiento del movimiento surrealista con el de los futuristas italianos, Mariátegui subraya el hecho de que en lugar

... de lanzar un programa de política suprarrealista, acepta y suscribe el programa de la revolución concreta presente ... Reconoce validez en el terreno social, político, económico, únicamente al movimiento marxista. No se le ocurre someter la política a las reglas y gustos del arte ... en los dominios de la política y la economía juzga pueril y absurdo intentar una especulación original basada en los datos del arte. Los suprarrealistas no ejercen su derecho al disparate, al subjetivismo absoluto, sino en el arte... (42)

Ahora bien, este "derecho al disparate" y "al subjetivismo absoluto" nada tienen que ver en el discurso de Mariátegui con la idea del "arte por el arte". Por otra parte, esta categoría del "disparate", con su función antirracionalista, jugaría un importante papel en la crítica mariateguiana en términos justamente del carácter histórico y subvertor del arte de vanguardia, respecto de las formas, valores y concepciones del mundo dominantes en la estética burguesa. En efecto, se apresura a señalar Mariátegui que

... nada rehusan tanto los suprarrealistas como confinarse voluntariamente en la pura especulación artística. *Autonomía del arte, sí; pero, no clausura del arte.* Nada les es más extraño que la fórmula del arte por el arte. (47-48; énfasis mío)

El arte no puede funcionar como vehículo de evasión de la realidad. Lo que interesa a Mariátegui en los surrealistas es la relación consecuente entre el artista y el hombre, si bien ello no le lleva a asimilar la lógica que rige la práctica del esteta con la que rige la acción política del hombre. Si en el arte los surrealistas realizarían su proyecto subvertor de la cultura burguesa a través de su recurso al "disparate", en su vida el curso de su acción sería otro, tan gráfica y humorísticamente descrito por Mariátegui:

El artista que, en un momento dado, no cumple con el deber de arrojar al Sena a un *Flic* de M. Tardieu, o de interrumpir con una interjección un discurso de Briand, es un pobre diablo. (48; énfasis en el original)

Algunas aclaraciones sobre la concepción mariateguiana de los procesos de renovación artística en el siglo XX, antes de continuar con la reconstrucción de la función que tanto el "disparate", como el ejercicio de la fantasía y la imaginación y su teoría del mito juegan dentro de sus planteamientos estéticos: en primer lugar, la continua

mención de la vanguardia que venimos haciendo aquí podría equívocamente sugerir la idea de que para Mariátegui toda corriente vanguardista tendría el mismo carácter renovador dentro del campo cultural occidental. Lejos de ello, Mariátegui por el contrario distingue
dentro de las numerosas tendencias de vanguardia, los diferentes
alcances de sus respectivos proyectos.

Aunque el arte de vanguardia en general se articule a una época
de "transición y crisis", no puede definirse él para Mariátegui como
un bloque uniforme, ni mucho menos como una sola búsqueda de un
mundo nuevo: en el arte de vanguardia conviven, añade éste, "...
elementos de revolución con... elementos de decadencia...". Se con-
funden las búsquedas auténticas de un "espíritu nuevo" con las ficti-
cias que se refugian en concepciones conformistas y "teorías derrotis-
tas sobre la modernidad" (30-31). La coexistencia y la confrontación
de dichos elementos tiene lugar aun en la conciencia misma de los
artistas, aunque este hecho se les escape.

> La conciencia del artista es el circo agonal de una lucha entre los dos
> espíritus. La comprensión de esta lucha, a veces, casi siempre, escapa al
> propio artista. Pero finalmente uno de los dos espíritus prevalece. El otro
> queda estrangulado en la arena. (18-19)

No está demás llamar la atención sobre la relativización que sobre el papel de la ideología en el proceso de plasmación artística
realiza Mariátegui, o más bien, la relación mediatizada que entre
arte e ideología subyace al discurso crítico de éste. La ilustración de
este planteamiento del peruano la constituye su análisis del desman-
telamiento del soneto realizado por Martín Adán, obra que a pesar de
su propio autor, tendría un alcance más radical que la del vanguardismo mismo, el cual se habría contentado simplemente "... con decla-
rar la abolición del soneto en poemas cubistas, dadaístas o expresio-
nistas". Martín Adán lo habría subvertido desde dentro, produciendo
el anti-soneto. Esta lectura de Martín Adán arroja luz sobre la importancia que para Mariátegui tiene la forma. El poder subvertor de
Adán está dado en el tratamiento que de ella hace más que en su
contenido:

> ... Martín Adán realiza el anti-soneto. Lo realiza, quizá a pesar suyo,
> movido por su gusto católico y su don tomista de reconciliar el dogma nuevo
> con el orden clásico. Un capcioso propósito reaccionario lo conduce a un
> resultado revolucionario. Lo que nos da, sin saberlo, no es el soneto, sino el
> anti-soneto. No bastaba atacar al soneto de fuera como los vanguardistas:
> había que meterse dentro de él, como Martín Adán, para comerse su
> entraña hasta vaciarlo ... Golpead ahora con los nudillos en el soneto cual si
> fuera un mueble del Renacimiento; está perfectamente hueco; es cáscara
> pura. Barroco, culterano, gongorino, Martín Adán salió en busca del soneto,
> para descubrir el anti-soneto, como Colón en vez de las Indias encontró en
> su viaje la América. (1970a, 156-57)

Ya hemos indicado uno de los parámetros de los que Mariátegui
se sirve para esta tarea de discernimiento crítico, y que implica un

abordaje del problema de la forma; sin embargo, esta afirmación debe matizarse, pues para éste, la renovación técnica no puede ser de ningún modo suficiente para formular un reto ni para construir una alternativa a la estética burguesa. Y ello, porque una verdadera alternativa sólo puede surgir de un cuestionamiento de los valores que conforman el "Absoluto burgués" y sobre los cuales se edifica la cultura burguesa.[22] De esta búsqueda en falso serían ejemplo aquellos artistas que inicialmente asociados al proyecto surrealista, pero que, incapaces de seguirlo hasta sus últimas consecuencias y quedándose en el aspecto externo de la renovación estética, fueran absorbidos e institucionalizados por la sociedad burguesa, o más aún, por el fascismo, como fuera el caso de los futuristas italianos.[23] En síntesis, para Mariátegui es clara la distancia entre renovación técnica (que en ocasiones llama "formal") y renovación cultural:

> No podemos aceptar como nuevo un arte que no nos trae sino una nueva técnica. Eso sería recrearse en el más falaz de los espejismos actuales. Ninguna estética puede rebajar el trabajo artístico a una cuestión de técnica. La técnica nueva debe corresponder a un espíritu nuevo también. Si no, lo único que cambia es el parámetro, el decorado. Y una revolución artística no se contenta de conquistas formales. (1959, 18)

La verdadera ruptura tiene que producirse en el corazón del arte y la cultura burguesas; por eso es que a Mariátegui le interesan dentro de la vanguardia aquellas propuestas que corroen la base racionalista de la estética burguesa. Ya lo señalaría inicialmente con respecto al dadaísmo, movimiento que, nos dice, ... arremete contra toda servidumbre del arte a la inteligencia... [coincidiendo]... con el tramonto del pensamiento racionalista" (69). Años más tarde, Mariátegui revisaría su percepción del alcance de dicho movimiento, señalando sus limitaciones y adjudicándole más bien el papel de punto de despegue del surrealismo, el cual sin renegar del dadaísmo del que procedía, lo habría sobrepasado para empujarlo hasta su, ella sí, radical empresa antirracionalista (43).

Por lo demás, esta perspectiva mariateguiana no se confina en él a su concepción estética, sino que se enmarca dentro de una crítica más amplia al dominio de la Razón burguesa y que permea todo su discurso. De ello da cuenta Antonio Melis, para quien una lectura del proyecto de Mariátegui que no tome en cuenta este eje, corre el riesgo de distorsionarlo, o en el mejor de los casos, pierde de vista aspectos centrales de sus contribuciones. Parte Melis de un cuestionamiento

---

22 Valga recordar aquí que Melis ya había señalado el interés de Mariátegui por las vanguardias en tanto reveladoras de la crisis del mundo burgués y como portadoras de un valor revolucionario, en su ya citado artículo "La lucha en el frente cultural" (1981, 131).

23 Ver "El grupo suprarealista y *Clarté*", (1959, 43) y "Balance del suprarealismo" (45, 46 & 48).

de la definición ideológica que del marxismo de Mariátegui ha venido
proponiendo la crítica mariateguista, crítica que lo describe como un
discurso cargado de elementos irracionalistas atribuidos a su afición
por autores como Nietzsche, Bergson, Freud, Unamuno y especialmente, Georges Sorel.[24] Considera Melis que catalogar a Mariátegui
como un pensador idealista implica pasar por alto coyunturas históricas que inciden sobre su labor como dirigente político, entre ellas su
rechazo al sometimiento de los social-demócratas a la racionalidad
burguesa, y su polémica con el reformismo de éstos, así como con su
concepción evolucionista y positivista del marxismo (1976, 124). Esta
hipótesis de Melis sobre la crítica del peruano a la posición ideológica
de la II Internacional alrededor de la relación de continuidad entre
ésta y el pensamiento burgués, puede verificarse, entre otros, en el
siguiente aparte del ya citado artículo de Mariátegui "La emoción de
nuestro tiempo. Dos concepciones de la vida", en el cual éste contra-
pusiera la atmósfera político-cultural del período pre-bélico a aquélla
de los años posteriores al conflicto:

> La filosofía evolucionista, historicista, racionalista, unía en los tiempos pre-
> bélicos, por encima de las fronteras políticas y sociales, a las dos clases
> antagónicas. El bienestar material, la potencia física de las urbes, habían
> engendrado un respeto supersticioso por la idea del Progreso. La huma-
> nidad parecía haber hallado una vía definitiva. Conservadores y revolucio-
> narios aceptaban prácticamente las consecuencias de la tesis evolucionista.
> Unos y otros coincidían en la misma adhesión a la idea del progreso y en la
> misma aversión a la violencia. (1970b, 13-14)

Por lo demás, la aparición en la época de postguerra tanto del
fenómeno bolchevique, como de la respuesta fascista a éste, habría
despertado en la "vieja burocracia socialista y sindical" al igual que
en la "vieja guardia burguesa", la "nostalgia" por su pacífica convi-
vencia de los años anteriores a la guerra:

> Un mismo sentimiento de la vida vincula y acuerda espiritualmente a estos
> sectores de la burguesía y del proletariado, que trabajan, en comandita, por
> descalificar, al mismo tiempo, el método bolchevique y el método fascista.
> (16)

Sin embargo, para Mariátegui con la guerra la burguesía habría
perdido sus viejos dogmas, sus "mitos heroicos", cayendo en posturas
nihilistas y escépticas. Esta crisis de las certezas burguesas sería
precisamente la que habría abierto el espacio para la búsqueda y
formulación de nuevos "mitos" en las nuevas generaciones, pues sin
ellos, la historia se queda sin motor y la vida del hombre pierde su
sentido histórico. Así expresa Mariátegui su visión de dicha crisis:

> ... la civilización burguesa sufre de la falta de un mito, de una fe, de una
> esperanza! Falta que es su expresión de su quiebra material. La expe-
> riencia racionalista ha tenido esta paradójica eficacia de conducir a la hu-

---

[24] Ver, principalmente, Paris (1981), Paris en Aricó (1978) en Podestà (1981).

manidad a la desconsolada convicción de que la Razón no puede darle ningún camino. El racionalismo no ha servido sino para desacreditar a la razón ... La Razón ha extirpado del alma de la civilización burguesa los residuos de sus antiguos mitos. El hombre occidental ha colocado, durante algún tiempo, en el retablo de los dioses muertos, a la Razón y a la Ciencia. Pero ni la Razón ni la Ciencia pueden satisfacer toda la necesidad de infinito que hay en el hombre. La propia Razón se ha encargado de demostrar a los hombres que ella no les basta. Que únicamente el Mito posee la preciosa virtud de llenar su yo profundo. (1970b, 18-19)

Valga anotar la acertada insistencia de Melis en la articulación de toda lectura de la teoría de Mariátegui sobre el "mito", "componente escencial" de su proyecto, a su polémica con la social-democracia, para no caer en las interpretaciones deshistorizantes de la misma que tienden a dominar la crítica mariateguista, descalificándola simplemente como una ideología irracionalista, o señalándola como uno de los aspectos "impuros" del marxismo mariateguiano (1980, 123), en lugar de interesarse más bien por el pluralismo de la formación ideológica del peruano y por el examen de las relaciones entre sus " ...bases marxistas y leninistas y [su] atención hacia otras líneas de pensamiento ...", lo que podría dar cuenta de los fundamentos "tácticos" de sus planteamientos y sus aportes al marxismo como crítico de las posturas economicistas dentro del mismo (1976, 126, 129-30). En efecto, es como parte de este análisis del ambiente de ruptura intelectual que se vive en la postguerra europea, que Mariátegui recupera tanto la crítica soreliana al socialismo parlamentario, como su denuncia de las "ilusiones del progreso" y finalmente, su discurso del "mito", discurso este último, que el peruano rearticula, refuncionalizándolo, en el suyo propio, como parte fundamental de su proyecto contrahegemónico (1970b, 14). Ya volveremos sobre la significación del mito en el discurso de Mariátegui, pues él se relaciona directamente con las propuestas estéticas que de éste queremos esclarecer aquí y en particular con sus nociones del "disparate" y la fantasía y su función subvertora de los valores burgueses dentro del arte de vanguardia. El mito mariateguiano funciona, en efecto, como uno de los ejes fundamentales de su crítica a la ideología racionalista.

Pero volvamos a la propuesta de revaloración por parte de Melis del "irracionalismo" de Mariátegui como crítica al racionalismo del pensamiento burgués y como intento de fundar un nuevo concepto de racionalidad; así interpreta el autor italiano dicha ruptura de Mariátegui:

> En este culto dogmático de la razón, él percibe el peligro de una subordinación cultural a la burguesía de la fase de ascenso y triunfo. El pensador peruano, entonces trata de fundar un concepto distinto y autónomo de racionalidad ... El límite profundo de la razón tradicional, expresada dentro del movimiento obrero por la ideología social-demócrata, le parece ser su carácter de simple registro de lo existente. Mariátegui en cambio aboga por

una razón creadora que esté a la altura de su deber fundamental de modificar la realidad. (1980, 133-34)

Esta propuesta de Mariátegui, sobre la que nada más nos dice Melis, habría seguramente que buscarla en el discurso de éste sobre el mito.

Señalemos aquí que Melis extiende esta importante hipótesis sobre el pensamiento político mariateguiano a su concepción estética. Tal hipótesis ilumina también la crítica de Mariátegui a los principios estéticos del realismo. Afirma Melis que en el discurso del peruano sobre el realismo se puede efectivamente encontrar "...la intuición de que el dogma del realismo significa, de hecho, la relación de continuidad entre estado burgués y estado proletario (133)".[25] No resulta aventurado sugerir una conexión entre esta observación de Melis sobre la concepción mariateguiana del realismo y su entusiasmo por los procedimientos antirracionalistas del surrealismo y, en general, por el recurso vanguardista al "disparate", a la fantasía y a la imaginación, a la ruptura con el principio de la verosimilitud, como se deduce, entre otros, de su artículo "La realidad y la ficción" (1959, 22-25) o de sus escritos sobre Martín Adán (1970a, 150-57).

Antes de continuar con una reconstrucción de la teoría de Mariátegui sobre el mito, vale la pena traer a colación otra interesante reubicación de un aspecto central de su discurso crítico, tradicionalmente abordado, al igual que su "irracionalismo",[26] desde una perspectiva negativa: su visión de la decadencia de la civilización occidental; tal tema en Mariátegui es por lo general discutido en términos de la "influencia" reaccionaria que sobre él hubiera ejercido el discurso spengleriano. Flores Galindo lo reinterpreta esta vez "en positivo", arrojando luz sobre la contribución −ajena al sentido original de los planteamientos de Spengler− al desarrollo de la conciencia indigenista y nacionalista, no sólo en Mariátegui, sino de hecho, en el Perú. La lectura de Spengler habría sido un factor importante en la

---

[25] Acerca del discurso mariateguiano sobre el realismo, ver Melis (1973, 1981) y Posada (1968). A diferencia de Melis, Posada encuentra los postulados mariateguianos sobre el realismo "insuficientes" y frecuentemente señala la "imposibilidad" por parte de Mariátegui "de comprender problemas teóricos", etc. Habría que sugerir, sin embargo, que el método de Posada se resiente de una lectura en términos de "influencias" y de un contínuo intento de asimilar a Mariátegui a los textos clásicos de la estética marxista, que lo llevan a deshistorizar su discurso y a perder de vista el alcance de las contribucuines críticas de Mariátegui. Finalmente, aunque Moraña (1984, 88-91) define equívocamente la propuesta mariateguiana sobre el realismo burgués y sobre los métodos anti-racionalistas del surrealismo como "realismo", ofrece en cambio un análisis más útil de ella, al enfatizar su función creativa por sobre una función simplemente reproductiva.

[26] Para una interesante contextualización de los elementos "irracionalistas" tanto en el discurso de Sorel como en el de Mariátegui, así como un intento de recuperar la dimensión histórica de la teoría del mito en ambos autores, ver Malcolm Silvers (1980, 19-77).

propuesta mariateguiana de un proyecto histórico alternativo para Latinoamérica, distinto del europeo. "Occidente no tenía que seguir necesariamente el camino del capitalismo". Flores sintetiza el "uso" que de Spengler se hace en la América Latina como sigue:

> *La decadencia de Occidente* se convierte en un verdadero "best seller" en los países de habla hispana ...Pocos sabían que Spengler era un personaje conservador y nadie podía suponer que terminaría como ideólogo del nacional-socialismo. Pero estas referencias políticas en realidad no interesan, porque este texto reaccionario en Europa, tuvo efectos imprevisiblemente revolucionarios en América Latina, robusteciendo y afirmando a quienes hacían la crítica de lo europeo para reivindicar las raíces propias de nuestra cultura. Sin *La decadencia de Occidente*, no se hubiera escrito de la misma manera *Tempestad en los Andes*. (1980a, 43; énfasis en el original)

De hecho, el tratamiento del "irracionalismo" mariateguiano criticado por Melis tiende a recurrir a lecturas de "influencias", en las que efectivamente no se tienen en cuenta ni las matrices ni las mediaciones históricas y culturales que hacen parte de todo proceso de recepción, apropiación y refuncionalización de discursos; tales lecturas pasan por alto no sólo las operaciones involucradas en la selección de los mismos, sino el hecho de que más importante que aferrarse a la importancia de un discurso en su campo intelectual de origen o su significación dentro de él, resulta el determinar la distinta función que ese discurso, una vez rearticulado y readecuado a una nueva realidad, tiene en el nuevo contexto. Desde esta perspectiva hay que repensar la apropiación del discurso soreliano del mito por parte de Mariátegui, con miras tanto a rescatar su dimensión histórica, como a subrayar las especificidades de la coyuntura cultural de Mariátegui.

En este sentido, resulta útil traer a colación algunas observaciones respecto de ciertos condicionantes histórico-culturales de los procesos de intertextualidad registrados en la obra de Mariátegui. En primer lugar, dentro de este intento de reubicación del mito soreliano en los escritos del peruano cabe señalar la experiencia colonidista de Mariátegui, la cual, con su sensibilidad decadentista, opera como una de las matrices discursivas desde las cuales se puede explicar la inclinación de aquél por la ideología antiprogresista y anti-intelectualista del sorelismo (1980, 24). En segundo lugar, el interés mariateguiano por el sorelismo se puede entender también a partir de la relación de Mariátegui con el surrealismo, según la entiende Estuardo Núñez; para éste, Mariátegui no sólo juega un papel fundamental en la introducción del movimiento surrealista en el Perú, sino que en él encuentra

> ... parentesco entre un movimiento que reivindicaba la imaginación y la espontaneidad creativa, con un continente alejado del racionalismo y la Ilustración, donde el sentimiento importaba más que lo racional. (1980, 43)

En tercera instancia, destaca Melis el hecho de que el acercamiento de Mariátegui a las posturas voluntaristas tanto de Sorel
como de Bergson encuentran sentido en las circunstancias históricas
que lo llevan a rechazar el economicismo del marxismo de la Segunda
Internacional y a revaluar el "impulso ideal del movimiento obrero"
por sobre la aceptación pasiva de factores económicos. De la siguiente
manera sintetiza Melis el contexto que da cuenta de este eje en el
discurso mariateguiano.[27]

> Mariátegui se halla en presencia de un proletariado todavía débil y, en
> cambio, de un campesinado casi totalmente indio o mestizo. Su elección ya
> definida en Europa encuentra nuevas razones para afirmarse en la reali-
> dad peruana. La social democracia positivista ya ha hecho bancarrota en
> Europa y le parece una solución totalmente inadecuada para despertar las
> energías de las masas trabajadoras. Por eso, en primer lugar, valoriza las
> tendencias que más se alejan de este burdo economicismo. (1976, 130)

Por otra parte, las críticas de Mariátegui al economicismo y a las
posturas evolucionistas se encuadran dentro del ambiente cultural de
su generación, en donde se exaltan, de acuerdo a José Aricó, "... el
poder de la subjetividad y la acción creadora de la conciencia ... [y se]
privilegia la 'voluntad heroica' ..." Por consiguiente, continúa Aricó,
la perspectiva "idealista" de Mariátegui

> ... está expresando así el reconocimiento del valor creativo de la iniciativa
> política y la importancia excepcional del poder de la subjetividad para
> transformar la sociedad, o para desplazar las relaciones de fuerza más allá
> de las determinaciones "económicas" o de los mecanismos automáticos de la
> crisis .... (1980 142)

Como señala Oscar Terán, la noción de mito incluye una dimensión cultural que Mariátegui funde con la perspectiva económica de
su análisis de la sociedad peruana (1958, 88-89). Por medio de esta
categoría de doble contenido, Mariátegui detecta la especificidad del
problema agrario de su país y diseña su proyecto contrahegemónico,
que involucra una reivindicación de naturaleza tanto económica como
cultural y que articula socialismo y tradición cultural indígena:

> La fé en el resurgimiento indígena no proviene de un proceso de
> "occidentalización" material de la tierra quechua. No es la civilización, no
> es el alfabeto del blanco, lo que levanta al indio. Es el mito, es la idea de la
> revolución socialista. La esperanza indígena es absolutamente revolucio-
> naria .... (1985, 35)

Finalmente, no está de más hacer referencia aquí al siguiente comentario de Flores Galindo sobre el carácter del pensamiento de
Mariátegui:

> El mariateguismo fue la obra de un periodista, un hombre en estrecho con-
> tacto con otros hombres, sumergido en la vida cotidiana, interesado más

---

[27] Para una lectura afín al anti-economicismo mariateguiano ver, también, Terán
(1980b, 172-73).

por el impacto de sus ideas, por la emoción que generaba en sus contemporáneos que por la certeza cartesiana de su pensamiento: de allí la tesis
del marxismo como un mito −fuerza movilizadora, un elan, una agonía, un
entusiasmo vital− de nuestro tiempo. (1980a, 59)

Flores Galindo descalifica toda lectura ortodoxa del pensamiento
mariateguiano porque en él no hay lugar para camisas de fuerza
racionalistas ni doctrinarias. Como subraya William Rowe, la libertad del pensamiento mariateguiano para integrar y transformar productivamente ideas y experiencias provenientes de diversas tradiciones intelectuales y culturales, probablemente no tiene parangón. Es
esta libertad la que le permite articular mito y revolución, pensamiento político-religioso andino y pensamiento político-secular occidental.[28]

Ahora bien, en Georges Sorel, el discurso del mito forma parte
fundamental de su propuesta sindicalista, de naturaleza anti-intelectualista, que aboga por la práctica por sobre la teoría y cuyo contexto lo constituye su crítica al socialismo parlamentario, que ha
perdido su sentido revolucionario. Los planteamientos sorelianos sobre el mito deben leerse en el ámbito de su demitificación de la idea
burguesa del "progreso", del dominio de la razón científica y del posi-
tivismo, de la creencia, en fin, de que la ciencia pueda resolver todos
los problemas sociales (1925, 154), así como de su crítica al racionalismo y al intelectualismo de la social democracia y de su empeño
en mantener el contacto entre las ideas políticas y la realidad: "Es el
supersticioso respeto que presta la social-democracia a la letra de sus
doctrinas, el que hizo inútil todo intento de perfeccionar el marxismo
en Alemania" (141-42). El sindicalismo soreliano, por lo demás de
limitada influencia dentro del movimiento sindicalista en general, se
caracteriza por su énfasis en "lucha de clases, acción directa, huelga
general, destrucción del estado y rechazo a las prácticas de democracia parlamentaria y paz social". El sindicalismo ofrece a la clase
obrera una alternativa respecto de la crisis moral y religiosa de la
sociedad burguesa y de la decadencia propia del capitalismo (Jennings 1985, 117-18).

Dentro de la concepción soreliana, los "mitos sociales",

---

28 Para Rowe (1994, 297-98) el uso mariateguiano de la noción de "mito" evoca una
multiplicidad de significados, entre los cuales se cuentan: "vida espiritual, pasión, experiencia religiosa libre del dogma y del peso institucional de la iglesia ...
la experiencia que del mundo tienen las clases populares...una experiencia que
atraviesa clases y etnias ... la entrada de la experiencia artística en la esfera de
la política". El mito ofrece un puente entre la cultura y la política indígenas, cuyo
lenguaje y pensamiento son religiosos y las grandes tradiciones políticas occidentales que son tradiciones seculares y libertarias. (A menos que se especifique lo
contrario, todas las traducciones al castellano de textos extranjeros citados aquí,
son mías).

... reúnen las más fuertes inclinaciones de un pueblo, de un partido o de una clase, [son] inclinaciones que vuelven una y otra vez a la mente con la insistencia de los instintos en todas las circunstancias de la vida y dan un aspecto de completa realidad a las esperanzas de acción inmediata, esperanzas sobre las que se basa la reforma de la voluntad. (Sorel 1925, 133-34)

Opone Sorel la intuición a la racionalidad; la lucha por el socialismo debería representarse por medio de imágenes y apelar así a las emociones, en lugar de hacerlo a través del argumento y el debate, modalidades que apelan en cambio a la razón. La función del mito es mover a la acción sobre el presente; su eficacia se mide, consecuentemente, de acuerdo a su capacidad para sintetizar y representar las aspiraciones colectivas y por lo tanto, por su capacidad para mover a las masas a la acción (133-36). Sorel define el mito sindicalista como un conjunto de imágenes que apelan entonces a la intuición y provocan la evocación de la lucha socialista; la huelga general, máxima estrategia revolucionaria, constituye el mito de los sindicalistas (137).

La huelga general, más que de los intelectuales constituye una elaboración del movimiento obrero, engloba todos los aspectos fundamentales del socialismo y tiene mayor capacidad de movilización popular que las doctrinas (142 & 77). Richard Humphrey recoge de la siguiente manera la significación que la noción soreliana del mito tuviera para el marxismo:

Fue principalmente a través de esta noción que [Sorel] intentó reemplazar la dimensión utópica de los inicios del socialismo por una teoría social pragmática que realmente reconociera la tradición histórica y que completara la doctrina del determinismo económico planteada por Marx, por una teoría de la libertad creativa en el desarrollo moral del hombre. (1971, 171)

Por su parte dice Malcolm Sylvers que "... debe reconocerse a Sorel el mérito de haber intuido que en la era moderna el ideal social tenía una capacidad de persuasión de las conciencias, similar a la que en la antigüedad ejercían los mitos religiosos" (1980, 55). No es nuestro propósito adentrarnos en un análisis del discurso soreliano del mito; sólo queríamos recordar algunos de sus aspectos centrales y algunas de las contribuciones que le son reconocidas a Sorel dentro del marxismo, para que sirvan de marco a nuestra reconstrucción de la teoría del mito mariateguiano y de su significación para el pensamiento latinoamericano.

En este mismo sentido es particularmente útil dar una ojeada tanto a la apropiación, como a la evaluación que del mito soreliano hace Gramsci, ese otro heterodoxo marxista también rotulado como Mariátegui de irracionalista y voluntarista, en conexión con la presencia de Sorel en su discurso. A propósito de ello llama la atención Melis sobre el esquematismo de la crítica al considerar "lo que es un dirigente y un teórico revolucionario" y al ignorar posturas voluntaristas incluso en Marx, Lenin y Mao (1976, 130).

Gramsci como Mariátegui incorpora el mito soreliano a su discurso. En sus escritos sobre "El príncipe moderno", se sirve de él para su análisis de *El príncipe* de Maquiavelo, confiriendo a esta obra una naturaleza dramática y a su personaje un carácter "mítico". Dice Gramsci que esta obra inaugura una nueva forma de discurso político, que funde ideología y ciencia política "en la forma dramática del 'mito'", confiriéndole un carácter "fantástico y artístico". En ella el personaje central, el "condottiere", personifica y expresa a través de sus valores los principios doctrinales y racionales y representa "plástica y 'antropomórficamente' el símbolo de la 'voluntad colectiva'". Esta forma de representación doctrinal a través de un personaje "concreto", estimula "... la fantasía artística de aquéllos a quienes quiere convencer y da una forma más concreta a las pasiones políticas". Para Gramsci, *El príncipe* puede considerarse un ejemplo histórico del mito de Sorel, en tanto expresión de,

> ... una ideología política que no se presenta como una fría utopía o como un raciocinio doctrinal, sino como una creación de fantasía concreta que opera sobre un pueblo disperso y pulverizado, despertando y organizando su voluntad colectiva. (1980, 135)

El mito aquí, no es una pura abstracción ni tampoco solamente una creación ficticia; pretende, por el contrario, articularse a una realidad histórica particular. *El príncipe* de Maquiavelo apela a un público específico y concreto como elaboración de su propia experiencia y de su conciencia. Y apela a él en un orden emocional y no racional para moverlo a la acción en una determinada dirección, para el caso, la fundación de un nuevo Estado y una nueva estructura social y nacional. *El príncipe* se identifica con la conciencia popular; lo popular, sin embargo, tiene aquí un sentido restringido: no es el pueblo en "general", sino ese,

> ... pueblo al cual Maquiavelo ha convencido ... cuya expresión consciente siente que él representa, que él constituye, con el cual él se identifica: parece que todo el trabajo "lógico" sólo sea una autoreflexión del pueblo, un razonamiento interno que tiene lugar dentro de la conciencia popular y expresa sus conclusiones en un grito apasionado, lleno de urgencia. La pasión, de tanto reflexionarse a sí misma se convierte en "emoción", fiebre, fanatismo de acción. (135-37)

El interés de Gramsci en el mito soreliano está vinculado directamente con su preocupación por las tareas de dirección política, en particular por la concepción y diseño del partido y sus funciones respecto de la necesidad de desarrollo y consolidación de una voluntad colectiva nacional-popular, en el contexto de un país que ha experimentado una sucesión de fracasos en esta empresa, por su carencia históricamente de "... una eficiente fuerza jacobina, ("... una 'encarnación categórica'" de *El príncipe* de Maquiavelo), una fuerza como aquélla que en otras naciones despertó y organizó la voluntad colectiva popular y fundó estados modernos". El proyecto de *El príncipe* de

Maquiavelo le sirve de referente para su labor de forja del "príncipe
moderno", el partido, "... la primera célula en la que se reúnen los
gérmenes de la voluntad colectiva que tienden a hacerse universales
y totales". Y define esta voluntad "... como conciencia operante de la
necesidad histórica, como protagonista de un drama histórico real y
efectivo". Todo intento de formación de esta voluntad colectiva depende de la presencia de los grupos urbanos ubicados en el sector de la
producción industrial, con su cultura histórico-política y, especialmente, de la simultánea irrupción de la masa campesina en la escena
política del país. Así sintetiza Gramsci la función del partido:

> El príncipe moderno debe sin falta ser el predicador y organizador de una
> reforma intelectual y moral, lo que significa crear las bases para un
> posterior desarrollo de la voluntad popular colectiva hacia la realización de
> una más elevada y total forma de civilización moderna. (136-39)

La crítica central de Gramsci a la noción soreliana del mito se
enmarca también dentro del contexto de la teorización del partido
por parte del primero. Gramsci considera el mito soreliano de carácter "abstracto", lo que interpreta en conexión con el rechazo "ético" de
Sorel respecto al jacobinismo. Le reprocha a éste el no haber podido
pasar de su concepción del mito a la comprensión de la necesidad del
partido y haberse quedado en la idea de la huelga general (una
"actividad pasiva"), como máxima realización de una voluntad colectiva ya existente, planteamiento que para Gramsci no da cabida a
una etapa "activa y constructiva" de la misma. La negativa soreliana
a aceptar la validez revolucionaria de todo plan "preestablecido", no
le habría dejado más alternativa que recurrir al "impulso irracional"
o la respuesta "espontánea":

> En Sorel, entonces, dos necesidades estaban en conflicto: la del mito y la de
> la crítica del mito ya que "cada plan pre-establecido es utópico y reaccio-
> nario". La solución, así, se dejaba al impulso irracional, al "azar" [en el
> sentido bergsoniano de "impulso vital"), o sea de la "espontaneidad". (136-
> 38)

La esquemática reconstrucción de la concepción gramsciana del
mito que acabamos de hacer, sirve dos propósitos: de una parte,
ilustra el proceso de resemantización operado en la noción soreliana
al ser incorporada al discurso del italiano, en el cual se informa de un
carácter histórico y, por otra, sugiere como un posible parámetro de
lectura de Mariátegui algunos puntos de contacto entre las circunstancias histórico-políticas de éste y Gramsci. En primer lugar, el hecho de que Mariátegui, al igual que Gramsci, se encuentra comprometido en la tarea de organización del partido y, en segundo lugar, la
preocupación en ambos por la problemática de la nación en conexión
con el proyecto revolucionario. El abordar el discurso mariateguiano
del mito teniendo en cuenta este marco de referencia, además de las
circunstancias ya expuestas, debería ayudarnos a esclarecer el senti-

do histórico y el potencial transformador que aquél adquiere también en el peruano. Finalmente, el interés tanto de Gramsci como de Mariátegui por la articulación de proyecto político, proyecto artístico e imaginario popular, constituirá un tercer punto de contacto entre los dos pensadores, como lo ilustran la lectura de *El príncipe* por el primero y de la literatura indigenista por el segundo: para Mariátegui el indigenismo es un movimiento que deriva su sentido histórico de su raigambre en la cultura de las mayorías silenciadas del Perú, esos "... tres a cuatro millones de hombres autóctonos [cuya presencia] en el panorama mental de un pueblo de cinco millones no debe sorprender a nadie ..." (1985, 333) y su vinculación con las fuerzas que buscan la transformación de su sociedad:

> Basta observar su coincidencia visible y su consanguinidad íntima con una corriente ideológica y social que recluta cada día más adhesiones en la juventud, para comprender que el indigenismo literario traduce un estado de ánimo, un estado de conciencia del Perú nuevo. (327-28)

Ahora bien, la relevancia que el indio cobra para las artes, no proviene –subraya Mariátegui– simplemente de un hecho "intelectual y teorético"; más aún, nos dice, es resultado de un "fenómeno instintivo y biológico". El indio es reivindicado por "... las fuerzas nuevas y el impulso vital de la nación ..." (333). De este movimiento social y cultural se nutre la literatura indigenista. Este discurso de Mariátegui, que realza los elementos de la subjetividad, valorando su poder de transformación de la sociedad y la cultura, se relaciona estrechamente con sus planteamientos –que más adelante expondremos– sobre la creatividad de la imaginación popular y su importancia para todo proyecto artístico y revolucionario; en fin, sobre la importancia del mito como motor de la historia y del cambio. Esta postura de Mariátegui no implica una abdicación de la razón crítica; su labor como intelectual, como uno de los más agudos analistas de su sociedad y de la cultura de su tiempo, así como la empresa que se propusiera con *Amauta*, constituyen amplia prueba de lo contrario. Más bien, ella es expresión de su convicción en la necesidad del rescate de la imaginación, ahogada por el culto a la Razón, para el arte y la política.

El indigenismo es comparado por Mariátegui, por otra parte, con la literatura "mujikista" en términos de su papel en el juicio y condena del feudalismo y en su preparación del terreno para la revolución rusa, a pesar de "... que al retratar al mujik ... el poeta o el novelista ruso estuvieran muy lejos de pensar en la socialización" (328). "Los indigenistas [enfatiza Mariátegui] ... colaboran conscientemente o no en una obra política y económica de reivindicación [de lo autóctono]" (332). Esta idea de la capacidad de la literatura para anticiparse al cambio, tiene, por lo demás, una presencia recurrente en el discurso crítico de Mariátegui: el arte no se limita a representar lo ya existente, sino que asume la función de imaginar nuevos mundos.

Habíamos indicado ya cómo en Mariátegui el mito jugaría un papel esencial en su crítica al racionalismo burgués y cómo él fundamenta su proyecto contrahegemónico. Mariátegui considera que el racionalismo labró la crisis del orden burgués con su erosión del mito, de una "concepción metafísica de la vida": "La crisis de la civilización burguesa pareció evidente desde el instante en que esta civilización constató su carencia de un mito" (1970b, 18-19). Su crisis comenzó con el envejecimiento de su "mito liberal renacentista" y su incapacidad de inspirar al hombre actual como lo hiciera en su momento. "Nada más estéril que pretender reanimar un mito extinto" (21-22).

Ahora bien, aunque a primera vista el lenguaje con el cual Mariátegui se refiere al mito pueda sugerir una noción ajena al devenir histórico, ella de hecho, no puede abstraerse de la historia; por el contrario, se gesta históricamente y corresponde a una visión del mundo producida en una época particular. Efectivamente, mito es equiparado por el peruano, entre otros términos, a "fe", a "esperanza", a "una fuerza religiosa, mística, espiritual". Y así define al socialismo, ese mito que toma el lugar del caduco mito liberal, como un fenómeno "religioso, místico, metafísico":

> La emoción revolucionaria ... es una emoción religiosa, ... [sólo que esos] motivos religiosos se han desplazado del cielo a la tierra. No son divinos; son humanos, son sociables [sic]. (18-22)

El uso de este lenguaje se encuadra, como queda dicho, dentro del rechazo al racionalismo propio de la concepción social-demócrata de los métodos de su acción política y su consecuente incapacidad de acceso a las masas y de satisfacción de sus exigencias emocionales y metafísicas. Todos estos términos, en efecto, experimentan un proceso de resemantización, al ser articulados a una concepción claramente histórica en el discurso mariateguiano: la perspectiva revolucionaria del peruano transforma el imaginario religioso en imaginario social y evoca la posibilidad de modificar la realidad circundante. El mito de la revolución, la religión de "los nuevos tiempos" (23) no tiene una validez transhistórica. Cada época tiene su "verdad". Los mitos, las verdades, son entonces "relativas", nunca absolutas, aunque ellos sean vividos como absolutos en cada etapa de la historia. En ello radica su efectividad, porque el "hombre se resiste a seguir una verdad mientras no la cree absoluta y suprema" (21 & 23). En el mismo sentido, en "La lucha final", dice Mariátegui:

> El mesiánico milenio no vendrá nunca. El hombre llega para partir de nuevo. No puede, sin embargo, prescindir de la creencia de que la nueva fórmula es la jornada definitiva. Ninguna revolución prevé la revolución que vendrá después, aunque en la entraña porte su germen ... El proletariado revolucionario ... vive la realidad de una lucha final. La humanidad, en tanto, desde un punto de vista abstracto, vive la ilusión de una lucha final. (24)

Este carácter "relativo" de la experiencia del mito es justamente
el que le confiere su función de motor de la historia y la renovación
(25-26). De hecho, el mito en Mariátegui, como quiera que éste lo
llame –religión, invención de la imaginación, utopía– corresponde a
un proyecto histórico y tiene un carácter transformador, como tan
bien lo ilustra esta descripción suya de la gesta de la independencia
americana, del mito de los Libertadores:

> Los Libertadores fueron grandes porque fueron ante todo imaginativos.
> Insurgieron contra la realidad limitada, contra la realidad imperfecta de su
> tiempo. Trabajaron por crear una realidad nueva ... La realidad sensible, la
> realidad evidente, en los tiempos de la revolución de independencia, no era,
> por cierto, republicana ni nacionalista. La benemerencia de los libertadores
> consiste en haber visto una realidad potencial, una realidad superior, una
> realidad imaginaria. (37)

Ahora bien, la "imaginación" para Mariátegui no opera con total
abstracción de las circunstancias históricas, que de hecho le imponen
sus límites:

> En todos los hombres, en los más geniales como en los más idiotas, [la
> imaginación] se encuentra condicionada por circunstancias de tiempo y
> espacio. El espíritu humano reacciona contra la realidad contingente. Pero
> precisamente cuando reacciona contra la realidad es cuando tal vez depen-
> de más de ella. Pugna por modificar lo que ve y lo que siente, no lo que ig-
> nora. Luego, sólo son válidas aquellas utopías que nacen de la entraña
> misma de la realidad. (38)

En conclusión, no debería perderse de vista el hecho de que esta
reflexión de Mariátegui constituye, como tanto se ha reiterado, una
búsqueda de alternativas a un socialismo concebido desde una perspectiva positivista, un rediseño tanto de la visión social-demócrata
como burguesa de la política y un empeño en el diseño de una estrategia revolucionaria anclada en la realidad nacional.[29] El mito, que
no apela a la razón, sino a la "pasión" y a la "voluntad", es más capaz
que ella de mover a la acción y a la construcción de un nuevo orden:

> La burguesía niega, / el proletariado, afirma. La inteligencia burguesa se
> entretiene en una crítica racionalista del método, de la teoría, de la técnica
> de los revolucionarios. ¡Qué incomprensión! La fuerza de los revolucio-
> narios no está en su ciencia; está en su fe, en su pasión, en su voluntad ...
> Es la fuerza del Mito. (22)

El mito, por lo demás y ello es un aspecto de enorme vigencia e
interés para el debate actual, se articula con la cultura popular y su
potencial contrahegemónico; el mito, nos dice Mariátegui, no puede
ser un producto de la razón, ni de los intelectuales, sino una invención
de las "multitudes"; ellas, efectivamente, se anticiparían a los inte-
intelectuales en la forja de un nuevo orden:

---

[29] Sobre el vacío de reflexión respecto a la cuestión nacional dentro de la tradición
marxista y su contraparte dentro del pensamiento latinoamericano y en particular mariateguiano, ver especialmente Oscar Terán (1985, 83-85 & 99).

Los profesionales de la Inteligencia no encontrarán el camino de la fe; lo encontrarán las multitudes. A los filósofos les tocará, más tarde, codificar el pensamiento que emerja de la gran gesta multitudinaria .(23)

En "La lucha final" insiste a su vez Mariátegui en el poder de la creatividad del "hombre iletrado" por sobre el intelectual y su posibilidad de encontrar antes que éste "su camino" (27). Y en el Perú, aquella gesta multitudinaria, ese doble proyecto de revolución social y constitución de la nación tendría, como tanto se ha enfatizado, una raigambre autóctona, en su articulación a la cultura indígena, desde cuya perspectiva, su tradicional relación con la tierra coincidiría con las metas socialistas.

No está de más recalcar aquí la cercanía entre los planteamientos de Mariátegui y Gramsci sobre el funcionamiento y la función social del mito, así como sobre los paralelos entre las coyunturas histórico-políticas a las que ambas teorizaciones responden. En este mismo orden de ideas, vale la pena mencionar la aproximación que entre los dos ensayistas hiciera Malcolm Sylvers alrededor de la noción gramsciana de "hegemonía":

> Una notable anticipación del concepto gramsciano de "hegemonía" nos parece su observación de que para vencer una guerra moderna como la de 1914 era necesario despertar la conciencia popular y dar a los factores morales, psicológicos y políticos una importancia mayor que a los mismos factores militares. (1980, 39)

Esta apreciación de Sylvers está basada en el análisis que del papel de Italia en la guerra hace Mariátegui en su exposición "La Intervención de Italia en la Guerra" (1964a, 41-53). De hecho y aunque Sylvers no haga explícita la conexión, esta visión de Mariátegui está contenida en su noción de mito justamente. Ello cobra mayor claridad en el siguiente aparte del artículo "El hombre y el mito" que venimos analizando, donde Mariátegui realza el valor del mito, de la fuerza de la conciencia popular:

> ... la guerra probó, una vez más, fehaciente y trágica, el valor del mito. Los pueblos capaces de la victoria fueron los pueblos capaces de un mito multitudinario. (1970b, 19)

Exploremos ahora la relación entre la teoría mariateguiana del mito y su concepción estética. Cuando Mariátegui habla de "mito", se mueve en un espacio donde se articulan lo histórico y lo "irracional", la subjetividad, la imaginación, la creatividad; opera como un pasaje que permite la comunicación entre la imaginación artística y el imaginario social, con la cultura popular. Y esta interacción es la que confiere al arte su potencial transformador. Porque para Mariátegui, el arte, como se ha venido diciendo, va más allá de la representación. Mariátegui no cesa de enfatizar el poder de la imaginación creadora para la forja de realidades alternativas. Ello es claro tanto en su lectura del indigenismo ya traída a cuento, como en su interpretación de la crisis de la sociedad y la estética burguesas y el papel revolucionario que al arte asigna el peruano.

La decadencia que Mariátegui detecta en la civilización burguesa es también compartida por el arte burgués, decadencia que se constata en su "atomización" y su "disolución", en la pérdida de su "unidad escencial" y en la consiguiente proliferación de escuelas, por el hecho de que ya "no operan sino fuerzas centrífugas". Pero si bien esta crisis es expresión de la quiebra de la cultura burguesa, es a la vez germen de un arte nuevo:

> Pero esta anarquía, en la cual muere, irreparablemente escindido y disgregado el espíritu del arte burgués, preludia y prepara un orden nuevo ... En esta crisis se elaboran dispersamente los elementos del arte del porvenir. (1950, 19)

Los diferentes movimientos convergen con sus aportes para la propuesta de una vía de renovación, renovación que como ya se ha dicho no puede centrarse en el nivel de la técnica sino "... en el repudio, en el desahucio, en la befa del absoluto burgués". Allí radica su "sentido revolucionario".

El vacío de mito que sufre la cultura burguesa es igualmente experimentado por su arte. "La literatura de la decadencia es una literatura sin absoluto". El arte de vanguardia registra la carencia del mito y su necesidad del mismo. "El artista que más exasperadamente escéptico y nihilista se confiesa es, generalmente, el que tiene más desesperada necesidad de un mito" (19).

Al arte toca crear nuevos mitos, nuevos valores, nuevos principios, rompiendo con los caducos que sostienen el orden burgués (21-22). Este doble proceso de ruptura y forja de nuevos proyectos se relaciona directamente con la premisa de Mariátegui de que el punto de partida de una verdadera revolución estética lo constituye la ruptura con el principio realista del arte burgués. "Liberados de esta traba, los artistas pueden lanzarse a la conquista de nuevos horizontes", a la búsqueda de nuevos mitos que puedan sacar al arte de su crisis. "La raíz de su mal [de la literatura moderna] no hay que buscarla en su exceso de ficción, sino en la falta de una gran ficción que pueda ser su mito y su estrella" (23-25). Ya Mariátegui había esbozado en trabajos anteriores a la incorporación de la dimensión nacional a sus reflexiones estéticas, una conexión entre el mito y la cultura popular, esa fuente de imaginación creadora con su potencial contrahegemónico y subvertor del fundamento racionalista del orden burgués.[30] Aunque dicha conexión virtualmente desaparezca de los es-

---

[30] Está al menos sugerida en su artículo "Anatole France" (1964b, 166-167); allí Mariátegui ubica la postura del autor francés como una postura de transición entre una civilización decadente contra la que se pronuncia y una nueva era de revolución con la que no puede comprometerse "espiritualmente", sino únicamente a través de un "acto intelectual". De su obra dice que por todo su rechazo a la

critos críticos internacionalistas, entrará a formar parte esencial de
sus parámetros estéticos en su análisis de la problemática de la literatura nacional, sobre todo en "El proceso de la literatura" –el último
de sus *7 ensayos*– en el cual elabora su propuesta de articulación entre literatura nacional y cultura popular, propuesta de indudable interés para la crítica actual. Más adelante discutiremos este aspecto
de su discurso.

Por otra parte, la defensa que Mariátegui hace de la fantasía y de
la imaginación en el arte, como principal vehículo de erosión del viejo
realismo responden a su convicción de que éste es la mayor garantía
del alejamiento entre arte y realidad:

> El viejo realismo nos alejaba en literatura de la realidad. La experiencia
> realista no nos ha servido sino para demostrarnos que sólo podemos encon-
> trar la realidad por los caminos de la fantasía. (1959, 23)

En otro lugar nos dirá que el recuperar para "... la literatura los
fueros de la fantasía, no puede servir, si para algo sirve, sino para
restablecer los derechos o los valores de la realidad" (178-79). El disparate, la ficción, la fantasía, la imaginación, con su función anti-ra-
cionalista, constituyen los instrumentos de los cuales se sirve el arte
y más precisamente la literatura, para su tarea de demolición del
edificio racionalista sobre el cual se sustenta la estética burguesa.

Su nota publicada en *Amauta* y titulada "Defensa del disparate
puro", escrita a propósito del poema "Gira" de Martín Adán, condensa
la esencia de su estética, su visión de la tarea y los mecanismos
revolucionarios del arte, lo que justifica la reproducción de casi la totalidad de su sugestivo texto:

> Martín Adán toca en estos versos el disparate puro que es, a nuestro pa-
> recer, una de las tres categorías sustantivas de la poesía contemporánea. El
> disparate puro certifica la defunción del absoluto burgués. Denuncia la
> quiebra de un espíritu, de una filosofía, más que de una técnica ... En una
> época revolucionaria, romántica, artistas de estirpe y contextura clásicas
> como Martín Adán, no aciertan a conservarse dentro de la tradición. Y es
> que entonces fundamentalmente la tradición no existe sino como un inerte
> conjunto de módulos secos y muertos. La verdadera tradición está invisible,
> etéreamente en el trabajo de creación de un orden nuevo. El disparate tiene
> una función revolucionaria porque cierra y extrema un proceso de disolu-
> ción. No es un orden –ni el nuevo ni el viejo–, pero sí es el desorden, pro-
> clamado como única posibilidad artística. Y ... no puede sustraerse a cierto
> ascendiente de los términos, símbolos y conceptos del orden nuevo ... Una
> tendencia espontánea al orden aparece en medio de una estridente explo-
> sión de desorden. (1970a, 155)[31]

---

sociedad burguesa, ella de todos modos se alimenta aún de sus valores estéticos,
más que de aquéllos de la cultura popular.

[31] Hay que aclarar que aunque Mariátegui (1985, 306) no explica las otras dos
"categorías sustantivas de la poesía contemporánea", tal vez una clave para entenderlas se pueda encontrar en "El proceso" cuando dice que "por comodidad de

La interpretación mariateguiana de la elaboración que de la crisis de valores de la sociedad burguesa hace el arte de vanguardia, involucra una concepción mucho más compleja de la articulación entre arte y sociedad que la noción de reflejo que maneja la estética lukacsiana, por ejemplo,[32] incapaz esta última de leer la dimensión subvertora de la producción vanguardista y su carácter anticipatorio, así como su capacidad para empeñarse en la búsqueda de proyectos alternativos, lo que constituye justamente el planteamiento del peruano. Por otra parte, este discurso mariateguiano, tan libre de dogmatismos y reduccionismos en su análisis y en la ubicación de lenguajes y búsquedas tan variadas, no sólo al interior de las vanguardias, sino fuera de ellas –como es el caso de su lectura del indigenismo peruano– proporciona una fuente de reflexión plenamente vigente para los proyectos de crítica latinoamericana, que con frecuencia han registrado dificultades para el abordaje de las literaturas de vanguardia.

Ahora bien, Mariátegui sólo legitima desde un punto de vista socialista la dimensión nacional en su discurso estético a partir de sus escritos del año 1925, en particular en su artículo, "Nacionalismo y vanguardismo en la literatura y en el arte", publicado originalmente en *Mundial*, Lima, el 4 de diciembre de 1925.[33] En "Lo nacional y lo exótico" (octubre de 1924), el único carácter que concede Mariátegui al nacionalismo dentro de la discusión sobre la cultura en el Perú es el de servicio a la idea conservadora y de rechazo a la modernización y a la transformación sociales. Para Mariátegui este nacionalismo a más de reaccionario encerraba una actitud oportunista, pues sólo vetaba como extranjerizante toda ideología progresista, mientras que apropiaba sin escrúpulo cualquiera que reforzara su posición. Finalmente, dicho nacionalismo mistificaba la noción de la realidad nacional en cuanto pretendía negar su pertenencia al ámbito occidental:

> El Perú contemporáneo se mueve dentro de la órbita de la civilización occidental. La mistificada realidad nacional no es sino un segmento, una parcela de la vasta realidad mundial.

Occidente proveería el único espacio cultural que le restaría al Perú para edificar su nacionalidad, dada la aniquilación por la conquista española de su vía autóctona (1970a, 25-26).

"categorías sustantivas de la poesía contemporánea", tal vez una clave para entenderlas se pueda encontrar en "El proceso" cuando dice que "por comodidad de clasificación y crítica cabe ... dividir la poesía de hoy [tres categorías primarias:] lírica pura, disparate absoluto y épica revolucionaria...".

32 Ver Lukács (1977).

33 Este artículo constituye la segunda parte del artículo "Nacionalismo y vanguardismo", publicado inicialmente en 1925. Más tarde ambos serían fundidos por Mariátegui en un artículo titulado "Nacionalismo y vanguardismo: En la Ideología política. En la literatura y el arte" (1970a).

La recuperación para la izquierda de la dimensión nacionalista abre a Mariátegui nuevos campos temáticos y le proporciona nuevos ejes desde los cuales abordar el fenómeno artístico en su doble articulación con el espacio socio-cultural latinoamericano y el europeo. Efectivamente, en su mencionado escrito "Nacionalismo y vanguardismo...", en que intenta articular vanguardia política y vanguardia intelectual a través del nacionalismo indigenista de la "nueva generación" (para Mariátegui todo "auténtico vanguardismo" tiene un "sentido nacional"), así como cosmopolitismo y nacionalismo en la literatura de las vanguardias latinoamericanas (las vanguardias argentina y peruana estarían tan informadas de cosmopolitismo como de nacionalismo), Mariátegui propone una lectura radicalmente diferente y mucho más compleja del fenómeno nacionalista dentro de la reflexión sobre la cultura peruana. A ese nacionalismo de la élite conservadora, colonialista y pasatista, aferrada a sus raíces hispanistas y a través de España, latinistas, opone esta vez Mariátegui, descalificándolo por su falta de sustento popular y por su negación de la tradición de las mayorías, un nacionalismo vanguardista, reivindicador de la historia y la cultura indígenas, pilares ellos para la construcción de la legítima nacionalidad peruana, en tanto patrimonio viviente "... de las cuatro quintas partes de la población del Perú" (72). Es en el carácter constructor de este movimiento nacionalista, del indigenismo, donde radica su fuerza revolucionaria, por oposición a ... las viejas tendencias [satisfechas con] representar los residuos espirituales y formales del pasado", carentes del poder de invención y de contenido nacional. "La nación [dice Mariátegui] vive en los precursores de su porvenir más que en los superéstites de su pasado" (76).

Por lo demás, lejos de oponer cosmopolitismo y nacionalismo, Mariátegui los reúne en un sólo fenómeno vanguardista, renovador de la cultura peruana y latinoamericana. Incluso encuentra en el cosmopolitismo una vía de acceso a lo nacional: lo ilustran tanto la vanguardia argentina como la peruana. Por eso, concluye Mariátegui,

> ... por estos caminos cosmopolitas y ecuménicos, que tanto se nos reprochan, nos vamos acercando cada vez más a nosotros mismos. (1970a, 79)

Mariátegui, en realidad constata este puente entre cosmopolitismo y nacionalismo de la vanguardia latinoamericana, más que lo explica; sin embargo, hay varias ideas en el artículo que venimos comentando, que nos permiten rastrear la clave de dicha explicación. Ella se encuentra seguramente en la articulación no hecha explícita por Mariátegui aquí entre cosmopolitismo y cultura popular. Hay que recordar primero que Mariátegui legitima el nacionalismo desde una perspectiva socialista a partir de su análisis del imperialismo y los movimientos de independencia nacional en los países coloniales, para él movimientos que siempre reciben "... su impulso y su energía de la masa popular" (1970a, 74-75). El nacionalismo reivindicado por Mariátegui es de índole revolucionaria y popular; o dicho de otra manera, lo que legitima a un movimiento nacionalista como fenómeno progresista es su carácter popular. A nivel del arte y la literatura a Mariátegui le interesa una renovación que incorpore la cultura de las mayorías, la cultura popular, la cultura nacional. Esas "... cosas del mundo y del terruño ...", lo popular, serían justamente las que tenderían el puente entre lo cosmopolita y lo nacional (79); el carácter nacional de la literatura latinoamericana surgiría a partir de la capacidad del escritor para apropiarse de la cultura popular sin renegar de su formación cosmopolita. Más adelante veremos cómo estos conceptos serán desarrollados por Mariátegui en "El proceso de la literatura" (1985).

El interés por el elemento nacional dentro del discurso crítico de Mariátegui no implica, de ningún modo, el proyecto de imposición de un único programa nacionalista articulado al indigenismo, sobre la producción cultural y literaria del Perú. Por el contrario, como se ha venido señalando, si algo caracteriza al peruano, es su capacidad para manejar una pluralidad de lenguajes y búsquedas literarias como lo recogen sus escritos sobre obras tan diversas como las de Eguren, Martín Adán y los indigenistas.[34] Más aún, en su polémica con Luis Alberto Sánchez a propósito justamente del indigenismo, Mariátegui aclara que éste lejos de constituir un programa, es ante todo un debate abierto, parte de la búsqueda de renovación cultural del Perú. Y añade enfáticamente, que más que "imponer un criterio", su interés está en "contribuir a su formación" (1980, 215). Esta actitud encuadra, en todo caso, dentro de su tentativa de hegemonización de las fuerzas renovadoras tanto en el campo de la política, como en el de la cultura.

Sin embargo, no se haría justicia a Mariátegui si se tomara "El proceso de la literatura" como paradigma y síntesis de su discurso crítico, dado que a partir de él no es posible recoger, como sí lo es, en cambio, a partir de un abordaje del conjunto de sus trabajos, su apertura ante la multiplicidad de vías de renovación en que se empeña la literatura de su tiempo. En el último de sus *7 ensayos*, Mariátegui se propone una relectura del desarrollo de la literatura peruana que desafíe la visión tradicional y monolíticamente hispanista del discurso oligárquico, dominante dentro de la crítica del país y expresada fundamentalmente a través de la obra de Riva-Agüero. "La generación de [éste último habría realizado, en opinión de Mariátegui] la última tentativa para salvar la Colonia" (1985, 349). A ella quiere oponer, desde una perspectiva nacionalista, y desde una concepción dualista

---

34 Sobre Eguren, ver Mariátegui (1985, 293-303) y (1970a, 158-61). Sobre Martín Adán, ver (1970a, 155), y sobre el indigenismo, ver especialmente (1985, 327-348 & 1980, 214-23). Este artículo reúne dos entregas, originalmente publicadas en *Mundial,* Lima, febrero y marzo 1927; constituye su respuesta a Luis Alberto Sánchez en polémica sobre el indigenismo que sostuviera con éste.

de la composición cultural de la sociedad peruana, un proceso literario que busca expresar a esas mayorías silenciadas y marginadas a partir de la Conquista.[35] En efecto, para Mariátegui, la literatura nacional peruana no puede ser estudiada como una literatura ajena a la intervención de una conquista, lo que implica en primera instancia, el irresuelto conflicto entre lo quechua y lo español.

> El dualismo quechua-español del Perú, no resuelto aún, hace de la literatura nacional un caso de excepción que no es posible estudiar con el método válido para las literaturas orgánicamente nacionales, nacidas y crecidas sin la intervención de una conquista. (1985, 236)

Según Antonio Cornejo Polar, uno de sus más eminentes críticos, esta apreciación constituye un salto conceptual respecto a la búsqueda generalizada dentro de los contemporáneos de Mariátegui, de una fórmula unitaria para la literatura y la cuestión nacional. Fórmula unitaria que va desde el hispanismo de Riva-Agüero, pasando por las numerosas propuestas estructuradas alrededor de la teoría del mestizaje y la tentativa de Sánchez, de incorporar la literatura pre-hispánica y la tradición folclórica al corpus de la literatura peruana, hasta la propuesta agresivamente indigenista de More, para quien la matriz nacional es y debe seguir siendo la quechua, aunque el desarrollo histórico haya enturbiado su pureza con componentes occidentales (1982, 20 & 1980c, 50-51). Mariátegui, en cambio, relativiza el principio de unidad de la literatura peruana, develando "el múltiple y conflictivo proceso" que conduciría a ella a partir de una noción de pluralidad cultural en la composición de la sociedad, fruto de "... la invasión y conquista del Perú autóctono por una raza extranjera que no ha conseguido fusionarse con la raza indígena, ni eliminarla, ni absorberla ..." (1982, 23), pluralidad que tendría su correlato en esa cualidad "no orgánicamente nacional" de la literatura peruana. Aunque, como nos recuerda Cornejo Polar, Mariátegui no desarrolla a cabalidad esta última premisa, deja en cualquier caso acotaciones claves para la crítica, como su diferenciación entre literatura indígena y literatura indigenista, pero fundamentalmente, el abrir el camino "para comprender nuestra literatura sin mutilar su pluralidad" (1980c, 55). De hecho, el proyecto del propio Cornejo tiene como punto de partida, en gran medida, estos planteamientos mariateguianos. La heterogeneidad de la literatura y la sociedad peruanas constituyen un eje central de su discurso crítico, como veremos en el capítulo dedicado a su obra.

No sólo esa unidad ansiada por los contemporáneos de Mariátegui no llegaría a efectuarse sino que, como constata Cornejo, en la actualidad habría llegado incluso a perder su legitimidad como

---

[35] Para un análisis de la lectura racista de los otros componentes étnicos de la nación peruana por parte de Mariátegui, tales como la población de origen africano y la inmigración china, ver Elizabeth Garrels (1982).

"objeto deseable".[36] En este sentido, enfatiza Cornejo, el aporte mariateguiano del concepto de la pluralidad conlleva la clausura para la crítica de "... todas las opciones que a nombre de una falsa unidad cercenaban el proceso y el corpus ... [de la literatura peruana]". En los siguientes términos recoge Cornejo las implicaciones que para la crítica de su país tienen la incorporación y desarrollo de la propuesta de Mariátegui:

> ... la aceptación de la heterogénea multiplicidad de la literatura peruana implica, de una parte, la reivindicación del carácter nacional y del estatuto literario de todos los sistemas de literatura no erudita que se producen en el Perú; de otra, permite desenmascarar la ideología discriminadora, de base clasista y étnica, que obtiene la homogeneidad mediante la supresión de toda manifestación literaria que no pertenezca o no pueda ser asumida con comodidad por el grupo que norma lo que es o no es nacional y lo que es o no es literatura. (1982, 23-24 & 1980c, 55-56)

Casi está demás llamar la atención sobre la utilidad que estas proyecciones del discurso mariateguiano pueden tener, con sus debidos ajustes, claro está, al particular contexto histórico-cultural de las varias regiones del continente. Cornejo mismo hace extensiva dicha perspectiva a la lectura de literaturas que elaboran otros tipos de heterogeneidad, tales como "las que surgen de la implantación del sistema esclavista, por ejemplo". Propone igualmente como variantes del fenómeno al indigenismo de las otras naciones andinas, o de México y Guatemala, al negrismo de Centro América y el Caribe, a la literatura gauchesca y a la poética de "lo real maravilloso", ya que todas ellas constituyen "literaturas situadas en el conflictivo cruce de dos sociedades y dos culturas" (1980b, 3-4).

Ahora bien, retomando el discurso de Mariátegui, es claro que, a una literatura sin nación y sin contenido popular, éste busca contraponer una literatura que, capaz de erradicar la Colonia, sirva de piedra fundacional a una literatura verdaderamente nacional. Como justamente señala Cornejo, Mariátegui habría visto "... en Vallejo y los indigenistas de la época a los fundadores del período nacional ... [de la literatura peruana]" (21). La tentativa crítica de Mariátegui se

---

[36] Se hace necesario hacer aquí una precisión respecto a esta interpretación de Cornejo, ya que ella parece pasar por alto el hecho de que, en realidad, la unidad, la integración como ideal, no son ajenas a la perspectiva de Mariátegui. Cornejo tiene toda la razón al resaltar la categoría de la pluralidad como dimensión fundamental de la lectura que aquél hiciera de la sociedad, cultura y literatura del Perú de su época. Sin embargo, como posibilidad proyectada al futuro, esa meta añorada de la unidad está presente más de una vez en su discurso: "El pasado ... dispersa ... los elementos de la nacionalidad, tan mal combinados, tan mal concertados todavía. El pasado nos toca darnos unidad. Al porvenir le toca darnos unidad." (1970a, 24). "He constatado la dualidad nacida de la conquista para afirmar la necesidad histórica de resolverla. No es mi ideal el Perú colonial ni el Perú incaico sino el Perú integral ..." (1980, 222).

entrelaza con una de orden político, por cuanto se trata simultáneamente de oponer un proyecto social alternativo al régimen prevalente. El indigenismo, conciencia del "Perú nuevo", de hecho, prepa-
raría el camino para la revolución social (1985, 327-28). Así evalúa
Mariátegui al hispanismo de Riva-Agüero:

> Riva-Agüero enjuició la literatura con evidente criterio "civilista". Su ensa-
> yo sobre "el carácter de la literatura del Perú independiente" está en todas
> sus partes, inequívocamente transido no sólo de conceptos políticos sino
> aun de sentimientos de casta. Es simultáneamente una pieza de historio-
> grafía literaria y de reivindicación política. El espíritu de casta de los en-
> comenderos coloniales inspira sus esenciales proposiciones críticas que casi
> invariablemente se resuelven en españolismo, colonialismo, aristocratismo
> .... (231-32)

Efectivamente, corrobora Cornejo Polar, el discurso de Riva-
Agüero y sus continuadores, discurso realizado desde el poder por
"una clase que era también una casta",

> expulsó de la nación y de la literatura nacional a todo componente que no
> fuera hispánico en su raíz, forma y espíritu! Lo indígena resultaba ser lo
> "exótico" –es decir: lo no nuestro– y su literatura –en el mejor de los casos–
> un quehacer primitivo sin rango estético y sin vínculo posible con la litera-
> tura nacional. (1982, 20 & 1980c, 51)

A esta necesidad de romper la hegemonía conservadora de la historia literaria nacional, tanto como las presiones políticas que operan
sobre Mariátegui, habría que atribuir al menos en parte, la estrategia que rige la escritura del séptimo ensayo. En realidad, en la acertada opinión de Cornejo Polar, en "El proceso de la literatura" Mariátegui se interesa fundamentalmente por "las relaciones de las clases
sociales con el tipo de literatura que producen, con la crítica que ge-
neran sobre su propia literatura y sobre la que corresponde a otros
estratos y con el modo como –literatura y crítica, productos obviamente ideológicos– se inscriben dentro de diversos y contradictorios
proyectos sociales" (1980c, 52). Este trabajo de Mariátegui debe entonces considerarse como otro dato dentro de la globalidad de su reflexión estética, más que como texto definidor por excelencia de su
propuesta crítica. Sin perder de vista esta observación, examinamos
a continuación sus planteamientos sobre la relación entre el modelo
de lo nacional-popular y la estética, así como sus ideas sobre el indigenismo y su lugar dentro del proceso literario peruano. Desde esta
perspectiva hay que abordar también la potencial tensión que dentro
de su discurso crítico puede establecerse entre sus planteamientos
sobre el realismo y el papel que éste juega dentro de la corriente indigenista. Esta última es, sin embargo, una temática que Mariátegui
no llegaría a desarrollar.

En su "proceso" a la literatura "nacional" y su desfavorable vere-
dicto, parte Mariátegui de la lúcida premisa de que la mediocridad de
la literatura peruana y su carencia de perdurabilidad radican en su

ausencia de raigambre en la tradición popular y su recurso a la instalación en la órbita de la literatura española:

> Los pocos literatos vitales, en esta palúdica y clorótica teoría de cansinos y chafados retores, son los que de algún modo tradujeron al pueblo. La literatura peruana es una pesada e indigesta rapsodia de la literatura española, en todas las obras en que ignora al Perú viviente verdadero. (1985, 244-45)

Por otra parte, esta literatura, desvinculada del pueblo no habría intentado nunca "... traducir el penoso trabajo de formación de un Perú integral, de un Perú nuevo. Entre el Inkario y la Colonia, [optaría] por la Colonia" (242). De hecho, no es posible hablar de literatura nacional allí donde no ha intervenido la imaginación popular, pues para Mariátegui, ésta antecede siempre a la imaginación artística. De ello da testimonio la literatura argentina, para el peruano modelo de literatura capaz de absorber todo tipo de influencias cosmopolitas sin abdicar de su espíritu nacional (243-44).[37]

Ya se ha visto cómo Mariátegui no ve oposición alguna entre cosmopolitismo y nacionalismo. Incluso afirma que el indigenismo "... encuentra estímulo en la asimilación por [la literatura peruana] de elementos de cosmopolitismo" (1958, 329). Tampoco entre indigenismo y vanguardia; el indigenismo sería, de hecho, parte de la vanguardia. Mariátegui no concibe una sola vía de renovación. Nos hemos detenido en esa otra propuesta que ocupara un lugar tan privilegiado en los escritos de éste: la vía del "disparate puro". El indigenismo no pretende monopolizar el proceso de transformación literaria y cultural del Perú. En los siguientes términos expresa Mariátegui el lugar que en esta tarea de renovación del campo cultural peruano asigna al indigenismo:

> El desarrollo de la corriente indigenista no amenaza ni paraliza el de otros elementos vitales de nuestra literatura. El "indigenismo" no aspira indudablemente a acaparar la escena literaria. No excluye ni estorba otras manifestaciones. Pero representa el color y la tendencia más característicos de una época por su afinidad y coherencia con la orientación espiritual de las nuevas generaciones, condicionada, a su vez, por imperiosas necesidades de nuestro desarrollo económico y social. (334-35)

La lectura mariateguiana del proyecto indigenista es, en última instancia y como ya se había adelantado, la más clara ilustración de

---

[37] Esta asociación entre lo nacional y lo popular ya ha sido señalada por Cornejo en su análisis de la periodización de la literatura peruana propuesta por Mariátegui en "El proceso". Ver Cornejo (1980c, 57-58 & 1983, 42). Este análisis se examinará en la sección de este trabajo dedicada a Cornejo Polar, ya que arroja luz sobre un importante aspecto de su perspectiva teórica. Sobre la defensa que Mariátegui hace tanto del indigenismo como de Sarmiento, así como sobre su incapacidad para detectar el anti-indigenismo de Sarmiento, ver Garrels (1976). Garrels discute críticamente la lectura mariateguiana del proyecto nacional de la literatura argentina.

su teoría del mito y de las articulaciones no sólo entre vanguardias políticas y culturales, sino entre arte e imaginario popular.

Las reflexiones de Mariátegui sobre el indigenismo, por otra parte, sientan las bases para el más importante estudio del mismo realizado por la crítica peruana contemporánea. Como ya se verá en el capítulo dedicado a Antonio Cornejo Polar, su proyecto desarrolla, recapitulemos, las siguientes propuestas mariateguianas:

En primer lugar, parte Mariátegui del reconocimiento del carácter no nacional de la literatura peruana y de sus raíces en la fractura y el conflicto irresuelto entre lo quechua y lo español, ocasionado por la Conquista. De esta perspectiva mariateguiana se derivan su empresa de reivindicación de la cultura autóctona y su defensa del indigenismo como primer movimiento dentro de la literatura ilustrada del Perú que intenta articularse a la cultura popular. La apología que de la literatura indigenista realiza en "El proceso a la literatura peruana", incluye un llamado de atención sobre su inevitable "... falta de autoctonismo integral o la presencia más o menos acusada en sus obras, de elementos de artificio en la interpretación y en la expresión ..." Para Mariátegui es claro que el indigenismo es "una literatura de mestizos" y que por ello "no puede darnos una versión verista del indio... [así como] no puede darnos su propia ánima". Por el contrario, es característica necesaria del indigenismo, "... idealizarlo y estilizarlo ...". Esta exterioridad de la literatura indigenista respecto al indio, señala Mariátegui, es característica intrínseca suya; no puede pues, ser utilizada como criterio desmerecedor desde el punto de vista estético. Mariátegui deslinda así, lúcidamente, la literatura indigenista de la indígena: "Por eso se llama una literatura indigenista y no indígena. Una literatura indígena, si debe venir, vendrá a su tiempo. Cuando los propios indios estén en grado de producirla" (335). Si bien es cierto, hay que añadir, esta última aseveración resulta menos afortunada, pues evidentemente la literatura indígena no ha cesado jamás de producirse. Sin embargo, su distinción entre las dos literaturas y su legitimación de la exterioridad del indigenismo se convertirán en ejes de extrema fertilidad discursiva para la tarea de recuperación del indigenismo que emprenderá décadas más tarde Cornejo Polar.

Las respuestas que Mariátegui busca dar a la problemática de un arte y una literatura producidos en una sociedad de origen colonial, con los consecuentes conflictos ocasionados por su composición heterogénea, derivada del trauma de una conquista y de la violenta imposición de una formación cultural sobre otra, no sólo han despejado el camino para una importante parte de nuestra crítica, sino que aún demandan ser examinadas con miras a ofrecer alternativas a algunos de los problemas teórico-metodológicos que afrontan los proyectos de crítica latinoamericana autónoma, problemas que serán discutidos en los siguientes capítulos de este trabajo. Entre ellos se destaca, de hecho, el de la conflictiva articulación entre estética y nacionalismo cultural, con sus riesgos de reduccionismo y polarización para la lectura del fenómeno literario y de sus tradiciones que Mariátegui, no obstante, parece capaz de sortear. Mariátegui se niega a reducir el concepto de lo nacional, a estigmatizar lo cosmopolita y a oponerlos como dos categorías antagónicas o mutuamente exclusivas; sin duda, ello tiene como resultado un discurso mucho más complejo y matizado sobre la pluralidad de las búsquedas estéticas del corpus literario latinoamericano que la versión dominante dentro de la crítica autonomista de las últimas décadas, empeñada en clasificarlo en torno a dos ejes, uno "nacional" que ella legitima y otro "cosmopolita" que o estigmatiza o no sabe cómo leer. La crítica latinoamericana contemporánea tiene mucho que aprovechar de la percepción mariateguiana de las múltiples conexiones entre los componentes cosmopolitas de la cultura peruana e incluso continental y los elementos nacionales de la misma. Y más aún, de la sutileza de su proyecto de articulación de la imaginación artística y la imaginación social; en fin, de sus planteamientos sobre la capacidad creativa, anticipatoria y prefiguradora del arte, por oposición a una función de simple representación o reproducción de la realidad social.

CAPITULO 2

ANGEL RAMA:
LITERATURA, MODERNIZACION Y RESISTENCIA

La obra del uruguayo Angel Rama ocupa un lugar precursor dentro del proceso de renovación de la crítica literaria contemporánea en la América Latina. Ya en los años en que estuviera a cargo de la sección literaria del semanario *Marcha* (1959-1968), una de las publicaciones más progresistas e influyentes a nivel continental por aquel entonces, llenaría un importante vacío teórico al interior de la disciplina al impulsar una óptica socio-histórica para el abordaje de la realidad latinoamericana y su producción artística y literaria. La significación de este aporte podría perderse de vista si no se tiene en cuenta el hecho que éste se ofrece como alternativa a una disciplina hegemonizada en el período por el instrumental inmanentista de la Estilística, que se había probado incapaz de dar razón de cualquier literatura que incorporara una dimensión de compromiso social y político (Portuondo 1975, 45).

Al igual que buena parte de la intelectualidad de izquierda del período y en concordancia con el sentimiento libertario, anti-imperialista y latinoamericanista irradiado por la Revolución Cubana, el trabajo de Rama, marcado por un claro compromiso ante los hechos culturales, se vuelca sobre la problemática de la dependencia de las sociedades americanas y su subordinación a modelos foráneos de desarrollo, así como sobre las consecuencias de tal circunstancia en la esfera de la cultura. Tanto la exploración del problema de la identidad cultural latinoamericana como el seguimiento de las diversas búsquedas autonómicas en que se embarcaran las letras latinoamericanas a partir de la Independencia y las fórmulas de resistencia a la dominación que ellas propusieran, se convierten en núcleos de su discurso. Dentro de aquéllas, la narrativa transculturadora constituiría la expresión por excelencia de la tradición emancipadora americana.

El objeto de su reflexión trasciende las fronteras nacionales para situarse en una dimensión continental, replanteando así la visión compartimentalizada que hasta entonces caracterizaba a la crítica y la historia literarias en América Latina. En el parecer de Rama, este

recorte nacional del proceso literario continental no sólo distorsiona
la realidad de su desarrollo y su comportamiento, sino que es ilegítimo por cuanto pasa por alto el hecho que en la mayoría de países
latinoamericanos la nacionalidad no fue más que una empresa ina-
cabada del proyecto liberal. A la fragmentación arbitraria del continente en estructuras "nacionales" que no se corresponden con su conformación cultural y que tienen su origen en una historia de dominación colonial y neo-colonial, opone la categoría de América Latina,
con miras a una reformulación de los sistemas culturales y literarios
de la región. Esta visión latinoamericanista conlleva una propuesta
de integración continental que no sólo articula su obra crítica, sino
que se manifiesta en su labor como promotor y divulgador cultural:
Rama concibe como instrumentos contribuyentes a la realización de
tal proyecto tanto a la "Biblioteca Ayacucho", de la que fuera director
literario desde su fundación en 1974, como a la revista *Escritura*, que
fundara (1976) y dirigiera en conjunción con Rafael Di Prisco, hasta
su muerte en 1983.[38]

El afán de Rama es el de ampliar el conocimiento del continente
americano y abarcar su literatura más allá del simple manejo de los
textos y las figuras más sobresalientes en sus distintas regiones; su
objetivo es el trazo global de movimientos y proyectos literarios que
permiten recomponer y revalorar el corpus de la literatura continental y entender los procesos histórico-culturales que le confieren sentido. La crítica, tal y como la entiende Rama, tiene como objetivo no
sólo la constitución de la literatura, la construcción de un sistema or-
gánico de obras, sino que debe además restaurar las articulaciones
entre las obras literarias y la cultura que ellas expresan.

Su pesquisa, a partir de los años setenta especialmente, se orienta hacia una lectura que atienda a la especificidad del contexto latinoamericano y que deje atrás las visiones homogéneas y elitistas de
su producción literaria. Rama cuestiona la supuesta validez universal de los modelos teóricos y metodológicos metropolitanos y la tendencia dentro de la disciplina a transplantarlos mecánicamente, ignorando el hecho que tales modelos en realidad se han forjado en
otros contextos y alrededor de literaturas cuyo desenvolvimiento es
ajeno al de las letras del continente. Rama persigue la formulación
de parámetros que, derivados de la producción literaria latinoameri-

---

38 El proyecto de la "Biblioteca Ayacucho", constituye la más importante colección
de clásicos latinoamericanos reunida hasta el presente. Para una síntesis de los
principios a partir de los cuales ella se diseñara, ver Rama (1981). Estos criterios
regirán la selección de los textos mientras Rama ejerza como su director literario
hasta su muerte. La revista *Escritura*, especializada en teoría y crítica literarias,
responde, de acuerdo a los planteamientos iniciales de Rama, a la necesidad de
llenar un vacío dentro de la esfera cultural venezolana, pero se inscribe dentro de
su concepción latinoamericanista en su intento de romper con la tradicional
incomunicación intelectual existente entre las diferentes regiones del continente.
(Entrevista con Rafael Di Prisco, Caracas, febrero 21 de 1992).

cana, permitan dar cuenta de sus peculiaridades y restaurar sus articulaciones histórico-culturales. El crítico uruguayo subraya entonces la necesidad de un abordaje que combine una lectura de clase con una perspectiva cultural (s.f. & 1968). La propuesta metodológica deRama consiste en la observación de dos "ejes": uno "horizontal", que corresponde a las diferentes regiones culturales del continente y uno "vertical", que organiza las variantes socio-culturales al interior de las primeras (1975a, 1976c, 1984a, 1987). A Rama le interesa dar razón del "espesor" de la literatura, en otras palabras, de su pluralidad y de la multiplicidad de sus articulaciones socio-culturales. Para Rama, la "complejidad de la estructura social y cultural" latinoamericana es, por otra parte, indicio de la resistencia que ésta opone a "... la homogeneización que el sistema económico y sus instrumentos de comunicación, procuran" (1976c, 63). Entre las funciones centrales adjudicadas por Rama a su ejercicio crítico se cuentan, en primer lugar, su énfasis en el rediseño del corpus literario de la región y su deselitización por medio del reconocimiento de los aportes de las culturas populares, campesinas en particular; y en segundo lugar, esta búsqueda de focos de resistencia y de proyectos alternativos al modelo modernizador dentro del proceso literario latinoamericano y sobre todo allí donde éste se articula a dichas culturas populares.

Con excepción de los dos artículos citados, "Sistema literario y sistema social en Hispanoamérica" y "Literatura y clase social", Rama no aisla ni sistematiza teóricamente su proyecto crítico. Por lo general, su reflexión teórica debe ser extraída de sus análisis de obras y movimientos literarios concretos. Ese esfuerzo totalizador de Rama, en su empeño por sentar las bases para una historia social de la literatura latinoamericana es, en efecto, recogido en sus trabajos sobre la poesía gauchesca, la narrativa venezolana, las dos vanguardias o las dos vías de renovación que proponen las letras latinoamericanas, su replanteamiento de la literatura del "boom", su análisis de la novela de la dictadura, su aguda lectura de Darío y del modernismo a la luz del proceso modernizador que vivieran las sociedades americanas en el período y finalmente, en sus escritos sobre la obra de Arguedas y la narrativa de la transculturación (1976a, 1976b, 1982a, 1984d, 1985a, 1985c, 1987).

Hacia el final de su obra, Rama inicia una nueva línea de investigación, si bien siempre dentro de su proyecto general de esclarecimiento de la especificidad del desarrollo histórico-cultural latinoamericano; los resultados de dicha investigación son consignados en su último libro, publicado póstumamente, *La ciudad letrada* (1984b). Este trata del papel desempeñado por la ciudad y el intelectual en la conformación cultural de las sociedades latinoamericanas desde el período colonial hasta el comienzo del presente siglo. La ciudad latinoamericana, a diferencia de la europea –afirma Rama– no surge como consecuencia de las demandas impuestas por el desarrollo agrí-

cola; por el contrario, ella se implanta como centro de control y dominación del conquistado entorno agrario, lo que determina no solamente el desenvolvimiento histórico de la América Latina, sino, en
alguna medida, la ideología de sus intelectuales y su comportamiento
elitista, alejado de las culturas populares y de su lenguaje; en fin,
ella deja su marca en la separación entre la producción ilustrada y la
popular, entre escritura y oralidad, situación que se mantendrá inmodificada después de la emancipación y a todo lo largo del siglo XIX
y que sólo comenzará a modificarse a raíz de las transformaciones introducidas por las revoluciones de principios del siglo XX. Este trabajo plantea una problemática de indiscutible actualidad para la crítica
cultural latinoamericana.

La obra ensayística de Rama se encuentra en la raíz del movimiento de construcción de una crítica latinoamericana autónoma,
liberada del peso de esquemas etnocentristas, que despega en el continente en los años setenta. Dentro de las diversas vías exploradas
por el uruguayo, se destaca su discurso sobre la transculturación
narrativa como una de las contribuciones más fértiles a dicho proyecto. La noción de transculturación que Rama reformula y pone en
circulación dentro de la crítica, fue originalmente propuesta, como
bien se sabe, por el cubano Fernando Ortiz en los años cuarenta, como alternativa a la de aculturación –hegemónica entonces dentro de
la antropología norteamericana– para dar cuenta de procesos de interacción y cambio cultural (Ortiz 1987). La categoría de Ortiz, como
resalta Rama, se ofrece como correctivo a una caracterización de las
culturas dominadas como receptores pasivos de las dominantes, al
enfatizar el papel activo y creativo involucrado en los procesos de
apropiación de discursos por parte de éstas, así como su capacidad de
resistencia y su tenacidad en el mantenimiento y la reelaboración de
sus identidades (Rama 1987, 32-35).[39]

La propuesta transculturadora de Rama rediseña el mapa cultural latinoamericano, poniendo en evidencia su multiplicidad y su
densidad y propiciando un rescate para el corpus de las letras modernas continentales, de las literaturas articuladas a las culturas
regionales y campesinas, hasta entonces escamoteadas por los modelos críticos dominantes. Por otra parte, su recuperación de la narrativa de Arguedas para la literatura de vanguardia latinoamericana
abre el camino para una reconsideración global del potencial contrahegemónico de literaturas que nutridas de las culturas tradicionales,
ofrecen vías alternativas de renovación, específicamente americanas,
como es el caso de la obra de Gabriel García Márquez, de Juan Rulfo,
de Augusto Roa Bastos, o del brasileño João Guimarães Rosa.

---

39 Para una consideración de las diferencias entre los usos y funciones de esta
   categoría en los discursos de Ortiz y Rama, respectivamente, ver D'Allemand (en
   prensa).

La crítica debe a los escritos de Angel Rama sobre la transculturación un nuevo abordaje y una revaloración de las culturas populares rurales, que las arranca del fosilizado recinto de lo "folclórico" en que se las confinara hasta entonces, para articularlas a la modernidad, develando su creatividad y su capacidad contestataria frente a los dictados de los discursos hegemónicos. Su lectura de la apropiación de las cosmovisiones propias de las culturas regionales populares que realizan los narradores transculturadores arriba mencionados constituye, de hecho, un novedoso y revolucionario aporte a la disciplina. Esta nueva estrategia crítica, nos dice el crítico uruguayo, "... se sitúa en el plano artístico para desentrañar cuál es la aportación estética que se alcanza por [la] vía [de la transculturación], cuál es su originalidad y cuál es la especificidad latinoamericana que se trasunta en estas operaciones". La contribución de los transculturadores a la búsqueda de autonomía del arte y la cultura latinoamericanas es sintetizada así por el mismo Rama:

> Porque de estas obras podría decirse que se instalan en la intrarrealidad latinoamericana, cumplen un ingente abarcamiento de elementos contrarios cuyas energías buscan canalizar armónicamente, rescatan el pasado y apuestan a un futuro que acelere la expansión de la nueva cultura, auténtica e integradora. Son por lo tanto obras que nos develan el orbe original de la cultura latinoamericana en una nueva etapa de su evolución. (1982a, 229)

Por otra parte, si bien Rama discute siempre el concepto de transculturación en el contexto de la modernización de las sociedades americanas, es posible proyectarlo a toda producción literaria efectuada en un espacio de intersección conflictiva entre dos culturas. La perspectiva transculturadora abre de hecho el camino para una relectura de la historia y la literatura latinoamericanas a partir de las primeras obras de la literatura colonial y para el esclarecimiento de los procesos contra-hegemónicos que en ella se puedan haber gestado.

El objeto de este capítulo es el examen del discurso de Angel Rama sobre la transculturación, discurso que constituye, sin lugar a dudas, uno de los más aprovechables aportes al debate sobre la cultura de América Latina. Sin embargo, el reconocimiento de su significación para el avance de la disciplina no impide reconocer los problemas de orden teórico y metodológico que subyacen a esta propuesta crítica; ellos se articulan en buena parte a algunas de las perspectivas dominantes dentro de la producción intelectual de la izquierda del período y en particular dentro de la crítica histórico-cultural en lo que toca a las relaciones entre nacionalismo y cultura y entre arte, política e ideología; en efecto, ellos están presentes también, en distinto grado, en los proyectos de Alejandro Losada y Antonio Cornejo Polar, sobre los cuales versan los dos siguientes capítulos de este trabajo. Estos problemas merecen ser analizados con miras a buscarles alternativas. En este sentido, los escritos que Beatriz Sarlo dedicara al análisis de la modernización del campo cultural argentino, así como al cuestionamiento del nacionalismo cultural y la subordinación de la reflexión estética a las esferas de la política y la ideología dentro de la crítica de su país, proporcionan una invaluable contribución a la crítica latinoamericana. Dichos escritos, discutidos en el último capítulo de este trabajo, arrojan luz, de hecho, sobre procesos que trascienden las fronteras argentinas y son experimentados a partir de los años sesenta por la izquierda del campo intelectual a nivel continental.[40]

De una crítica nacional
a una crítica continental

Poco se ha escrito acerca del proceso de latinoamericanización que en las últimas décadas ha vivido la crítica continental, o sobre las distintas dimensiones en que éste opera, y menos aún, sobre la significación que dentro de tal proceso tienen los trabajos de Angel Rama.[41] Lo primero que pensamos, tal vez, al hablar de latinoamericanización de la crítica es en la ampliación de su objeto y de su corpus, más allá de los confines nacionales dentro de los que ella se había tradicionalmente desarrollado. En efecto, ésta es una de las mayores y pioneras contribuciones que en general se reconoce a Rama dentro de la crítica (Losada 1985, 45).

Sin embargo, no menos relevante como dimensión de la latinoamericanización de la crítica es la formulación de una perspectiva autónoma para el abordaje del fenómeno literario que permita dar cuenta de él en su especificidad histórica y cultural. A este propósito, no sobra enfatizar, dedica Rama lo más importante de su obra. Nuestra intención es la de bosquejar un mapa de los principales caminos por los cuales transita la búsqueda del uruguayo, tratando de deslindar y analizar los diversos discursos a los que ella se articula y las implicaciones de tales articulaciones para su proyecto.

Antes de entrar directamente en materia, sin embargo, consideramos de interés examinar brevemente algunas de las lecturas que

---

40 Principalmente su libro *Una modernidad periférica: Buenos Aires 1920 y 1930* (1988), pero también sus artículos publicados en la revista *Punto de Vista* entre 1983 y 1989.

41 Para tratamients globales de la obra de Rama, ver especialmente: Cândido (1993), Franco (1984), Leenhardt (1993), Losada (1985), A. Martínez (1983), T. E. Martínez (1985), Osorio (1985), Pizarro (1993), Prego (1984), Ruffinelli (1983), Sosnowski (1985), y Moraña (1997). Para una problematización del concepto de transculturación en el discurso de Rama, ver Cornejo (1994a), Schmidt (1994), Kaliman (1995). Para una propuesta de recuperación de esta categoría, ver D'Allemand (en prensa).

del latinoamericanismo de Rama se han hecho. En primer lugar, nos detendremos en la del crítico chileno Nelson Osorio, quien vincula la propuesta de Rama tanto al discurso anti-imperialista de la Revolución Cubana y a sus efectos sobre la intelectualidad latinoamericana en los años sesenta, como a la tradición integracionista bolivariana:

> Como se puede apreciar en el proyecto y la tarea cumplida por Angel Rama vemos conjugarse dos vertientes. Por una parte, en la crisis de la conciencia intelectual de América que se produce en los años 60 a partir de la Revolución Cubana, el marxismo –filtrado o no por Sartre, pero indudablemente vinculado a él– fortalece teóricamente una búsqueda renovadora, anti-imperialista y anti-burguesa. Y ésta se fertiliza en la tradición integradora, continentalista, cuyas raíces se encuentran en Bolívar y se proyecta al estudio de la producción literaria latinoamericana (Osorio 1985, 158).[42]

Como parte de esta tradición integradora y como antecedente al proyecto de crítica latinoamericana autónoma de Rama, cita Osorio en el mismo artículo (157) a Pedro Henríquez Ureña. Ciertamente no es éste el único punto de contacto entre los dos críticos. Rama se interesa en muchos otros aspectos de Pedro Henríquez Ureña y los incorpora a su discurso; ellos van desde su pensamiento latinoamericanista, hasta su lectura del proyecto de autonomía en que se habrían embarcado las letras americanas a partir de la independencia y su reflexión sobre la cultura continental,[43] aunque no nos proponemos adentrarnos aquí en este tema, quisiéramos aprovecharlo para hacer una acotación metodológica a la exposición de Osorio, quien apela a la mera existencia de tradiciones intelectuales para legitimar un proyecto, en este caso el de la latinoamericanización del discurso crítico; consideramos útil el señalarlo, porque por este procedimiento se desemboca en percepciones homogeneizadoras y ahistorizantes de los hechos culturales. Tal vez más útil para la comprensión de los mismos resultaría el indagar las razones históricas que dieran cuenta del por qué del "descubrimiento" o del interés en discursos y proyectos del pasado, así como el establecimiento, por una parte, de las nuevas orientaciones que aquéllos toman al ser apropiados y rearticulados desde una coyuntura necesariamente distinta, así como las contradicciones en que dicho proceso pueda resultar y por otra, lo que el seguimiento de tales reformulaciones nos pueda esclarecer sobre la circunstancia desde la cual se realizan.[44]. El proyecto de latinoameri-

---

[42] Losada (1985, 52) adjudica a eventos como la Revolución cubana, la Revolución peruana y las dictaduras del Cono Sur en los años setenta, la latinoamericanización política y cultural del Río de la Plata y de Rama en particular.

[43] Ver, especialmente, Henríquez Ureña (1960).

[44] Con un procedimiento similar al de Osorio, Agustín Martínez (1983, 8), inserta a Rama dentro de la tradición culturalista de la crítica latinoamericana; su constatación de la existencia de tal tradición es presentada, virtualmente, como legitimación última del proyecto en cuestión. Aparte de ello, es poco lo que el artículo nos ilustra sobre dicha tradición.

canización en Rama, de hecho, es mucho más complejo y conflictivo
de lo que quisiera Osorio; por ahora avancemos que el intento de fu-
sionar un proyecto intelectual –el de una crítica continental, que
trascienda las fronteras nacionales– con uno político, de integración
de un continente, tiene más de un aspecto problemático; más adelante nos detendremos en ello.

Otro será el tratamiento que dé Alejandro Losada a esta dimensión del trabajo de Rama. Al hablar de latinoamericanización Losada
distingue dos niveles en los que ella operaría: el objeto de investigación, de un lado y de otro, la perspectiva interpretativa que busca
leer las obras a partir de su contexto cultural; así, los trabajos de
Rama

> ... significan la constitución progresiva de un nuevo OBJETO de investiga-
> ción –la literatura contemporánea elaborada como un conjunto latinoame-
> ricano–; y sus interpretaciones parten de la observación de un nuevo
> CAMPO de relaciones –el desarrollo literario de la región, la práctica cultu-
> ral de los intelectuales y la identidad histórica de la sociedad global. (1985,
> 46)

Losada, sin embargo, expresa sus reservas frente al criterio modernizador que rige la construcción tanto de ese objeto, como del corpus de la literatura latinoamericana por parte de Rama, que le lleva
a dejar de lado toda aquella literatura que no encuadre dentro de los
nuevos cánones. Este criterio, de hecho, lo atribuye Losada no sólo a
Rama, sino a buena parte de la crítica del momento, para la cual do-
minaría la oposición entre lo moderno y lo tradicional como eje de
análisis de la literatura continental y para la cual la aspiración era
la modernización. Y ello implicaría la opción por "UNA [en mayúscu-
las en el original] determinada literatura internacionalizada que
provenía de la América Latina", en detrimento de la hasta entonces
denominada "regionalista", que debía ser rebasada (56).

Resulta útil para acercanos al ambiente intelectual del período,
la vinculación que Losada hace entre la apuesta de los intelectuales
latinoamericanos de la década del sesenta, incluidos los progresistas,
por la modernización no sólo material, sino cultural, y "... la expecta-
tiva que despertó [sic] el desarrollismo norteamericano y los programas de la Alianza para el Progreso ..."; la "... 'modernización' signifi-
caba [así para aquéllos] liquidación crítica de los valores culturales
tradicionales y compromiso con el desarrollo social latinoamericano"
(50-52). De este clima modernizador dentro del campo intelectual del
período da testimonio también Pedro Morandé, al referirse a las perspectivas que dominaban a las ciencias sociales de entonces: "La sociología luchaba por la posibilidad de elegir entre alternativas distintas de modernización, pero no puso en tela de juicio a la modernización como tal ... Algunos querían desarrollarse hacia un 'capitalismo a la latinoamericana' otros hacia un 'socialismo a la latinoameri-

cana', donde lo importante no era, naturalmente, el adjetivo sino el sustantivo" (Morandé, 11-12).[45]

Sin embargo, esta interpretación que de Rama efectúa Losada pasa por alto el proyecto de Rama de elucidar los procesos específicos de la modernización cultural latinoamericana y de revalorar lo tradicional y recuperarlo para la modernidad; su discurso es, de hecho, una respuesta a aquéllos que endosan una modernización a espaldas de las culturas tradicionales americanas. De ahí su discurso sobre "las dos vanguardias", que cuestiona el carácter homogeneizador del concepto de vanguardia sustentado por el parámetro modernizador que manejara la crítica hasta inicios de los años setenta:

> En un ensayo, escrito a comienzos de los años setenta, llamé la atención sobre los perjuicios que para la recta apreciación de la cultura latinoamericana entrañaba la simplificación del concepto de vanguardia que venía manejando la crítica, la cual lo establecía exclusivamente en oposición a las corrientes tradicionales o regionalistas. Si así se conseguía conferirle claridad y rotundidad, fijando una oposición tajante blanco/negro, pagaba estas ventajas con un empobrecimiento de la visión del vanguardismo, cuya pluralidad de caminos era borrada, unificándolos bajo su común denominador: *modernización.* (1982a, 338; énfasis en el original)

Aunque Losada tiene razón al afirmar que a Rama sólo le interesan los movimientos de renovación de nuestra literatura y más precisamente, de nuestra narrativa, lo que no es cierto es que el crítico uruguayo excluya toda literatura articulada a las culturas tradicionales; en efecto, dentro de ella reconoce corrientes —el caso de la narrativa transculturadora, a la que en alguna ocasión denominara el "nuevo regionalismo" (1987, 86)— que involucran procesos de renovación en su incorporación tanto de elementos provenientes de la cultura moderna internacionalizada, como de elementos "arcaicos", provenientes precisamente de las culturas tradicionales (1982a, 333). Hechas estas aclaraciones, hay que decir además que, en realidad, Rama coincide con Losada en una lectura bi-polar de la producción literaria latinoamericana: de una parte estarían las literaturas "cosmopolitas" o "internacionalizadas" y de otra, las literaturas articuladas a las culturas regionales. La idea de las dos vanguardias, dice Rama, sintetizando la hipótesis que propusiera en el citado ensayo,

> ... nos permitiría una más precisa visualización de las diferencias existentes entre las áreas culturales latinoamericanas, pero sobre todo patentizaría la existencia de dos diálogos culturales simultáneos que se tramaban entre términos distintos: uno, interno, religaba zonas desequilibradas de la cultura del continente, pretendiendo alcanzar su modernización sin pérdida de los factores constitutivos tradicionales, por lo cual procuraba enlazar términos tan dispares como Trujillo-Lima-el mundo; y otro, externo, establecía una comunicación directa con los centros exteriores de donde mana-

---

45 Sobre la refocalización de los estudios sociales latinoamericanos y el nacimiento de la sociología de la cultura en la región y sus aportes a los estudios culturales de la región, ver García Canclini (1991, 41-48).

ban las pulsiones transformadoras a partir de puntos latinoamericanos ya modernizados, lo que se traducía en el enlace Santiago de Chile-París-el mundo (339)[46].

El rescate que Rama realiza de esa segunda vanguardia constituye en su momento, indudablemente, un aporte enriquecedor para la crítica latinoamericana y un llamado de atención urgente sobre la tendencia a caer en la celebración acrítica de la modernización y a convertirla en parámetro exclusivo de valoración estética. Sin embargo, es cierto también que, por otro lado, esta lectura bi-polar introduciría problemas a causa de las ideas de lo nacional que cada polo supuestamente expresara; pero esta discusión la dejamos para la siguiente sección de este capítulo.

Ahora bien, antes de seguir adelante, habría que hacer una anotación más sobre la lectura que Losada realiza del papel de la modernización en los escritos de Rama. Si bien la modernización funciona como un eje constante en su obra, sería erróneo considerarla como una postura inmodificada a lo largo de ella; por el contrario, es reformulada alrededor de los diferentes discursos nacionalistas que encontramos articulados en la obra de Rama, discursos que analizamos más adelante. La interpretación de Losada tiene que ver con el Rama de los años sesenta, básicamente, más que con el Rama de los escritos sobre la transculturación narrativa en la década siguiente.

Volviendo al latinoamericanismo de Rama, consignemos que para éste, la crítica debe apelar a una doble perspectiva que combine un enfoque continental con uno regional, para que pueda dar razón de "... esas dos fuerzas, [unidad y diversidad] esos dos polos, [que] actúan permanentemente en nuestra cultura ..." (1985b, 85)[47]. Efectivamente, para Rama la historia de la sociedad y la cultura latinoamericanas está marcada por esa irresuelta tensión entre procesos unificadores y procesos diversificadores:

> La unidad de América Latina ha sido y sigue siendo un proyecto del equipo intelectual propio, reconocida por un consenso internacional. Está fundada en persuasivas razones y cuenta a su favor con reales y poderosas fuerzas unificadoras. La mayoría de ellas radican en el pasado, habiendo modelado hondamente la vida de los pueblos: van desde una historia común a una común lengua y a similares modelos de comportamiento. Las otras son contemporáneas y compensan su minoría con una alta potencialidad: responden a las pulsiones económicas y políticas universales que acarrean la expansión de las civilizaciones dominantes del planeta. Por debajo de esa unidad, real en cuanto proyecto, real en cuanto a base de sustentación, se despliega una interior diversidad que es definición más precisa del continente (1987, 57).

---

46 Ver Rama (1973).
47 Los términos de unidad y diversidad hacen referencia al título de la conocida obra de José Luis Martínez, *Unidad y diversidad en la literatura latinoamericana* (1972).

Respecto a ese proyecto de unidad en que se hubieran empeñado los intelectuales del continente nos remite Rama a la situación de incomunicación al interior de la América Latina imperante durante la Colonia, situación que sólo comenzaría incipiente y tímidamente a variar a fines del siglo XIX; sería entonces cuando se empezaran a intentar los primeros movimientos de integración de nuestra producción cultural a través de la puesta en circulación de autores y obras; tal proyecto de integración constituiría un proceso evolutivo que se continuaría a lo largo del siglo XX, y se impulsaría ya desde "centros de religación externa" tales como París, Nueva York o Londres –como consecuencia de la emigración y del exilio, principalmente– ya desde æcentros de religación internaæ, entre otros México o Cuba a raíz de sus revoluciones; estas revoluciones, enfatiza Rama, "... agitaron, conmovieron el imaginario de los intelectuales y efectivamente entonces... [condujeron a la producción de] vinculaciones y relaciones" (1985b, 86).[48] Pero esta búsqueda de unidad, insiste Rama, tiene lugar en un contexto de fragmentación cultural. Rama rechaza la visión de Latinoamérica como un "bloque". En efecto, afirma "... que la realidad es más compleja, la realidad es de más plurales centros, de áreas diferenciales, algunas asociadas entre sí" (86-87).

De la diversidad son testimonio las distintas formaciones nacionales del continente, y más aún, las diferentes "regiones culturales", al interior de las primeras, que muchas veces desafían su supuesta "unidad nacional" y sus fronteras políticas; así, la lectura de Rama reformula el mapa latinoamericano. "Este segundo mapa latinoamericano [nos dice] es más verdadero que el oficial cuyas fronteras fueron, en el mejor de los casos, determinadas por las viejas divisiones administrativas de la Colonia y, en una cantidad no menor, por los azares de la vida política, nacional o internacional" (1987, 57-58). Basado en un punto de vista tanto antropológico como lingüístico, Rama propone, en su artículo "Medio siglo de narrativa latinoamericana (1922-1972)", la siguiente división por zonas culturales: "... zona rioplatense y chilena, zona andina, zona Caribe, zona del nordeste de Brasil, y centro o sur de Brasil, zona México y, finalmente, zona de Mesoamérica" (1982a, 144).

El reconocimiento de la pluralidad cultural de América Latina sustenta su reflexión sobre la literatura continental y permite comprender a esta última en términos de sus articulaciones con los diversos sistemas culturales; de esta manera, al proponer múltiples procesos literarios, Rama replantea la visión unitaria que dominara a la disciplina hasta entonces. Es a partir de esta nueva concepción de la realidad latinoamericana que Rama lleva a cabo el estudio de la narrativa de José María Arguedas; de su investigación de una región concreta, el área andina, resulta su propuesta teórico-metodológica

---

48 Ver también (1985b, 85 y 90).

de la transculturación narrativa, propuesta que de hecho es aplicable a varias otras regiones del continente en las cuales conviven culturas tradicionales con ámbitos sociales modernizados. De aquí se desprenden sus escritos sobre García Márquez y Roa Bastos, por ejemplo.

En su libro sobre la transculturación narrativa Rama enfáticamente afirma la persistencia del carácter específico de las culturas regionales, a pesar de las presiones homogeneizadoras introducidas por el avance de la modernización. De hecho, por medio de las operaciones transculturadoras estas culturas locales resisten a tal avance, conservando su particularidad. Más aún, nos dice Rama, ni las circunstancias históricas, ni los aspectos comunes tanto a las múltiples culturas regionales latinoamericanas, como los que acercan a éstas con otras zonas tercermundistas, permiten

> ... disolver un componente irreductible que pertenece a los orígenes étnicos, a la lengua, a las tradiciones, a las circunstancias siempre propias y originales de su desenvolvimiento... podemos encontrar similares operaciones literarias y ejercicios comunes de un cierto imaginario popular afín, pero jamás podríamos equipararlas estrictamente. Lo original de cualquier cultura es su misma originalidad, la imposibilidad de reducirla a otra, por más fundamentos comunes que compartan. (1987, 97)

Su discurso sobre la transculturación, uno de sus mayores aportes críticos a las teorías de la cultura en Occidente constituye un modelo de lectura pluricultural contrahegemónica; con su ya señalado replanteamiento del "mapa" latinoamericano al desplegar la diversidad de las conformaciones culturales regionales, que trascienden las fronteras estatales, pone de manifiesto el fracaso del proyecto liberal, tanto en sus iniciales intentos de formular propuestas de culturas nacionales, como en el esfuerzo integrador del proceso modernizador. Ese nuevo mapa cultural revela, de hecho, los procesos de transculturación con los que no sólo América Latina se ha opuesto tenazmente a la dominación y a la imposición de modelos culturales homogeneizadores, sino con los cuales propone vías alternativas de modernización que se apuntalan en fórmulas de identidad regional:

> ... las regiones se expresan y afirman, a pesar del avance unificador ... hay, un fortalecimiento de las ... culturas interiores del continente, no en la medida en que se atrincheran rígidamente en sus tradiciones, sino en la medida en que se transculturan sin renunciar al alma, como habría dicho Arguedas. Al hacerlo robustecen las culturas nacionales (y por ende el proyecto de una cultura latinoamericana) prestándoles materiales y energías para no ceder simplemente al impacto modernizador externo en un ejemplo de extrema vulnerabilidad. La modernidad no es renunciable y negarse a ella es suicida; lo es también renunciar a sí mismo para aceptarla. (71)

La narrativa transculturadora encarna para Rama esa buscada fórmula de literatura autónoma que articula su discurso de "identidad nacional" sobre la base de las culturas populares tradicionales, pero siempre con una perspectiva modernizadora. La transculturación es un modelo modernizador alternativo en cuanto no evade el reto del proyecto hegemónico liberal, sino por el contrario, enfrenta con su fórmula "nacional", la agresiva fórmula universalista de la cultura occidental. La narrativa transculturadora busca, como nos dice Rama refiriéndose a Arguedas, "... insertarse en la cultura dominante [para] imponer en tierra enemiga su cosmovisión y su protesta ..." (207).

Sin embargo, el concepto de "cultura nacional" de Rama, ilustrado en este pasaje introduce algunos problemas. Como ya se ha dicho, el proyecto transculturador apunta a la redefinición de la cultura latinoamericana sobre la base de la región, la cual representa la realidad continental con mayor fidelidad que las fronteras políticas y que es testimonio de resistencia a las presiones homogeneizadoras del modelo dominante. En este sentido, el concepto de lo nacional se identifica con la región e invalida, como unidad cultural, la idea de nación propuesta por las élites dirigentes de los estados liberales latinoamericanos. Sin embargo, Rama afirma, paradójicamente, que el fortalecimiento de la región tiene como consecuencia lógica el fortalecimiento de la cultura "nacional"[49], pero, ¿de cuál cultura nacional se trata? ¿Del discurso estatal de lo nacional? Igualmente paradójica es la prolongación de esta cadena de "causalidades": supuestamente, ¡es a partir de la región que será posible finalmente la integración de una cultura latinoamericana! Es por lo menos curioso este razonamiento, cuando en efecto se trata de proyectos culturales irreductibles, mientras que la idea de una cultura "nacional", tanto como la de una cultura latinoamericana, involucran una intención integradora y la integración se realiza a expensas de la pluralidad, aun si ella se efectúa a partir de la región. En realidad, Rama no llega nunca a romper con el concepto (liberal) de unidad nacional; por eso, su ideal es el de una fórmula de unificación alternativa al modelo liberal, sustentada en

> ... la superior potencia integradora que caracteriza a la cultura regional, incomparablemente más fuerte que la que puede vincular a las diversas clases de una cultura urbana, por lo mismo que tiene un desarrollo histórico que puede remontarse a siglos y se ejerce sobre comunidades de muy escasa mobilidad social, donde los patrones de comportamientos han sido internalizados, convalidados y aceptados, de padres a hijos, durante generaciones. (66-67)

Pero, Rama no aborda este problema; el usar esa "potencia integradora", implicaría la reducción de las diversas culturas coexistentes al interior de cada espacio nacional, en primer lugar y del área continental, en segundo lugar. Si la legitimidad de la reivindicación

---

[49] En realidad, como se verá, lo "nacional" en Rama hace referencia a la producción de identidades locales contestatarias (sean éstas regionales, nacionales o continentales), que se diferencian de la construcción de lo latinoamericano como parte de fenómenos internacionalizados o de carácter universal.

de las culturas populares regionales es indiscutible, su imposición como nuevo modelo hegemónico lo es menos. Tampoco es claro a partir de cuál unidad regional se realizaría esa integración; su proyecto integrador replantea jerarquizaciones, pero no las cuestiona; su mapa pluricultural, en cambio, abre la posibilidad de cancelarlas.

Los conflictos señalados en este proyecto "nacional" de Rama se explican, en parte, por la confluencia de diferentes discursos y la dificultad para conciliarlos. Por una parte, aunque su modelo regional desmitifica el modelo nacional liberal, asume la tarea de "completar" lo que ese mismo proyecto liberal no terminó; en realidad, como señala Jorge Castañeda, es la izquierda latinoamericana en general la que se ha comprometido históricamente a concluir ese inacabado proyecto de forja de la nación y la nacionalidad iniciado por las élites liberales en el siglo XIX (Castañeda 1994, 272). Rama endosa, a su pesar, un proyecto homogeneizador, superponiendo un abordaje pluralista para reconceptualizar lo "nacional" –el "descubrimiento" de las identidades populares étnicas y regionales– y un discurso esencialista y reductor de la pluralidad. Por otra parte, su fórmula transculturadora de construcción de la nacionalidad recoge ecos de una utopía integradora a nivel político y cultural, heredera de los discursos americanistas del siglo XIX; tal utopía es, en efecto, apropiada y rearticulada desde una perspectiva anti-imperialista, y se asocia al latinoamericanismo de la Revolución Cubana, que tanta influencia tuvo sobre la izquierda del campo intelectual del continente durante los años sesenta y setenta. El proyecto de "una cultura latinoamericana" de Rama es una respuesta al imperialismo; ella sería capaz de enfrentar con mayor éxito que las fragmentadas y vulnerables culturas regionales, el avance unificador de las fuerzas modernizadoras. Un aspecto problemático de la formulación de esta utopía integradora como reacción a la agresión imperialista, tiene que ver con la falta de claridad en cuanto a las relaciones y mediatizaciones entre el campo de la política y el campo de la cultura, lo que puede conducir a la imposición de un proyecto político sobre la lectura de procesos culturales; a la imposición de la lógica que rige al primero, sobre aquélla que rige a estos últimos, distorsionando la naturaleza de su dinámica. En ocasiones, Rama pierde de vista lo que él mismo ya nos ha mostrado: que la persistencia de la fragmentación cultural latinoamericana es la más viva expresión de la capacidad de resistencia y creatividad de nuestras culturas regionales: es en el campo de "... las culturas internas del continente, ... [donde] se juega la resistencia y la neoculturación ..." (73).[50]

Por otra parte, con lo dicho arriba no se pretende desconocer los espacios de intersección entre cultura y política, ni restar legitimidad a cualquier concepción o acción resultante del reconocimiento de tal intersección. En efecto, hay que subrayar que el auge de visiones con-

---

[50] Ortiz-Márquez también discute un proyecto de integración en Rama, aunque no explora los aspectos problemáticos examinados aquí. Su énfasis es más bien en la conflictiva combinación de propuestas que Rama hace en *Transculturación narrativa en América Latina*: de una parte, habría una dimensión de integración nacional (que ella asocia al impacto de los discursos decimonónicos artiguistas sobre algunos intelectuales vinculados a *Marcha*), y de otra, una anticipación de elementos de las críticas posmodernas a la modernidad que se articularían en América Latina en los años ochenta y que Rama desarrollaría en *Máscaras democráticas del modernismo*. Ver Moraña (1997, 193-94 & 207).

tinentalistas se ve incentivado por las políticas intervencionistas de los Estados Unidos en toda la región y en Cuba en particular, a la que no sólo bloquea económicamente, sino que pretende aislar culturalmente, del resto de la región, presionando a los gobiernos latinoamericanos a romper sus relaciones diplomáticas con la isla. La esfera de la cultura es percibida como teatro de la confrontación entre el imperialismo y la América Latina y los intelectuales se sienten comprometidos en dicha confrontación. La perspectiva latinoamericanista es una de las dimensiones en que toma cuerpo este compromiso, pero como ya se ha visto, éste puede asumirse de varias maneras, entre ellas, la que concibe la integración como medida en contra de la incomunicación, especialmente si esta última es impuesta desde fuera. El siguiente aparte del número 26 de la *Revista Casa de las Américas* (1964), revista que ocupara un lugar vital en el esfuerzo de los intelectuales por producir vínculos entre los distintos espacios nacionales en el período, sirve de testimonio al ambiente de asedio que vive la izquierda latinoamericana y a la significación, que como acto de resistencia ésta confiere a los gestos de integración cultural:

> Mientras en Washington se preparaba este bloqueo cultural, nosotros preparábamos este número sobre la nueva novela latinoamericana, recogiendo algunos textos de grandes escritores del continente, para mostrar cómo han contribuido a través de su arte a liberarnos del subdesarrollo intelectual en que se nos ha pretendido mantener, a crear las condiciones de la independencia cultural, a proporcionar obras que enriquecen la vida espiritual de los pueblos. Mientras en Washington se acrecentaba la política de división, nosotros trabajábamos por la comunicación, mutuamente enriquecedora, de las culturas nacionales. De esta política no nos apartaremos. El bloqueo cultural que intenta imponer Washington no prosperará. Este número de la revista es nuestra respuesta. (2)

De paso habría que señalar el interés adicional que ofrece esta nota editorial, por cuanto Rama no sólo colabora con un artículo ("Diez problemas para el novelista latinoamericano") para este número de la revista, sino que de hecho está involucrado en la preparación del mismo.[51]

Hacia una crítica autónoma: los discursos nacionalistas de Angel Rama

La búsqueda de fórmulas para construir una crítica autónoma marca como constante la extensa obra de Angel Rama. Hasta ahora hemos venido refiréndonos fundamentalmente a su proyecto de crítica cultural estructurado alrededor de su "descubrimiento" de las

---

[51] Para otra interesante ilustración del llamado a la integración de los intelectuales de izquierda latinoamericanos como respuesta al imperialismo, ver la "Declaración del comité de colaboración de la *Revista Casa de las Américas*" (1967).

operaciones transculturadoras de lo que él mismo llamara el nuevo regionalismo latinoamericano. Este proyecto constituye, de hecho, su más sólido aporte a una crítica empeñada en independizarse de modelos teóricos y metodológicos universalistas. Sin embargo, sería erróneo considerarlo como representativo de toda su obra. Otras exploraciones había realizado antes de percatarse de que la única vía que permitiría a la crítica escapar a simples retóricas de autonomía era la lectura de los procesos literarios dentro de sus coordenadas culturales, para así comprender cómo ellos han venido construyendo la "personalidad latinoamericana" (1985b, 91).

Caminos comparables han recorrido otras disciplinas dentro de las ciencias sociales en la América Latina durante las últimas décadas. Es interesante lo que al respecto tiene que decir Pedro Morandé, cuando adjudica el fracaso de la sociología en su intento de latinoamericanización, a su carencia de una

> ... reflexión acerca de la cultura ... el concepto de cultura representa la única puerta para pasar del universalismo al particularismo, no sólo de la "situación" latinoamericana, sino lo que es todavía más importante, de la "identidad" latinoamericana. Para quien domina la identidad es un problema nada más que aparente. Lo resuelve por vía tautológica, es decir, por la pura autoafirmación de sí sustentada en el poderío. Pero no le ocurre lo mismo a quien se encuentra en la "periferia". El problema de su identidad se confunde con su misma posibilidad de sobrevivir y alcanzar alguna vez la autonomía. (1987, 12)

El propósito de la crítica para Rama no se aleja mucho de esta perspectiva; ésta debe recuperar y revelar la especificidad de las letras y la cultura latinoamericanas y ello como base para cualquier proyecto de transformación social. Ese fue siempre el móvil del crítico uruguayo, el contribuir a la producción de ese perfil que la América Latina pedía. Por eso dice que en parte lo que lo motivó a fundar la "Biblioteca Ayacucho" fue

> ... el espectáculo desconcertante de un continente intelectual reclamando su identidad y su originalidad, sin citar las espléndidas obras que en siglos se habían acumulado en esta misma tierra americana, pacientemente rearticuladas por el pensamiento crítico de nuestros antecesores. (1982a, 16)

Comentando la función que Rama asigna a la crítica, Losada dice que aquel "[i]magina la vida de la cultura como un territorio privilegiado en donde se elaboran y superan las contradicciones, donde se armonizan los conflictos, donde toda la sociedad de América Latina podía reconocerse en un sentido afirmativo de la existencia y de donde le venía también el admirativo reconocimiento de la cultura mundial" (Losada 1985, 48). Es cierto que el proyecto de Rama busca dar a la cultura latinoamericana la posibilidad de definirse en sus propios términos y no como reproducción defectuosa de las culturas metropolitanas; y es cierto también que hay un momento armonizador en el discurso del uruguayo: éste es evidente, por ejemplo, en el trozo citado en las primeras páginas de este capítulo, donde nos habla del empeño de la narrativa transculturadora por "canalizar armónicamente" los "elementos contrarios" que ella abarca, contribuyendo así a la función "integradora" de "la nueva cultura" en proceso de gestación (Rama 1982a, 229). Sin embargo, lo que falta en esta observación es que a esta visión de Rama se superpone otra que va más allá de la "armonización" o la "superación" de las contradicciones operada por las obras transculturadoras, y que concibe a éstas como un intento de articular discursos contrahegemónicos a partir precisamente del reconocimiento de los conflictos y no de su negación. Así, las peculiaridades formales de la narrativa de Arguedas, por ejemplo, revelan el enfrentamiento entre dos cosmovisiones, dos lenguas, dos culturas. La lucha de Arguedas es la de "... insertarse en la cultura dominante, apropiarse de una lengua extraña (el español) *forzándola* a expresar otra sintaxis (quechua) ..." y ello lo hace apelando a la novela, un género procedente de la tradición occidental, que difícilmente se amolda "... a los sistemas de pensamiento y a las formulaciones artísticas de la cultura indígena peruana..."; el proyecto de Arguedas implica entonces el intento de "... *conquista* de [la novela] una de las ciudadelas mejor defendidas de la cultura de dominación ...". "Por más que Arguedas llegue a organizar una novela apoyándola en los textos de los huaynos populares, —nos dice Rama— por más que adecúe la lengua para dar las equivalencias del quechua, sin cesar *tropieza con una conformación literaria que es radicalmente hostil a su proyecto...*" (1987, 207 & 210-11; énfasis mío).

Antonio Cornejo Polar, por su parte, problematiza el concepto de la transculturación mismo. A pesar de reconocerle la gran "aptitud hermenéutica" desplegada por éste en el discurso crítico de Rama, se pregunta hasta qué punto, pueda él en última instancia, implicar "la resolución (¿dialéctica?) de las diferencias en una síntesis superadora de las contradicciones que la originan...", síntesis que tendría lugar en el espacio "de la cultura-literatura hegemónica" y que tendería a borrar las "alteridades" (1994a, 369). Ya hemos visto que si bien esta ambición de síntesis está presente en el discurso de Rama, ella no excluye una lectura que enfatiza la permanencia de los conflictos y las diferencias de raíz socio-cultural en las nuevas formas generadas por las literaturas transculturadoras. El ideal de armonía está ausente de su descripción de las nuevas formas, cuya gestación es caracterizada por medio de imágenes que resaltan la confrontación y la tensión.[52]

El análisis de Rama privilegia el campo de los procesos de producción cultural y más exactamente, el campo de producción de las formas artísticas, como teatro de la confrontación entre las diferentes

---

[52] Para una discusión detallada de la coexistencia de estos dos ejes en la noción de transculturación, tal como la usan Rama y Ortiz respectivamente, ver D'Allemand (en prensa).

formaciones socio-culturales al interior de la América Latina. Las formas resultantes de tales confrontaciones son expresión justamente, de la creatividad y la inventiva de las culturas populares de que se alimentan las literaturas del continente, como lo ilustra la novela de Arguedas *Los ríos profundos*, caracterizada brillantemente por Rama como la "novela-ópera de los pobres" en su libro *Transculturación narrativa en América Latina* (1987). Con esta lectura Rama establece la singularidad estética de esta obra peruana y le reconoce su lugar al lado de los narradores que en las décadas del cincuenta y sesenta fueran reconocidos como renovadores de la literatura latinoamericana, "... en tanto invención artística original, dentro del campo competitivo de las formas literarias contemporáneas de América Latina" (229). La originalidad de *Los ríos profundos* proviene, nos dice Rama, del hecho que su escritura se realiza en la intersección de la novela de crítica social, derivada del "gran instrumento narrativo de la burguesía" y un género pre-burgués –la ópera popular– preservado por la cultura tradicional andina (257-258). Más aún, la originalidad de esta "ópera de pobres" y su carácter contestatario, enfatiza Rama, le vienen de la insólita naturaleza de los materiales sobre cuya base se compone:

> porque...[esta "ópera de pobres"] está construida a partir de los materiales humildes que componen una cultura popular; por momentos, se diría que con los desechos de grandes culturas, tanto la incaica como la española, conservados y elaborados en ese "bricolage" que intentan las comunidades rurales con las migajas que caen de la mesa del banquete de los señores. Toda la acción transcurre en la pobreza, en la basura, en los harapos, en cocinas de indios, caminos lodosos, chicherías de piso de tierra, letrinas de colegios, baldíos, destartalados refectorios. Ningún indicio de educación superior ... ninguna presencia de las mayores culturas de las que estos seres son los últimos desamparados herederos... Ninguno de los componentes pobres con que [Arguedas] trabaja ha sido recubierto de cosmética y, al contrario, se ha acentuado el desamparo y el horror ... Es justamente esta aceptación muda de una materia no prestigiada pero fuerte, la que sostiene el resplandor espiritual de la obra. Da origen a una suntuosa invención artística, hace de una *ópera de pobres* una joya espléndida. (267-69)

Ahora bien, en su propuesta de crítica autonomista Rama se siente parte de una empresa colectiva que involucra a críticos del pasado. Sin duda su trabajo se articula a esa larga tradición de búsqueda de autonomía de las letras latinoamericanas que se remonta a los contradictorios procesos de independencia política de comienzos del siglo XIX y que se revitaliza con los sucesivos fracasos del proyecto liberal en su intento de organizar los modernos estados americanos.

> Antes de entrar en una lectura más detallada del discurso sobre la transculturación, conviene precisar un poco su lugar dentro de la obra de Rama y su relación con la búsqueda autonomista inicial, ya que en sus escritos no funciona un sólo discurso de lo nacional. Hemos usado su libro *Darío y el modernismo* (1985c) como paradigma de su primer discurso. En él el abor-

daje de lo nacional se articula alrededor de una problemática concepción de la autonomía en la obra de Darío y los modernistas, que convierte lo nacional más en una retórica romántica, que en un discurso alternativo y con capacidad operativa para la crítica latinoamericana en su empeño de independencia intelectual. Muy diferente será el discurso autonomista de su segunda etapa, estructurado alrededor de sus planteamientos sobre los procesos de transculturación, que discutiremos más adelante. Antes quisiéramos comentar brevemente algunos de los marcos conceptuales que rigen la propuesta de Rama en su libro sobre Darío.

La lectura que Rama hace en éste, de la empresa de renovación literaria de *Darío y el modernismo* establece una relación de homología entre ella y la modernización económica y tecnológica de las sociedades americanas, que se iniciara en las últimas décadas del siglo XIX, como parte del proyecto hegemonizador liberal y cuya vigencia se prolonga hasta hoy; en otras palabras, sólo la modernización social hace posible la nueva concepción estética inaugurada por Darío y los modernistas: "... Donde se impone con decisión, [el sistema económico liberal] ... también se intensifica la corriente modernista ..." (31). De hecho, Rama da razón de la diversidad interna del modernismo en términos del distinto ritmo con que la modernización penetra las distintas sociedades latinoamericanas (28-29). Ahora bien, aunque para Rama la modernización constituye un nuevo modelo de dominación imperialista, a la vez, hace posible para las letras americanas entrar en comunicación con las literaturas europeas, especialmente la francesa, lo que les permitiría finalmente cortar con el peso de la tradición hispánica (24). De igual manera, sólo la modernización, con sus procesos de urbanización y transformaciones sociales crearía las condiciones para la producción de una literatura "adulta", cada vez más contemporánea de las metropolitanas y capaz de competir con los modelos europeos: "... A la concepción de la poesía ingenua, que alimentó la estética romántica, [el modernismo] opuso la concepción rígida de una poesía culta como expresión de una sociedad que había alcanzado su primer estadio urbano considerable" (7). Hay algo del viejo complejo latinoamericano del "atraso", de la necesidad de acortar la brecha con respecto a Europa, en este discurso del primer Rama.

Sin embargo, para hacer justicia a Rama, ésta es sólo una de sus interpretaciones de la obra de Darío. En escritos posteriores, su discurso se articulará en torno a parámetros diferentes a los que fundamentan este libro. En efecto, se interesará más en elucidar la concepción poética de Darío, su replanteamiento de la estética romántica, su papel como promotor de la profesionalización del intelectual latinoamericano o los problemas que tanto Darío como los modernistas tuvieron que resolver en su proyecto de renovación de las letras continentales. En fin, como se puede apreciar en su prólogo a la poesía de Darío, Rama tiene como foco en su segunda lectura de Darío el proceso y la circunstancia de la producción misma de la escritura del nicaragüense y sus coetáneos (1977b). En su ya mencionado libro *Las máscaras democráticas del modernismo* (1984d), por otra parte, Rama llamará la atención sobre la especificidad de la modernización latinoamericana, enfatizando la esencial contradicción interna que para las élites del continente conllevaran su impulso del desarrollo económico y material, de un lado y del otro, la necesidad para las mismas, de contener la oleada democratizante que el proceso modernizador propiciaba no sólo a nivel social y político, sino artístico e intelectual. Es en este contexto que examinará el proyecto renovador de los modernistas y las particulares soluciones estéticas con que éstos respondieran al momento internacionalista al que su producción literaria le tocara dar inicio en la América Latina.

En *Darío y el modernismo* (1985c), sin embargo, es problemática la aplicación que realiza Rama de un mismo esquema de lectura economicista, a dos procesos de orden diferente como lo son el social y el cultural: las sociedades latinoamericanas son articuladas a las metrópolis de turno en términos de dominación y dependencia y su cultura, "a imagen de su economía", es igualmente dependiente, "colonial", dirá Rama. Para éste, en fin, "... la historia de la cultura hispanoamericana ... [constituye] la sombra obediente de la historia de la cultura europea" (1985c, 20). Esta visión, entra en conflicto con su búsqueda de autonomía, ya que, en última instancia, está erigiendo el modelo europeo en un modelo histórico-cultural único, al cual no se ofrecen alternativas, sino solamente variantes[53]. Así, la historia latinoamericana se convierte en una réplica, por lo general pobre, de la historia metropolitana y la búsqueda de autonomía se realiza siempre dentro de sus límites: "... el afán autonómico funcionó [desde la Colonia] adaptándose a la estructura general de las influencias extranjeras ..." (20) y se manifiesta, en los mejores casos, el de Darío, por ejemplo, en variaciones de las matrices provenientes de los centros de dominación, reproduciendo, además la estructura de poder que caracteriza las relaciones entre las metrópolis y la periferia: la sociedad que tocara vivir al poeta nicaragüense se encuentra tensionada, "... sin que ambicionara o pudiera [resolver esta tensión] ...", entre el empuje de la modernización y los frenos del tradicionalismo conservador. Correlativamente, o ¿reflejamente?, Darío "... nunca pudo resolver el conflicto y vivió tironeado por sus elementos contrastantes..." Por eso su obra propone "... una solución estratificadora, que mantenía en capas separadas y escalonadas jerárquicamente una concepción moderna, urbana, inyectora de extranjerías, que coronaba la sociedad, y otra tradicionalista, de inserción rural, españolista y conservadora, sobre la que se ejercía el dominio de la primera" (23).

---

[53] Con esta afirmación no se pretende pasar por alto el hecho que Rama creía en una alternativa revolucionaria, encarnada en la experiencia cubana, para la América Latina.

Las condiciones de dependencia en que Latinoamérica es articulada al proyecto universalista burgués condenan a la historia latinoamericana a los ojos de Rama a procesos reflejos que reproducen estadios ya vividos por las sociedades europeas, pero modificados por los peculiares ángulos que la circunstancia inmediata les conferiría:

> ... aun en aquellos casos en que las similitudes son muy flagrantes entre los modelos franceses y las imitaciones hispanoamericanas, cabe reconocer que en estas últimas se registra un acento de autenticidad que faltaba en sus antepasados. En los hechos el poeta no copia fórmulas verbales: también acomete experiencias concretas, reales, de tipo similar; se enfrenta a situaciones semejantes, aunque más pálidas que las primigenias del otro lado del océano; comienza a tantear una creación más perdurable por más verdadera. (36)

Este es el margen de maniobra que a los proyectos autonómicos asigna Rama inicialmente. El no da cabida a una recusación del modelo, ni a un reconocimiento del potencial creativo de las culturas latinoamericanas y mucho menos de su capacidad de articular discursos contrahegemónicos. En este sentido, es posible sugerir que Rama mismo priva al suyo de esta posibilidad, muy a diferencia de lo que ocurrirá con su discurso sobre la transculturación, donde, a pesar de la permanencia de algunas de estas coordenadas, abre nuevos espacios a los esfuerzos de la crítica latinoamericana para poder independizarse.

Otros problemas teóricos se desprenden de la relación homológica que Rama establece entre estructura social y procesos estéticos. Para comenzar, como ya se ha dicho, lo lleva a afirmar que sin modernización no hay renovación literaria, así como tampoco hay posibilidad de articular un proyecto nacional. Más aún, el discurso de Rama sugiere que la "puesta al día" de la organización socioeconómica y las coordenadas culturales de los países hispanoamericanos podría eventualmente conducir a la cancelación de la distancia entre metrópolis y periferia, entre "modelo" y "copia". ¿Pero, a qué costo? Evidentemente, los procesos homogeneizadores acarreados por la modernización no son percibidos como amenaza a la identidad latinoamericana en este estadio de la obra del crítico uruguayo: "Si en el modernismo aún se prolonga la imitación, el hecho de que el patrón oro de la poesía sea la originalidad y la búsqueda de la novedad, comienza a establecer una contención al proceso mimético" (36). Esta perspectiva no deja a Rama otra alternativa que recurrir a categorías míticas románticas, tales como "autenticidad" u "originalidad", para sustentar en ellas la fórmula modernista de lo americano. No menos problemática resulta la transposición a la producción literaria del concepto de dependencia de las sociedades americanas, a partir de la cual Rama afirma que las letras continentales, condenadas a la dependencia por su origen colonial, habrían estado siempre signadas por la servil imitación de sus modelos europeos. Esta lectura de literatura como imitación, no sólo mina su proyecto de autonomía, sino que implica concebir a las sociedades dominadas como simples receptáculos pasivos de discursos y formas, o, de "modelos originales", sobre los que escasamente dejan su impronta personal. Dudoso abordaje éste, que nos hace difícil ignorar los ecos de una mecánica transposición a la producción artística, de la división internacional del trabajo.

Las dimensiones antropológica y culturalista que Rama incorpora a su discurso y que sirven de sustento a sus trabajos sobre la transculturación abren nuevos y más promisorios caminos a la vieja batalla por la independencia de la crítica latinoamericana. Ellas hacen posible la formulación de una lectura pluricultural que replantea la conformación cultural del continente y que revela no sólo la resistencia de las culturas populares rurales americanas frente a las presiones homogeneizadoras del modelo modernizador, sino su capacidad de articular discursos contrahegemónicos y de constituirse en alternativas de modernización.

El proyecto autonomista de la literatura latinoamericana continúa funcionando como eje del discurso crítico de Rama, pero es planteado ahora de distinta manera: la autonomía no puede construirse sino sobre la particularidad cultural de la América Latina. Desde sus inicios republicanos la literatura continental se habría propuesto establecer la singularidad de América respecto de las metrópolis que sucesivamente la han dominado. Tal perspectiva inaugura un discurso diferente al anterior sobre Darío: la autonomía de América Latina se da allí sólo en cuanto variante del modelo. Reduce los procesos culturales y estéticos prácticamente a réplicas del "original".

Por otra parte, en sus planteamientos sobre Darío, no existe el concepto de pluralidad de proyectos culturales. Sólo hay uno, universal, a diferencia del proyecto transculturador, que Rama fundamenta sobre las culturas regionales; esta forma de abordar la especificidad cultural de la América Latina conduce a la afirmación de la pluralidad. Implica también un rechazo de la idea de la metrópolis liberal como modelo nacional, de la cual el proyecto sarmentino constituye su paradigma por excelencia. En otras palabras, Buenos Aires y la búsqueda de conciliación de su proyecto con el de la provincia; nos encontramos en tal caso con un intento de imposición de un modelo sociocultural derivado de un espacio urbano en proceso de modernización, sobre esta última. Construir la autonomía desde la singularidad de las regiones significa, entonces, rechazar los proyectos liberales metropolitanos y reafirmar la pluralidad de proyectos culturales.

El reconocimiento de la diferencia respecto de los centros de dominación es punto de partida de un discurso que se distancia del que en su lectura inicial de Darío nos planteaba los procesos estéticos latinoamericanos como meras recreaciones de un modelo universal de la historia y la cultura. Es esta postura de Rama que rompe con una visión eurocéntrica, la que permite hablar de un avance hacia una crítica autónoma latinoamericana. El salto de un proyecto de auto-

nomía al otro se produce, como ya se había indicado, a partir de la
nueva función que Rama adjudica al discurso crítico, función que
fuera descuidada por la crítica hasta entonces: en otras palabras, reconstruir la manera en que las obras entran en comunicación con el
espacio cultural en que se producen y los resultados de esa interacción.

> Restablecer las obras literarias dentro de las operaciones culturales que
> cumplen las sociedades americanas, reconociendo sus audaces construccio-
> nes significativas y el ingente esfuerzo por manejar auténticamente los
> lenguajes simbólicos desarrollados por los hombres americanos, es un modo
> de reforzar estos vertebrales conceptos de independencia, originalidad y
> representatividad. (1987, 19)

A partir de la inclusión de una concepción antropológica de la
cultura en su discurso crítico Rama toma conciencia de la sobreviven-
cia de cosmovisiones, rituales, en fin, prácticas significativas propias
de los conglomerados tradicionales de las distintas regiones del continente y la interacción de la literatura con dichas culturas locales.
De un lado, el foco se desplaza de la noción de cultura universal al de
cultura local. De otro, el interés del crítico se extiende ahora a todo
tipo de creación simbólica por parte de dichas comunidades, en tanto
materiales de los que se sirve la producción literaria y en tanto fuentes de la especificidad de su perfil. A través de este abordaje Rama
libera a la literatura latinoamericana de una lectura que, desconociendo su "otredad", la somete a los paradigmas de las literaturas
metropolitanas.[54]

La idea de originalidad, por su parte, se carga de nuevas significaciones en el discurso transculturador: los procesos culturales y estéticos latinoamericanos se leen ahora en una dimensión activa y
productiva, no simplemente reproductiva. No se trata ya de sociedades dominadas, colocadas en posición de receptores pasivos capaces
sólo de imitar modelos, sino de sociedades dominadas sí, pero buscando afirmar su identidad diferente y su existencia independiente a
pesar de la dominación, lo que de hecho es índice de resistencia a esa
dominación. La originalidad, pasa entonces a significar aquí este intento de afirmación de su "otredad" por parte de las letras latinoamericanas, realizado ya desde los inicios del período republicano; si bien
en ese entonces tal intento se efectuara a través de la ruptura con su
pasado colonial y su rearticulación a tradiciones occidentales diferentes a las peninsulares. Este movimiento no garantiza la autonomía,
nos dice Rama, pero ello no anula el gesto de independencia. Finalmente, la originalidad viene a ser también no ya sólo ese gesto, "...
obra de ... sus élites literarias" sino acto de independencia encarnado
en una literatura que se alimenta de la producción cultural de ese
conglomerado popular rural, que Rama se resiste a nombrar directa-

---

[54] Para una discusión sobre los aportes de la antropología al proyecto de autonomía de la crítica, ver Rama (1984c).

mente y al que se refiere por lo general como culturas internas o culturas desarrolladas en lo interior". A esta segunda tradición pertenece la narrativa transculturadora (1987, 12).

El establecimiento por parte de Rama, de dos fórmulas de autonomía, lleva impresa la marca de otro aspecto central de su crítica: su ya mencionada clasificación de la literatura latinoamericana del siglo XX a partir de dos paradigmas opuestos, uno de literatura "nacional", "... [integrada] a procesos de recuperación antropológica de los elementos que forman la nacionalidad ..." y otro de literatura "cosmopolita", "... [inserta] totalmente en la corriente europea..." (1985b, 39). Y conduce a su toma de partido por la primera.

Tal vez se encuentre una explicación a esta visión bi-polar de la producción cultural latinoamericana, peculiar no sólo al discurso de Rama sino en distinto grado también de Losada y Cornejo Polar –como se verá en las secciones dedicadas a ellos más adelante– en la interpretación que del nacionalismo de la izquierda continental ofrece Jorge Castañeda: la izquierda ha analizado lo nacional como emanación del pueblo; ha identificado la "nación" con el "pueblo" (los descendientes de los derrotados de la conquista); el pueblo es la "nación real", es decir, las mayorías "étnicamente diferenciadas" y por quinientos años tratadas como minorías por las minorías de origen colonial en el poder. Las élites blancas son consecuentemente percibidas como ajenas, "otras", como no partícipes de lo nacional, como usurpadoras (1994, 273-74). El intelectual de izquierda se encuentra, así, en una situación contradictoria: por sus orígenes, ligado étnica y socialmente a las castas en el poder, mientras que ideológicamente movido a la solidaridad con los marginados del poder. Como respuesta a esta paradójica posición, se ha empeñado en "nacionalizarse" por medio de una doble maniobra: por un lado, busca romper sus nexos de clase y en cierta forma expiar la culpa de sus orígenes "antinacionales", solidarizándose con los desposeídos y comprometiéndose con la causa de la emancipación social y por otro, busca restituir la "nación" a aquéllos de quienes había sido usurpada, sin dejar lugar dentro de ella para los usurpadores. El reduccionismo involucrado en las lecturas bi-polares del proceso literario latinoamericano y la estigmatización del espacio urbano pueden hasta cierto punto entenderse como derivadas de este paradigma de la izquierda nacionalista.

El discurso nacional de Rama en efecto excluye toda la producción literaria y cultural articulada al eje "internacionalista" o "cosmopolita", el cual en última instancia puede asimilarse al espacio urbano modernizado, internacionalizado y en consecuencia, "desnacionalizado". Las literaturas producidas en él serían receptivas exclusivamente a "las influencias europeas" (1985b, 39). Es interesante el hecho que al hablar de las literaturas cosmopolitas Rama use el término "influencias", lo que sugiere una actitud pasiva, mientras que al hablar de las transculturadoras, en cambio, se refiere a su papel "recuperador", lo que implica una concepción activa de su proceso de escritura. A raíz de su "descubrimiento" de la narrativa transculturadora y revaluación de la tradición, Rama replantea también su visión de la modernización e internacionalización de la literatura continental: su interés es ahora, por oposición a su primera etapa crítica, donde se celebraba la puesta al día de la literatura latinoamericana con las vanguardias europeas, el de "... examinar la producción de las últimas décadas para ver si no había otras fuentes nutricias de una renovación artística que aquéllas que provenían simplemente de los barcos europeos ...". La única vía hacia la "descolonización espiritual" es dada por el "... reconocimiento de las capacidades adquiridas por un continente que tiene una ya muy larga y fecunda tradición inventiva, que ha desplegado una lucha tenaz para constituirse como una de las ricas fuentes culturales del universo" (1987, 20).

El libro póstumo de Rama, *La ciudad letrada* (1984b), arroja luz sobre la visión histórica que fundamenta su revaloración de los dos ejes de su sistema bi-polar. Dicho libro recoge los resultados de su investigación sobre las culturas urbanas latinoamericanas desde su génesis en el período colonial, hasta los procesos de modernización iniciados en las últimas décadas del siglo XIX. Para Rama la ciudad latinoamericana desde sus orígenes es, por excelencia, la expresión de un proyecto de Conquista; la ciudad es la implantación ideológica, cultural y material del proyecto de dominación procedente de fuera, de las Metrópolis. Es el espacio físico del invasor y de su modelo social y cultural. Es el transplante, es lo ajeno, que se impone sobre lo autóctono, lo interno, lo rural y que a la inversa de las ciudades europeas nacidas del desarrollo agrícola del campo y sus necesidades mercantiles, pretendían más bien operar como rectoras de éstos. Con la Conquista, nos dice, "... quedó certificado el triunfo de las ciudades sobre un inmenso y desconocido territorio, reiterando la concepción griega que oponía la *polis* civilizada a la barbarie de los no urbanizados" (14). Y esta misma concepción de "ciudades como focos civilizadores", opuestas "a los campos donde veía engendrada la barbarie" se prolongaría en el modelo sarmentino de la ciudad como cabeza de lanza del proyecto modernizador del XIX (16), el cual constituiría una profundización de la Conquista y una continuación del proceso de destrucción de las culturas americanas. No es difícil establecer una relación entre esta lectura y la que nos proporciona en *Transculturación narrativa* (1987), en que las ciudades funcionan como polos modernizadores, irradiadores de las formas contemporáneas de la colonización, una fase más en la imposición de modelos culturales externos sobre los "internos", portadores de la identidad americana.

Evidentemente, este trabajo del crítico uruguayo constituye un importante aporte a una historia literaria que busca elucidar el desarrollo específico de una literatura nacida de la violencia de la Conquista, especialmente en cuanto contribuye a la comprensión de la conflictiva relación entre campo y ciudad, oralidad y escritura, cultura popular y cultura ilustrada; si bien aclara el por qué de la diferencia de perspectiva de Rama respecto a las literaturas de vanguardia que concibe como simples reproductoras del modelo dominante frente a las transculturadoras como contra-hegemónicas, no resuelve el problema de una lectura homogeneizante de la producción cultural urbana; su mirada crítica no se detiene nunca sobre los procesos intertextuales que puedan darse entre sus culturas populares y las literaturas ilustradas, como ocurre en la obra de Borges, por ejemplo.

El interés de Rama por reivindicar el lugar que la cultura popular ocupa en el desarrollo de la literatura latinoamericana se centra exclusivamente alrededor del ámbito rural. Como ya se ha dicho, el discurso sobre la transculturación revela la resistencia de las culturas populares rurales americanas frente a las presiones homogeneizadoras del modelo modernizador y la capacidad de articular discursos contrahegemónicos y de constituirse en alternativas de modernización. Sin embargo, la desnacionalización a priori de la ciudad impide a Rama explorar la posibilidad de encontrar discursos críticos o de resistencia a la dominación que puedan estar construyéndose en los espacios de mayor empuje y penetración de la modernización; en última instancia, de detectar sus propias operaciones transculturadoras. La idea de un modelo único de identidad nacional, mina la posibilidad de articular un discurso crítico capaz de dar razón, sin recortes reductores, de la totalidad de proyectos literarios producidos en las diferentes formaciones socio-culturales del continente. En efecto, esta lectura bi-polar de la literatura latinoamericana no favorece una percepción de la multiplicidad de discursos y fórmulas de identidad que se proponen en los distintos espacios culturales que coexisten aún dentro de cada ciudad en América Latina y que en gran medida son consecuencia del desigual avance de la modernización.

En parte, estos problemas en el discurso del crítico uruguayo se explican en términos de su homologación de la modernización social con la modernización literaria, lo que desemboca en el supuesto de que la adopción del modelo de desarrollo material impuesto implica la adopción pasiva y sin mediaciones, de un modelo estético; este enfoque ignora las complejas operaciones involucradas en cualquier proceso de apropiación y rearticulación de discursos, complejidad que es reconocida por Rama, en cambio, en su tratamiento de las literaturas transculturadoras.

CAPITULO 3

ALEJANDRO LOSADA:
HACIA UNA HISTORIA SOCIAL DE
LAS LITERATURAS LATINOAMERICANAS

La crisis epistemológica que experimenta la crítica tanto en sus vertientes inmanentistas como sociológicas en la década de los sesenta y su incapacidad para dar cuenta de los rasgos específicos de la literatura latinoamericana frente a la europea o norteamericana (Losada 1987, 11-13), al igual que de las líneas generales de su proceso de producción, operan como trasfondo y como punto de partida del discurso de Alejandro Losada; sus escritos constituyen, de hecho, uno de los más insistentes esfuerzos dentro de la crítica continental por conferir un *status* científico a la disciplina y por proponer un modelo teórico que sirva de base a su proyecto de elaboración colectiva de una historia social de la literatura latinoamericana.[55] Dicho proyecto inicialmente ideado y puesto en marcha por Losada desde el Lateinamerika Institut de la Universidad Libre de Berlín, donde ejerce como docente de literatura a partir de 1978, recibe un segundo e importante impulso con la fundación de la Asociación para el Estudio de las Literaturas y las Sociedades de América Latina (AELSAL) en 1982, que aglutina latinoamericanistas de diversos países europeos y coordina el desarrollo de la investigación (Lienhard et al. 1986, 634).[56]

El objetivo de construir un sistema conceptual que sustente este proyecto atraviesa toda la obra de Losada, quien concibe su sistema categorial como una formulación siempre tentativa, susceptible de ser reelaborada y su labor investigativa como un quehacer siempre

---

[55] Para un examen de la discusión epistemológica que subyace al proyecto de Losada, ver Losada (1976a). Para una sistematización de los supuestos que controlan su delimitación y definición del campo y objeto de su investigación, ver Losada (1987, 14-46). Para una sistematización y puesta al día tanto de sus cuestionamientos a los modelos críticos dominantes, como de los principios teóricos que sustentan la propuesta que viniera desarrollando desde mediados de los años setenta, ver Losada (1981b).

[56] Para un recuento de los orígenes de AELSAL, ver Borel (1987, 200-208).

abierto a replanteamientos; su escritura se caracteriza, en efecto, por su disposición a una continua reelaboración de las nociones que va desarrollando de acuerdo a la nueva información que le van ofreciendo los avances de la investigación en el terreno de la crítica, así como en otras áreas de las ciencias sociales. Esta actitud de Losada ante la actividad científica, tan fielmente recogida por su escritura, refleja, por lo demás, su convicción en el trabajo colectivo e interdisciplinario como garantes de un real avance en la disciplina (Losada 1981b, 168-69 & 172-73).

El problema de la especificidad de la producción cultural y literaria latinoamericanas es abordado por Losada desde una concepción histórica de las mismas, tratado en términos de su "relación dialéctica" con la especificidad de las sociedades continentales, fenómeno resultante, en gran medida, de su pasado colonial. Losada, comprende el proceso literario de la América Latina como regido por un conflicto histórico central, aún irresuelto, o sea "... la necesidad de superar la herencia de su pasado colonial ..." y buscar una salida a las contradicciones sociales y culturales por él instauradas. El intelectual latinoamericano, a diferencia del europeo, por ejemplo, ha debido realizar su producción cultural dentro de las tensiones creadas en este contexto:

> Como un equilibrista, [en Latinoamérica], el intelectual productor de cultura transita por esa parábola que trata de oponer el pasado al futuro, procurando vincular de alguna manera su producción con las alternativas históricas por las que atraviesa su sociedad, haciéndose problema por la destrucción –o permanencia– de las estructuras feudales precapitalistas, de la situación de la masa oprimida, de la necesidad de integrarla transformándola, o de aniquilarla reemplazándola por otro tipo de fuerza de trabajo, o por la constante presencia de potencias imperialistas que frenen el proceso histórico. (180-82)

Pero hay también otro ángulo desde el cual Losada considera la especificidad de la literatura continental: ésta debe ser analizada dentro del "... contexto global de la difusión, recepción y transformación de los procesos ideológico-culturales internacionales producidos en Europa...", ya que "... los productores de cultura ilustrada de esta región se han identificado con ese horizonte internacionalizado a partir de su posición periférica y dependiente dentro del proceso general de expansión y consolidación del modo de producción capitalista...". Pero si bien América Latina es colocada en posición de receptora de los discursos producidos en los centros dominantes del capitalismo, sus intelectuales no se limitan a una adopción pasiva de tales discursos, sino que efectúan sobre ellos transformaciones, replanteando las funciones que tuvieran en sus sociedades de origen, al adecuarlas a las suyas propias, llegando incluso a la formulación de contra-discursos. Este proceso de apropiación y reformulación de "... lo que se difunde desde otras situaciones sociales depende de las condiciones concretas en que se encuentra cada formación social latinoamericana en cada etapa de su evolución histórica ...", determinando de este modo, las características de los productos culturales resultantes, específicos de las diversas "sub-regiones" de la América Latina. Esta concepción del proceso cultural en términos de las articulaciones entre cada formación social "sub-regional" y los centros hegemónicos, que será sistematizada por Losada en sus trabajos de los años ochenta, oportunamente cuestiona, además, aquélla que en cambio plantea dicho proceso en términos de la relación de dependencia de América Latina vista como una unidad y a partir de la cual la apropiación y rearticulación de los lenguajes internacionalizados produciría resultados uniformes en toda la región. El énfasis de Losada recae una vez más, con toda legitimidad, sobre la necesidad de romper con las visiones homogeneizantes de las letras latinoamericanas y exponer las diferencias entre las mismas (1983b, 7-11).

El propósito de este capítulo es el de realizar una reconstrucción de la propuesta losadiana y un balance de sus categorías centrales en términos de su contribución al avance de la crítica latinoamericana en la búsqueda de autonomía en que ésta se embarcara en los años setenta y en su proceso de ruptura con respecto a las concepciones eurocentristas hasta entonces hegemónicas dentro de la disciplina. En la primera sección del mismo se comentan las diversas etapas por las que atraviesa el proyecto de Losada, mientras que en la segunda, se realiza un inventario de los conceptos esenciales dentro de su sistema teórico y se intenta sintetizar las sucesivas definiciones que de ellas ofreciera el crítico argentino a lo largo de su obra. El propósito de dicha síntesis, más que una descripción exhaustiva de su sistema conceptual, es el de ilustrar, a guisa de orientación, algunos de los usos principales de las categorías losadianas.

El trabajo de Losada desemboca, sobre todo en los años ochenta, en un abordaje de la producción literaria latinoamericana que, a partir de la aplicación de su noción de "modo de producción cultural" a una lectura "(sub)regional" por oposición a "nacional", de hecho sienta las bases para la formulación de un diseño alternativo de periodización de las letras del continente, éste sí fiel a sus rasgos histórico-culturales específicos.[57] Losada, como es bien sabido, propone como punto de partida de su historia social de la literatura latinoamericana, un estudio comparativo entre las cinco "sub-regiones" en que divide al continente: Cono Sur, Andes, Caribe y Centro América, Brasil y México, dejando atrás el modelo de las literaturas "nacionales" (1980c, 1983b). Este reconocimiento de la pertinencia para la investigación, de las fronteras histórico-culturales por sobre las que separan los Estados nacionales no es, en realidad, el único ni el primordial argumento losadiano en contra de la legitimidad para el discurso crítico, del concepto de literaturas nacionales. Más relevante

---

[57] Para un resumen de su crítica al modelo de literaturas "nacionales", ver especialmente, Losada (1983b, 23).

es, en cambio, su análisis de la relación entre el sujeto productor y los diferentes actores sociales (élite dominante local, sectores populares y centros hegemónicos internacionales) involucrados en cada uno de los tres modos de producción cultural que dominan el panorama de las letras latinoamericanas a lo largo de los siglos XIX (literaturas dependientes) y XX (literaturas marginales y literaturas social-revolucionarias). Losada sostiene que:

> Durante el período de dependencia neo-colonial parece inapropiado el término de literatura "nacional", ya que una literatura producida en función de una élite oligárquica dependiente de los centros metropolitanos dominantes no tiene suficiente legitimidad como para ser referida a la creación de una sociedad y una cultura nacionales, es decir, con independencia política, con un aparato productivo que se dirija a satisfacer las propias necesidades y con una reestructuración social que supere la polarización y explotación coloniales e integre a todos en una unidad solidaria. (1983b, 23)

Indudablemente, tal abordaje constituye una de sus más interesantes contribuciones al empeño de la crítica latinoamericana por dar cuenta de los desarrollos específicos del proceso literario continental.

No menos útil para la crítica resultan su rescate para la modernidad de las literaturas estigmatizadas como "tradicionales" por una crítica que instaura lo moderno como criterio central de su ejercicio valorativo y su cuestionamiento de la estrecha definición del mismo con que ella opera. Losada considera que tales literaturas ("social-revolucionarias") en realidad están embarcadas en un proyecto de modernidad alternativo, que involucra un compromiso con la erradicación de los conflictos heredados de la colonia y la búsqueda de soluciones que implican la transformación social y política de su entorno (23-26).

Durante su estada en Lima como profesor de la Universidad Nacional Mayor de San Marcos (1971-1976), después de una corta experiencia académica en la Argentina (1967-1968) y una igualmente breve aunque traumática incursión en la vida política de su país (1968-1970), Losada se dedica al estudio sociológico de la narrativa peruana contemporánea especialmente (Lienhard et al. 1986, 632-33). Correlato de dicha indagación será su reflexión sobre el carácter social de la producción literaria, las formas de pertenencia del fenómeno literario al resto de la sociedad y su función dentro de ella, la configuración de conjuntos literarios y su articulación a diferentes sujetos sociales, así como su búsqueda de parámetros que posibiliten un abordaje de los desarrollos específicos de las letras latinoamericanas, con miras a liberar a la disciplina de las perspectivas eurocentristas y homogeneizantes que tradicionalmente la controlaran. Si bien en esta etapa su reflexión se inspira inicialmente en la literatura peruana, el objetivo de Losada es su proyección al campo de la literatura continental, cuya relectura considera tarea inaplazable para la crítica latinoamericana.[58] Para Losada es fundamental la ruptura con la orientación de una crítica más interesada en encontrar las similitudes entre las literaturas ilustradas latinoamericanas y las europeas, especialmente la francesa, que en explorar, en cambio, sus diferencias, lo que explicaría el que aún no dispongamos de un

> ... horizonte teórico que nos permita comprender los fenómenos literarios específicos que no tienen nada que ver con aquella literatura: esto es, las literaturas gauchescas, la persistencia del realismo social a lo largo de siglo y medio, las literaturas indigenistas, el movimiento de la negritud, la poesía fundacional, para aludir a unos pocos. Tampoco tenemos un modelo, aunque sea primitivo, para periodizar los diversos desarrollos literarios sub-regionales que permitan entender como una unidad latinoamericana, por ejemplo, la literatura de la revolución mexicana en sus dos etapas 1920-40-70; la elaboración de la identidad cultural a través de la novela realista (R. Bastos, J.M. Arguedas. M.A. Asturias, J. Amado); o la nueva literatura testimonial (Barnet, Domitila, G. Martínez); fenómenos sincrónicamente simultáneos a conjuntos tan diferentes como los constituidos por las novelas subjetivistas o experimentales tan impropiamente llamadas "del lenguaje" (J. Cortázar, Lezama Lima, S. Sarduy, Cabrera Infante, J. Donoso). (1981b, 170)

A diseñar un modelo capaz de corregir estos vacíos de la disciplina dedica Losada su obra. Su libro *Creación y praxis* (1976a), que recoge la mayor parte de su labor investigativa en el Perú, a más de sintetizar el recorrido intelectual de su primer período, sienta los fundamentos teóricos que con un cierto número de modificaciones y adiciones, forman, en efecto, el eje de sus escritos futuros, aspectos éstos, que justifican un examen detenido de su contenido.

En la tercera parte del libro Losada expone sus objeciones a los sistemas conceptuales dominantes dentro de la crítica y la historiografía literaria latinoamericanas (179-89), aclarando así el contexto de su intervención en el debate sobre las letras del continente, para luego hacer una presentación sistemática de su modelo de lectura de los sistemas literarios de la América Latina como instituciones sociales.[59] A dicho modelo, concebido por Losada como una primera tentativa de formalización de una sociología de las letras latinoamericanas, siguen nuevas propuestas que no sólo refinan y amplían el repertorio categorial del mismo, sino que enriquecen su capacidad de comprensión del fenómeno literario y de la relación entre procesos sociales y culturales con su descubrimiento e incorporación de perspectivas antropológicas.

Al modelo tradicional, de corte positivista, reprocha las distorsiones que su recurso al cruce de las nociones de "época" y "período" operan respecto a la naturaleza de lo literario y a su significación: mientras la noción de época homologa el acontecer literario al deve-

---

58 Para este período de la obra de Losada ver (1974, 1975b, 1975c, 1975d).
59 En esta parte Losada incluye un texto publicado como artículo el año anterior: "Los sistemas literarios como institucones sociles en América Latina" (1975b).

nir político y social (épocas pre-colonial, colonial, republicana y contemporánea), el concepto de período, que designa los distintos movimientos estéticos, equipara el desenvolvimiento de la literatura continental al de las letras europeas, sin respeto para su especificidad, de hecho deshistorizándola, al diluirla en un fenómeno de índole "universal" (1976b, 182-83). En los años ochenta, como se verá más adelante, Losada se dedica a la formulación de un modelo de periodización de las letras latinoamericanas que rompe con estas perspectivas eurocentristas y que tiene como mira justamente la restauración de sus procesos y sus rasgos específicos (1983b).

Inaceptable le resulta, por otra parte, la respuesta que a tal procedimiento oponen las lecturas inmanentistas. Estas pretenden legitimar su *status* científico sobre la base de la autonomía de su materia de estudio, a través de la descontextualización histórica de los textos que resultan convertidos, en primer lugar, en "... una serie de obras monumentales, inmanentes, intemporales y trascendentales, referidas a cada subjetividad que, a su vez, también es considerada como aislada, interiorizada, ahistórica y autónoma...". En segundo lugar, los textos terminan siendo concebidos como patrimonio de la cultura universal, con lo que, efectivamente, pierden su sentido social y cultural. Así sintetiza Losada su crítica a dicha perspectiva:

> En estos discursos, que en realidad son los predominantes, se abandona todo modelo que permitiera conceptualizar a esta literatura como un conjunto, entender sus procesos de evolución y articularla de alguna manera a la sociedad hispanoamericana. (1976a, 183-84)

A ello se suman la reticencia de la corriente estructuralista a todo tipo de valoración estética y social y su supuesta neutralidad ideológica e independencia con relación a cualquier proyecto social, actitudes radicalmente opuestas a la de Losada.

El discurso crítico de éste, por el contrario, asume consciente y explícitamente sus presupuestos y su compromiso con un proyecto social concreto y concibe su labor intelectual como una praxis imbuida de "... una intención liberadora que [apunta] a la totalidad social" (184-85). Ella, de hecho, se ubica dentro del marco de los estudios sociológicos de la literatura y más específicamente se afilia al proyecto de constitución de una estética marxista que encabezaran Georgy Lukács, Lucien Goldmann y Arnold Hauser (19-23 & 193-95).[60] El objetivo de Losada es proponer una sistematización comparable para la literatura latinoamericana, pero realizando las reformulaciones necesarias para dar cuenta de sus peculiaridades.

Ahora bien, opina Losada, que aparte del hecho que la mayoría de los estudios literarios en América Latina se quedan en un nivel monográfico de la investigación y en el trabajo de autores y obras in-

---

[60] Para una sistematización de las diferencias entre Losada y las tendencias dominantes dentro de la sociología de la literatura, ver Losada (11983a, 9-10).

dividuales, su carencia principal radica en la "... ausencia de la reflexión teórica y epistemológica ... [y en el recurso al] discurso ensayístico, la más de las veces simplificador y voluntarista ...". En síntesis, reduce a cinco las áreas problemáticas de la disciplina. En primer lugar, su incapacidad para "... dar razón del diferente desarrollo diacrónico subregional ...": en otras palabras, se han escatimado las diferencias entre las literaturas producidas en las distintas regiones del continente al agruparlas bajo un mismo rótulo, como es el caso del modernismo, por ejemplo, donde las divergencias que separan a los autores tradicionalmente homogeneizados por el término, son más relevantes que las características que ellos comparten. En segundo lugar, señala Losada lo inadecuado de los modelos críticos vigentes para "... dar razón de la simultaneidad de fenómenos que de manera inmediata aparecen como literaturas de cualidad diferente ...", o sea el por qué de la coexistencia de producciones literarias tan diversas entre sí como por ejemplo indigenismo y vanguardismo en la zona andina de los años veinte. En tercera instancia, enfatiza la arbitrariedad y la inconsistencia de las propuestas generacionales que pretenden unificar "... autores tan disímiles como Cortázar, Onetti, Ciro Alegría y José María Arguedas ..." por el simple hecho de pertenecer a la misma generación. En cuarto lugar, cuestiona la validez de sus "... criterios descriptivos e interpretativos ... [que constituyen una mezcla indiscriminada, entre otras, de] ... alusiones a la dependencia del desarrollo estilístico con respecto a las literaturas de los países industriales, con referencias a la sociedad, la nación, las subregiones o la región". Finalmente, la crítica contemporánea confundiría "... la valoración estética de una obra, o un nuevo conjunto literario, y la significación social ...", mezclando parámetros cuyos órdenes, por lo demás, no han sido definidos ni esclarecidos. Como ejemplo cita la tendencia al uso simultáneo de "... los dos criterios, encomiando ... [a la vez] ... la autonomía y la madurez artística de la nueva literatura, y su significado social y político ..." (179-80).

Losada considera que su modelo teórico ofrece a la disciplina los elementos necesarios para iniciar el abordaje de esta problemática aún irresuelta por ella. La versión de dicho modelo presentada en su primer libro lejos de pretender ser una propuesta acabada, es concebida como un primer acercamiento, si bien ella contiene ya los fundamentos de las nociones esenciales de su proyecto; como ya se ha dicho, Losada continuará siempre redefiniendo sus categorías a lo largo de la producción de su obra crítica. De tal actitud ante el trabajo intelectual da testimonio este mismo libro, ya que no se limita a la presentación de los resultados de su pesquisa, sino que recoge los varios estadios de su investigación y escritura, revelando las sucesivas aproximaciones a su objeto, así como los distintos niveles de abstracción por los que pasa en el acto de su composición.[61] Este cuestiona-

---

61 Sobre el carácter auto-reflexivo del discurso de Losada y consecuencias del mis-

miento de los paradigmas dominantes dentro de la crítica continental permanecerá como trasfondo de sus sucesivas propuestas teóricas, concebidas siempre como alternativas a las limitaciones de los mismos y a las distorsiones del proceso literario latinoamericano derivadas de su aplicación (1977a, 7-9).

En la primera parte de *Creación y praxis* (1976a) efectúa una inicial tentativa de análisis de la narrativa peruana contemporánea estructurada alrededor del concepto de praxis social, si bien en este estadio se limita a lanzar hipótesis sobre las articulaciones entre las obras individuales de cinco autores representativos y los grupos que conforman su sociedad, más que a nivel de conjuntos literarios y sociales mayores; ello lo hace en conformidad con la noción de "perspectiva" manejada por Lukács en sus trabajos sobre la novela histórica y el realismo crítico, como señala el mismo Losada (1976a, 119-21).[62] Encuentra insatisfactorios estos primeros resultados no sólo en cuanto a su insuficiente nivel de abstracción y formalización, sino por su falta de claridad metodológica y valorativa. Sin embargo, no los considera desechables, ya que proporcionan la base para la formulación de un modelo con mayor capacidad de abstracción que dé cuenta de las relaciones entre producción literaria, obra y praxis social en Perú e Hispanoamérica,[63] que será expuesto en la sección final del libro, al igual que del concepto de sistema literario entendido como praxis de un sujeto productor determinado.

En la segunda parte, y siempre siguiendo de cerca la tipología lukacsiana de las formas literarias asociada a su categoría de "perspectiva", Losada sistematiza las distintas tendencias al interior de la narrativa peruana contemporánea, articulándolas a las diferentes formas de praxis social que asumen tanto los autores en cuestión, como el público que dichas obras instituyen (160-72). Las reservas de Losada en relación a los avances alcanzados en esta segunda etapa

---

mo, ver la iluminadora reseña crítica de A. Cornejo Polar (1977b). Esta reseña ofrece una excelente síntesis y evaluación de *Creación y praxis*.

[62] Losada define la noción lukasiana de "perspectiva" a que él recurre como la forma de conciencia de su existencia en el mundo que el hombre tiene y que determina "la forma de expresión literaria". "El autor [continúa Losada], guiado y controlado por una emoción particular de su situación en el mundo, seleccionará determinados *materiales*, los presentará técnicamente dándoles una configuración y así, *estructurará* el proceso narrativo. El modo con que un autor es controlado por su emoción significativa para crear una forma expresiva que la objetive, socialice y comunique, es lo que Lukács en términos genéricos llama "la perspectiva" con la que el autor crea una determinada forma significativa". (1976a, 152; énfasis en el original).

[63] El concepto de lo "hispanoamericano" es manejado por Losada con exclusión del de lo "latinoamericano" en las dos primeras partes del libro, mientras que este último hará su incursión en la tercera parte del mismo. Como campo de trabajo a lo largo de los años setenta, será realmente el espacio hispanoamericano el dominante en su obra, mientras que a partir de los ochenta, su proyecto se volcará sobre el área latinoamericana, con la inclusión del Brasil y la región caribeña.

tienen que ver con sus deficiencias para satisfacer la demanda de criterios concretos de valoración social de la producción literaria, es decir, criterios que permitan articular "... el modelo estilístico-formal con un modelo de praxis de los grupos sociales productores de esas formas ..." (175-76). A esta problemática busca dar respuesta en el "modelo hipotético-deductivo" de sistema literario propuesto en la tercera parte del libro (241-52). Tal modelo debería proporcionar los elementos necesarios para "... la comprensión de la literatura hispanoamericana posterior a la Independencia como praxis de diversos sujetos sociales ..." (179). Tal vez dicho modelo no satisface el ambicioso objetivo de Losada; sin embargo, sintetiza y sistematiza los fundamentos teóricos derivados de sus aproximaciones a la narrativa peruana contemporánea y provee las bases para lo que en efecto constituye el siguiente estadio de su investigación: el estudio de los "modos de producción literaria" que caracterizarían el panorama de las letras latinoamericanas en el siglo XIX (244).

Hay que añadir, antes de seguir adelante, que el énfasis de la propuesta de Losada es puesto sobre la interpretación de lo literario como acontecer social más que como hecho propiamente estético y que su sistema conceptual proporciona en útima instancia instrumentos más sofisticados para su valoración social que para un juicio de orden formal. Esto no quiere decir que las obras literarias resulten tratadas como simples documentos al servicio de estudios históricos o sociológicos ni que Losada abandone su declarado interés en la formulación de parámetros que den cuenta de ambos aspectos de la producción literaria. Por el contrario, esta preocupación reaparece en distintos lugares a lo largo de su obra. De todas maneras, no puede dejar de reconocerse el hecho que el abordaje losadiano de los textos se centra por lo general y más marcadamente aún en sus escritos anteriores a la incorporación de una perspectiva antropológica, sobre el análisis de contenidos y en todo caso en un tratamiento del lenguaje y de las formas en términos de su relación con procesos de orden ideológico, más que en una lectura que permita establecer, entre otras cosas, las articulaciones de éstos con las distintas formaciones culturales de las que se nutren (157). Este tipo de limitación en sus parámetros interpretativos se hace evidente, por ejemplo, en la ausencia de referencias a los complejos procesos de intertextualidad que entre tradiciones literarias occidentales y tradiciones andinas efectúa la obra arguediana (1976a) como en cambio lo prueban los trabajos de Angel Rama, Antonio Cornejo Polar, Martín Lienhard y William Rowe (Cornejo Polar 1989b, Lienhard 1981, Rama 1987, Rowe 1996).

Es interesante, sin embargo, el comentario que al respecto hace Martín Lienhard, al recordarnos que el "... edificio teórico ... de Losada [que aquél cataloga como] ... una antropología de las prácticas literarias en América Latina ..." resulta cuestionado tanto por la sociología literaria "ortodoxa", como por la filología: mientras que desde las filas de la primera se le reprocha su ruptura con la "... concepción de la literatura (de los textos) como reflejo del devenir histórico-social ...", desde las corrientes inmanentistas se le critica por su incapacidad para esbozar "... una poética o ... una historia de las formas literarias en América Latina ..." A ambas posturas responde Lienhard con su justa caracterización del proyecto de Losada:

> El *status* de los textos concretos, en la teoría losadiana, no es, en efecto, el de objetos últimos de la investigación; basándose, por lo general, en los análisis ya realizados con las técnicas propias de la poética, ella considera los textos como signos de un sistema de comunicación más vasto que los trasciende y llega a constituir el verdadero centro de interés. El enfoque losadiano no niega, en realidad, la necesidad de construir una poética de los discursos literarios latinoamericanos, pero no asume la tarea de fundarla. La realización futura del gran proyecto losadiano de una historia social de las literaturas latinoamericanas exigirá, sin duda, una colaboración más estrecha entre los sociólogos o antropólogos de las prácticas literarias y los "poetólogos" latinoamericanistas. (Lienhard et al. 1986, 641-42; énfasis en el original)

Para la sistematización de su modelo de lectura de los sistemas literarios latinoamericanos entendidos como instituciones sociales (tercera parte de *Creación y praxis*), Losada parte de la concepción lukacsiana "... del fenómeno literario como momento de la totalidad social ..." (Losada 1976a, 192), si bien se aparta de él tanto en lo que se refiere a su estatuto valorativo del mismo, como a su concepción de las formas literarias sustentada en la teoría del conocimiento como reflejo de la realidad. (200 & 274) No es nuestro propósito entrar en los detalles del balance crítico que de la obra de Lukács realiza Losada (192-213), sino presentar esquemáticamente los presupuestos fundamentales que de aquél utiliza el segundo y las reformulaciones que a sus planteamientos efectúa, por cuanto ellos ilustran el empeño de Losada en dar cuenta de los procesos específicos de las letras latinoamericanas y de su circunstancia histórico-social.

Lukács considera el acontecer literario como resultado de una "situación objetiva", lo articula a la estructura social general y lo interpreta en términos de la forma de "... pertenencia de un sujeto productor a una clase social ...". Lo define como "una forma de conciencia o de conocimiento" de carácter reflejo con respecto a "... una situación que se desarrolla de manera independiente del sujeto productor ...". Es un hecho pasivo, sin capacidad "... para determinar la existencia concreta del sujeto productor ...". Finalmente, ni la literatura ni la cultura pueden incidir "... en la constitución de relaciones fundamentales del sujeto productor con respecto a sí mismo, a los diversos factores de la estructura social y al proceso histórico ..." (210).

Para Losada, en cambio, el hecho literario, al menos en el contexto latinoamericano, no sólo se explica dentro de una situación general objetiva, sino por relación a "... una respuesta subjetiva de un grupo particular, como una toma de posición condicionada por una serie de demandas y requerimientos de esa situación, pero determinada por un proyecto social ...". No es sólo una "forma de conocimiento", sino de "comportamiento", en relación a dicha situación, y "... a la naturaleza, función y tareas que ha de cumplir la producción de la cultura ...". Tampoco es un hecho pasivo: por el contrario, "... es producto de una actividad consciente de un sujeto social que, de alguna manera, tiene dominio de sus fines y escoge medios y estrategias para cumplirlos y que, precisamente en el cumplimiento de esa actividad, se constituye en un nuevo sujeto social, sólo posible en esa forma de cultura ...". Además de considerarlo en el nivel del lenguaje, la conciencia y la cultura, lo concibe "... en el orden real de la existencia histórica y social, estableciendo especiales relaciones objetivas consigo mismo, con los demás hombres, con la cultura y con la historia, es decir constituyendo una particular realidad histórico-social...". Ahora bien, añade Losada, si el fenómeno literario no es solamente "... producto de la estructura social, sino ... de la praxis de un sujeto social ...", la única forma de atender a su especificidad "... es articulando de manera inmediata los conjuntos literarios con la praxis social de los sujetos productores y, mediatamente, con la situación de la estructura social ..." (210 11).

Ahora bien, el modelo de Losada concibe lo literario como una *institución social*. La noción de sistema literario comprendido como institución social está vinculado a la crítica que Losada hace tanto al tipo de abordaje sociológico descrito arriba, como a los enfoques inmanentistas. Para éste, el análisis del fenómeno literario no puede reducirse exclusivamente ni "... al nivel inmanente de los textos, ni al nivel trascendente de la totalidad social [ya que] todo conjunto de textos está producido por su sujeto social y sólo en su vida práctica tiene existencia real ...". El modelo de Losada propone entonces dos estadios en el trabajo del crítico: en primera instancia, la comprensión del "nuevo lenguaje" y en segundo lugar, la comprensión del hecho que "... allí se constituyen relaciones entre los hombres ...". El concepto de institución social recoge justamente este segundo aspecto del hecho literario (215) e implica la comprensión del "... fenómeno humano como un proceso de autoproducción social ...":

> Los resultados...[del proceso de autoproducción social] no son monumentos, ni tampoco efímeros instrumentos, sino el hombre mismo en el momento de instituir su conciencia y su existencia social, fundar el horizonte de su existencia y el modo de sus relaciones sociales, y definir un sentido de sí en el mundo, o para decirlo más exactamente, en el modo en que se da a sí mismo un mundo. De esta manera, las obras literarias son comprendidas como trascendiendo cada subjetividad individual, operando una fundación de la conciencia social más allá de cada existencia privada e instituyendo un mundo. Pero no permanecen ajenas a cada hombre, como "objetos" de contemplación, sino que son la objetivación de su conciencia social. De la misma manera, las obras literarias son comprendidas como directamente vinculadas al proceso de producción y de relaciones sociales en el que se encuentra articulado el grupo social que las produce, pero no son considera-

das "productos" efímeros, superestructurales e instrumentales, sino como un momento del proceso de autoproducción social. (220)

Por otra parte, aunque la literatura conforma una institución social, su carácter y su función difieren del de otras instituciones sociales. Su peculiaridad le viene del hecho que ella no está referida a la globalidad de la sociedad o de una época, sino a "... la praxis de pequeños grupos sociales que, en ella, instituyen especiales modos de existencia ..."; pero también deriva del hecho que su forma de "fundar la realidad social" difiere de la del Estado, la Técnica, la Ciencia, etc. y se aproxima a la forma de "configurar la conciencia social" de la Religión, la Filosofía, las tradiciones, creencias, valores, etc. (220-21).

Si bien Losada considera la lectura lukacsiana de la literatura de las sociedades burguesas como válida para Latinoamérica en un nivel general, en cuanto su literatura ha evolucionado atada a la de las sociedades metropolitanas, de hecho, Losada está tácitamente cuestionando la validez como procedimiento crítico, de un trasplante directo, sin cambios ni correcciones de tal lectura al ámbito latinoamericano, cuyo perfil está marcado por los términos de dependencia en que se dan su articulación social y cultural a estas sociedades, así como por la desigualdad en que se produce su desarrollo capitalista y la consecuente diferencia de sus "referentes sociales". Losada explica así la especificidad socio-cultural latinoamericana a partir básicamente de su condición "periférica", de la que de alguna manera se desprende la marginalidad de sus élites productoras, urbanas ellas todas, con respecto a la sociedad nacional, y a cuyas demandas o las de los sectores populares no lograrían nunca articularse; igualmente, consecuencia de dicha situación de dependencia resulta la posición contradictoria y conflictiva de sus élites frente a los proyectos modernizadores provenientes de los centros metropolitanos, que pretenden reproducir (189 & 195-99). Las correcciones a Lukács propuestas por Losada tienen por objetivo, entonces, enfocar el fenómeno literario,

> como una peculiar institución social no referida a la sociedad en su conjunto ni dependiendo inmediatamente de sus procesos de evolución, sino referida a la constitución de pequeños grupos que, en la producción de tipos diferentes de cultura, han establecido determinadas relaciones con los diversos grupos dominantes y dominados de su sociedad, han tomado diversas opciones frente a las posibilidades del desarrollo histórico y, por todo ello, han constituido de una manera peculiar el ámbito de su realidad. (199)

Pero antes de seguir adelante convendría llamar la atención sobre el carácter problemático de un par de conceptos de Losada: se trata de sus nociones de "sujeto productor" y "autoproducción social". Es cierto que ambas, como ya se ha expuesto, se explican en el contexto de su reacción en contra de algunos planteamientos lucaksianos, tales como su noción de literatura como reflejo y su negación de un lugar para la subjetividad dentro de su interpretación. Sin embargo, el intento de Losada por rescatar la subjetividad y por recuperar para el acontecer literario una función activa dentro de la sociedad, que rebase aquélla de simple reproducción de la estructura social, conduce a una cierta dimensión voluntarista dentro de su discurso, que no plantea ninguna mediación entre la subjetividad y el cambio. Esta dimensión voluntarista es sugerida principalmente por su idea de "autoproducción social", idea que parece sugerir que el sólo ejercicio de la voluntad tendría la capacidad de transformar la realidad. Pero esta impresión de voluntarismo también está ligada con la vaguedad de su concepto de "sujeto productor", cuya constitución y articulaciones socio-culturales concretas no son sistematizadas suficientemente por Losada. El "sujeto productor" es siempre descrito como ciertas "élites" o como "pequeños grupos", pero su identidad en tanto su relación con las diversas clases sociales o etnias no es presentada con bastante claridad; como no lo es tampoco su discurso sobre la articulación de dicho "sujeto productor" a las demandas ya sea de un sector social, ya sea de otro; de nuevo estas opciones parecen explicarse como resultado de un acto de voluntad de ciertos individuos, sin que sea posible entender el por qué de su coherencia como grupo, por ejemplo, para no hablar del por qué de su opción.

Losada considera, no obstante, que su modelo ofrece una respuesta a los problemas aún irresueltos por la crítica, que se señalaron arriba. En primer lugar, porque explica las variaciones diacrónicas del proceso literario a nivel sub-regional y la aparición no simultánea de cada uno de los tres sistemas literarios propios de la época posterior a la revolución burguesa, "... según el proceso de urbanización y de transformación de la estructura social tradicional ...",[64] así como de la multiplicidad de movimientos hasta ahora presentados como "... homogéneos en cada sub-región ...". En segundo lugar, porque da cuenta de la coexistencia en una misma región de movimientos totalmente divergentes, en términos de la existencia de "... proyectos y sujetos productores diferentes frente a la misma situación de la estructura social ...". Para terminar, constituye una alternativa al esquema generacional, al interpretar las diferencias entre las obras de autores coetáneos, como respuestas a "diferentes demandas y ... [a la identificación de cada uno de ellos] con diferentes proyectos sociales ...". (1976a, 212-13). Tal modelo, perfeccionado y complementado a lo largo de su obra, sirve de base a su relectura del proceso literario latinoamericano.

Teniendo siempre como punto de despegue la necesidad de aportar a la crítica y a la historia literarias un sistema conceptual que le permita superar las deficiencias señaladas, Losada inicia en el año de 1976 su proyecto de investigación sobre la literatura latinoamericana urbana ilustrada, durante su estada en la Universidad de

---

[64] Estos criterios rigen justamente sus trabajos sobre las culturas dependientes y autónomas. Ver (1977b, 1979a, 1983a).

Austin, proyecto que continúa en Alemania, donde a partir del año siguiente establece su residencia y se desempeña como docente e investigador; a raíz de su contacto en los Estados Unidos con el etnohistoriador R. Schaedel, Losada incorpora la dimensión antropológica que ya no abandonará en su obra posterior al año 76 y que le aportará cada vez más la posibilidad de integrar a su lectura sociológica el manejo de una perspectiva cultural, invaluable en su tarea de esclarecimiento de las peculiaridades del proceso literario continental (Lienhard et al. 1986, 633-34).

Su objetivo central, en esta etapa lo constituye la formulación de paradigmas estético-culturales entendidos en términos de los "modos de producción cultural" que los sustentan, los cuales le permitirían dar cuenta de las características específicas de la literatura urbana ilustrada del continente y especialmente de la América Hispánica y de sus articulaciones sociales desde "la etapa de expansión preindustrial" hasta "el período metropolitano" e "internacionalista" (Losada 1977a, 1977b, 1979a, 1979b).[65] Por culturas urbanas ilustradas entiende aquéllas que se empiezan a gestar desde fines del siglo XVIII, con el colapso del mundo colonial, período en el cual se desataría ese "proceso de crisis social permanente", aún irresuelto, dentro del cual y en respuesta al cual debe realizarse, en relación dialéctica, la producción de los intelectuales. Ahora bien, la reconstrucción de tal proceso histórico y de su producción cultural, es para Losada el requisito para comprender los rasgos particulares de la sociedad y la cultura latinoamericanas contemporáneas,[66] en palabras del argentino, esta mirada al pasado es indispensable ya que "... los datos del siglo XIX y de los primeros treinta años del siglo XX interesan en cuanto constituyen el horizonte cultural de la sociedad de hoy" (Losada 1976a, 177-79).

Losada propone, inicialmente, en trabajos inmediatamente posteriores a *Creación y praxis* (1976a) dos paradigmas para caracterizar la producción literaria continental: el de las literaturas "dependientes" (1780-1920) y el de las literaturas "autónomas" (1840-1970) y los concibe como alternativa tanto a los modelos literarios "nacionales", como a los esquemas de periodización tradicionalmente utilizados por la disciplina, esquemas que homologan la evolución de las letras del continente con las europeas, escatimando sus particularidades. Esta interpretación de Losada revela la disparidad cronológica con que cada uno de estos proyectos estético-culturales se van arti-

65 Para una sistematización teórica de los principios que gobiernan el discurso losadiano sobre la produción romántica del Perú y el Río de la Plata en la segunda mitad del siglo diecinueve (1983), ver Losada (1977a, 1977b). Sobre el "realismo social", ver Losada (1979a). Para un comentario sobre Losada (1983a) ver Ventura (1987, 29-31).

66 Para una descripción de la descomposición del mundo colonial y de su relación con la producción cultural, ver Losada (1981b, 177-78).

culando en las distintas regiones del continente, asociándola a la desigualdad con que el proceso modernizador va penetrando las sociedades americanas. Dichos paradigmas son comprendidos en términos de sus modos de producción respectivos, de los rasgos distintivos de sus sujetos productores y de las peculiares formaciones sociales a las que se articulan. Las literaturas dependientes, por ejemplo, son producidas por élites vinculadas en estrecha relación de dependencia con el sistema oligárquico dominante en sus sociedades y en condiciones de modernización restringida, como ocurre en el Perú entre 1780 y 1920. Las autónomas, entretanto, hacen su primera aparición al entrar en crisis esta relación y hacerse inminente una reestructuración social en el Río de la Plata entre 1840 y 1880 y se consolidan como fenómeno dominante en el siglo veinte, a partir de la primera guerra mundial, con la transformación del espacio urbano en uno metropolitano, internacionalizado y finalmente masificado (1977a, 9).[67]

En sus trabajos de los años ochenta Losada se centra en la investigación comparativa del desarrollo literario de las diferentes regiones histórico-culturales del continente a lo largo del siglo XX, aislando y caracterizando nuevos modos de producción cultural, que complementan y hasta cierto punto replantean el cuadro de modos de producción que hubiera elaborado hacia fines de la década anterior.

En efecto, Losada continúa refinando su lectura de las literaturas "dependientes", pero en cambio abandona el concepto de literaturas "autónomas", que se ven reemplazadas en lo que toca al siglo XX, básicamente por dos paradigmas estético-culturales diferenciados, con diversas funciones sociales y articulados a dos formaciones sociales igualmente diferenciadas. En primera instancia, el de las literaturas que denomina "marginales", producidas en los espacios metropolitanos, de densa inmigración, donde se ha estabilizado una nueva estructura económico-social, que ha hecho posible una transformación institucional y una incorporación de la "sub-región" al mercado internacional y donde se "... trata de reproducir formas de vida y de cultura europeas". En segundo lugar, el de las "social-revolucionarias", articuladas en el período de crisis y reestructuración de la sociedad tradicional, bajo la dominación imperialista; son literaturas producidas en sociedades caracterizadas, a diferencia de las anteriores, por la no estabilización de una nueva estructura económico-social, lo que conlleva "... una experiencia histórica de transición irresuelta que determina una tensión prerrevolucionaria o directamente comprometida ...". Estos dos espacios sociales, evidentemente condicionan la práctica de los intelectuales y las funciones que ellos conciban para su producción (1983b, 8-9).[68]

---

[67] Un más detallado examen de estos paradigmas se ofrece en la segunda sección de este capítulo.
[68] A la elucidación de estos modos de producción dedicará Losada varios trabajos a

Esta reformulación es el resultado inicialmente del estudio comparado de dos "sub-regiones": Río de la Plata (1880-1960) y Región
del Caribe (1890-1980), exponentes extremos de dichos modos de producción; efectivamente, afirma Losada, la investigación muestra cómo todos los proyectos literarios del Cono Sur son producidos dentro
de una "metrópoli cosmopolita", mientras que el Caribe está empeñado en una continua lucha por eliminar su herencia colonial entre
los años de 1880 y 1960. Tal lucha habría tenido lugar en el Río de la
Plata entre 1840 y 1880 (1983b, 29-30). Si bien la obra de Losada
mismo se concentra en el estudio de tres "sub-regiones" –Cono sur,
Andes y Caribe–, esta metodología de trabajo comparado es susceptible de ser extendida a los otros espacios socio-culturales de América
Latina, donde la situación es mucho más compleja, en cuanto dentro
de ellos co-existen las dos formaciones, sus respectivas problemáticas
y consecuentemente, ambos tipos de literaturas.[69] A partir de este
esquema Losada se propone como siguiente estadio de su proyecto, el
diseño de un sistema alternativo de periodización que fiel a la especificidad del proceso literario latinoamericano y a su densidad, haga
posible el estudio de "... los distintos procesos literarios que se articulan a las diferentes formaciones sociales que co-existen en América
Latina a lo largo de los últimos cien años ..." (1983b, 9).

Losada no llega a diseñar un nuevo modelo de periodización para
la producción literaria latinoamericana. La muerte lo sorprende en
accidente aéreo a comienzos de 1985, cuando se dirigía a Nicaragua
para participar en un congreso literario celebrado en la ciudad de
Managua (Lienhard et al. 1986, 635). Sin embargo, basado en los resultados de su elucidación de los modos de producción cultural dominantes a lo largo de los siglos XIX y XX, en sus últimos escritos bosqueja algunos conceptos que deberían servir de soporte a la elucidación de los distintos períodos específicos de las literaturas latinoamericanas, y proporcionar ahora sí, una alternativa a las periodizaciones tradicionales: nos referimos concretamente a sus definiciones
de los "momentos" ("formativos", de "superación" o "decisivos"), con
los que busca dar cuenta de las etapas que rigen el proceso social latinoamericano a diferencia del europeo y que en última instancia determinarían los períodos de las letras latinoamericanas propiamente
(Losada 1983b, 1986).[70]

---

partir de 1981. Ver especialmente (1987, partes II & III), donde el argentino
recoge los resultados fundamentales de su investigación de este último período.
Para un resumen de la generalidad de su proyecto, ver (176-83). Una más completa definición de los conceptos de literaturas "marginales" y "social-revolucionarias" se hace en la segunda sección de este capítulo.

[69] Para un estudio comparado de las condiciones de producción de las regiones
Centro América-Caribe y Buenos Aires, ver Losada (1984a, 1983c).

[70] Para una reconstrucción de las nociones a partir de las cuales Losada propone
elaborar un modelo de periodización alternativo, ver la segunda sección de este
capítulo.

Esta lectura de Losada, por lo demás, no constituye simplemente una descripción de dos modos diferenciados de producir cultura, realizada desde una pretendida "neutralidad" ideológica; el discurso de Losada se compromete en una valoración de los mismos y abiertamente apuesta por uno de ellos: las literaturas "social-revolucionarias". Es indudable el valor que para la crítica autonomista latinoamericana tiene su recuperación de tales literaturas, como portadoras de una propuesta alternativa de modernidad, así como su llamado de atención a una crítica que le confiere a ésta un estatuto valorativo central y que, además, maneja una noción de la misma extremadamente estrecha: la de los lenguajes internacionalizados, producidos en los centros metropolitanos, desconectados de los otros espacios sociales que co-existen con ellos y de la problemática de las mayorías (1986, 164). El privilegio de esta perspectiva habría conducido a la crítica no solamente a clasificar el proceso literario latinoamericano en dos tendencias de hecho enfrentadas, sino a subvalorar aquella producción articulada a las formaciones sociales que aún se debaten en el intento de superar la herencia colonial, estigmatizándola como "tradicional", o en última instancia, anacrónica (1983b, 23). Esta opción de Losada por estas literaturas "tradicionales" conduce, en efecto, a una recuperación, para la crítica latinoamericana, de los elementos de las culturas populares contenidos en ellas; en este sentido, constituye junto con los trabajos de Angel Rama sobre la transculturación en la narrativa continental y los de Cornejo Polar sobre la heterogeneidad en la narrativa peruana, un aporte fundamental a los estudios culturales en América Latina.

Sin embargo, no se trata de cuestionar la validez general de la propuesta losadiana, sino más bien de subrayar la problematicidad de algunos aspectos teórico-metodológicos, fundamentalmente su descalificación ideológica de las literaturas "cosmopolitas", por considerarlas prácticamente condenadas a formalizar la "alienación capitalista" que rige "las relaciones humanas" en el ámbito de los espacios metropolitanos, con total exclusión de cualquier otra realidad dentro del espacio "nacional". Losada es hasta cierto punto consciente de las reducciones de tipo ideológico que su propuesta teórica puede propiciar; es una preocupación que ya expresaba al inicio de su proyecto, en *Creación y praxis* (1976a) y que reiteraría más tarde, en su ya citado artículo "Bases para un proyecto de una historia social de la literatura en América Latina (1780-1970)", donde reconoce que su delimitación de los modos de producción de la literatura continental proporciona

> ... un nivel sistemático de abstracción donde se hace demasiado fácil "clasificar" todos los autores, obras y fenómenos literarios antes de analizarlos ... Si deseaba, por ejemplo, llamar la atención sobre la necesidad preliminar de elaborar amplios conjuntos como el de la "novela subjetivista ríoplatense", y posteriormente de contrastarlos con conjuntos anteriores (como la "literatura oligárquica") o conjuntos simultáneos (como la "novela indi-

genista peruana"), para aprender a elaborar otros niveles del fenómeno y
ejercitarse en la forma en que se pueden articular a la sociedad y a la historia, me encontraba que en vez de haber estimulado una visión más científica y crítica del fenómeno, los oyentes habían comprendido que se trataba
de algo así como de una receta para diferenciar las literaturas reaccio-
narias de las progresistas. Y se trataba precisamente de superar esas simplificaciones. (1981b, 188)

Pero a pesar de estas expresas buenas intenciones, nos pregun-
tamos si tales simplificaciones no están presentes en el tratamiento
que Losada da a las literaturas "marginales", enclaustradas para
éste en la subjetividad y el desarraigo y desvinculadas de toda realidad más allá del espacio metropolitano, carentes de cualquier elemento progresista y si esta lectura no proviene de la imposición de *a-
prioris* ideológicos que precondicionan la interpretación. Por otra
parte, tal vez cabe preguntarse si dichos *a-prioris* no tienen su raíz
en la transposición al campo de la cultura, de esquemas de la Teoría
de la Dependencia ¿Y en última instancia, los trabajos de Beatriz
Sarlo sobre el proceso de modernización literaria en la Argentina de
principios de siglo no muestran cómo toda la producción literaria del
período, incluso aquélla considerada netamente internacionalizada y
no referencial, Borges por excelencia, está inmersa en la problemática nacional (Sarlo 1988).

El concepto de marginalidad mismo, es finalmente cuestionado
en el artículo colectivo que sirve de prólogo al último libro de Losada:
los autores se preguntan con razón hasta dónde es posible sostener la
idea de exclusión del intelectual frente a la sociedad, o si el "aristo-
cratismo cultural" de un Borges o un Macedonio Fernández necesariamente constituye una situación "marginal" dentro de la sociedad y
en todo caso, si la "marginalidad" de los intelectuales hace referencia
"... a la posición social del escritor, al tipo de lenguaje producido, o ...
a ambos" (Ventura 1987, xviii).

Es igualmente preciso traer a colación la crítica que con legitimidad se ha hecho a la tan general e indiscriminada aplicación losadiana de la noción de literatura "social-revolucionaria". En efecto, en el
prólogo mencionado arriba, los autores expresan su disconformidad
con la falta de atención que la lectura de Losada presta a las divergencias "político-ideológicas" entre los distintos escritores cobijados
por dicho término. Su cuestionamiento es ilustrado con el caso de la
novela social nordestina en el Brasil de los años treinta, donde se
agrupan "... a partir de una cierta convergencia *temática*, proyectos
bastante dispares y contradictorios entre sí ..." (xvi; énfasis en el original). Esto, de hecho, puede ampliarse, por ejemplo, a las literaturas
indigenistas, cuyas diferencias internas han sido estudiadas a
profundidad por el peruano Cornejo Polar (1989b). Válido resulta
también el llamado de atención en el mismo prólogo, sobre la ya reconocida relación dentro de la crítica, entre esta deficiencia en el discurso de Losada y su notoria "... ausencia de un análisis específico de

las formas literarias y de las cuestiones relativas al lenguaje ...". (Ventura 1987, xvi). Evidentemente, ello priva al crítico argentino de la posibilidad de poner a prueba sus esquemas interpretativos ideológicos sobre realizaciones literarias concretas y finalmente romper con esa tradición maniquea dentro de la crítica cultural latinoamericana, que le impide dar cuenta de las vanguardias y explorar las complejas relaciones de éstas con la modernidad. Por otra parte, un acercamiento a las dimensiones específicas de lo literario –el lenguaje, las formas– podría, con suerte, conducir a una revisión del viejo paradigma dominante en el pensamiento continental, revitalizado por la Revolución Cubana y endosado por Losada, por el cual la literatura latinoamericana sólo se legitima por su intervención directa sobre la realidad; lo que se intenta cuestionar aquí no es la capacidad de transformación de lo social que la literatura pueda tener, sino la carencia de todo concepto de mediación en la articulación entre literatura y sociedad en el discurso losadiano. Tal vez no esté de más remitir a la riqueza que en este sentido ofrece el lenguaje crítico de Mariátegui que reconstruyéramos en el primer capítulo de este trabajo.

En ambos casos el discurso de Losada tiende, en realidad, a producir nuevos tipos de homogeneización del proceso literario latinoamericano, hasta cierto punto minando su proyecto de elucidación de la pluralidad de la producción cultural continental. Sin embargo y aunque esta lectura de Losada esté produciendo nuevas homogeneizaciones, no es menos cierto que la visión del panorama literario del siglo XX que Losada ofrece en la última etapa de su obra, le permite desafiar otra arraigada perspectiva dentro de la disciplina en lo que toca a la producción literaria contemporánea: su homogeneización de esta última por medio de la noción de "nueva novela" o "'nueva literatura", noción que diluye las diferencias entre los varios proyectos que de hecho conforman no ya la literatura latinoamericana sino las literaturas latinoamericanas contemporáneas (Losada 1981b, 180). Aparte de los dos modos de producción determinados como dominantes a lo largo del siglo XX, hay que incluir también, su posterior propuesta concerniente a los años 1960-1980, esbozada en sus últimos trabajos; en otras palabras, su delimitación de ese nuevo sistema referido al auge del movimiento popular y al acercamiento entre éste y los intelectuales (1987, 172-75). Pero sobre todo, hay que tener en cuenta su discurso sobre los procesos de internacionalización, su análisis del "espacio [social] concreto" donde ellos se llevan a cabo y la función social de los dos modos de producción establecidos para las literaturas continentales, por cuanto a través de este procedimiento, Losada pone en cuestión algunos de los supuestos básicos sobre los cuales la crítica ha edificado su noción de "nueva literatura". En primer lugar, rechaza la uniformización bajo un sólo sistema literario, de " ... toda la producción artística de los intelectuales profesionales, eruditos, sofisticados, de élites ... en toda la región". Las obras de Carpentier o Asturias, de ninguna manera forman parte del mismo

modo de producción que las de Borges u Onetti, por ejemplo, a pesar
de que todas ellas constituyan fenómenos internacionalizados, metropolitanos y profesionalizados. Por el contrario, ellas se articulan a
diferentes espacios sociales y cumplen distintas funciones sociales.
Efectivamente, la escritura de Carpentier y Asturias, a diferencia de
los rioplatenses, es entendida por Losada como una modalidad, en su
etapa de "internacionalización", propia de las literaturas "social-
revolucionarias" de la región Caribe/Centro América (74-75).

Un segundo supuesto rebatido por Losada tiene que ver con el
corte realizado por la crítica entre "la nueva literatura" y toda aquella producción relegada al saco del "realismo social", problema que ya
se ha mencionado aquí. La lectura de Losada demuestra, en cambio,
cómo la obra de autores hasta entonces catalogados en esta categoría,
por lo demás subvalorada por su "anacronismo", comparten un "mismo horizonte de expectativas" con los intelectuales "internacionalizados" de la región Caribe/América Central y conforman junto con
ellos "un mismo sistema cultural [pero] en un momento anterior a su
internacionalización", el de las literaturas "social-revolucionarias".
Para Losada tal sistema " ... se constituye, primero, en un espacio local para, después, sin cambiar de naturaleza, irse ampliando hasta
llegar a internacionalizarse y desempeñar las notables funciones que
hoy cumple en esta nueva etapa del mundo tanto en Latinoamérica
como en la escena mundial" (1987, 75 & 1986, 27-28).

El análisis del contexto social e intelectual en que se producen
las distintas literaturas latinoamericanas y su notable diferencia respecto de las sociedades europeas lleva a Losada durante el período
final de su obra, a abrir una nueva área de reflexión: los escritos de
los últimos años recogen sus planteamientos sobre el fenómeno general de la "internacionalización" de nuestra literatura desde sus orígenes y más específicamente, sobre los diversos procesos de internacionalización seguidos por éstas desde el período de entre-guerras; a
través de este nuevo enfoque Losada ofrece algunas de sus más interesantes contribuciones a la disciplina, enriqueciendo su comprensión de los rasgos peculiares de la producción literaria contemporánea y de la ya subrayada diversidad de proyectos estético-culturales
a los cuales ella se articula (1983c, 1984a).

Losada parte del hecho ineludible que la literatura latinoamericana es por definición un fenómeno internacionalizado:

> Su inevitable pertenencia a un ... horizonte cultural dominado por actores
> históricos que están fuera de la región es un factor constitutivo de sus for-
> mas de producción y de su desarrollo. (1984a, 15)

Ahora bien, esta afirmación subraya no sólo una característica
específica de las letras latinoamericanas, sino un problema con el que
éstas tendrán que vérselas desde siempre, el de su articulación desde
la periferia, con el desenvolvimiento cultural de las metrópolis. A lo

largo de buena parte de su historia, las élites intelectuales locales se
ven abocadas a la recepción de discursos y a la reformulación de los
mismos y no cuentan con ninguna posibilidad real de integrarse al
campo de las sociedades centrales. Es sólo recientemente que se habría abierto para la literatura latinoamericana la posibilidad de una
participación activa "en la configuración de la cultura internacional".
A Losada le interesa sentar las bases teóricas que permitan dar
cuenta de los procesos de producción cultural a través de los cuales se
realiza esta transformación del papel que tradicionalmente jugara la
producción literaria latinoamericana a nivel internacional. Por ello
propone el examen de casos diferenciados y el estudio comparativo de
las relaciones de cada uno de ellos tanto con la cultura europea, como
con la latinoamericana, con miras a determinar la significación que
para esta última tienen los procesos de internacionalización de la
literatura continental. Losada aisla tres casos que considera fundamentales en cuanto se cuentan "... entre los mayores de [la literatura
de la región], son claramente diferentes, y representan procesos y
funciones que se articulan a los núcleos constitutivos de la sociedad y
la cultura latinoamericanas: espacios tradicionales no occidenta-
les/espacios nacionales autónomos/y espacios europeos de vanguardia". Dichos casos serían, en primer lugar, el de las literaturas del
Caribe/América Central, articuladas a las metrópolis europeas (Carpentier, Asturias, Césaire); en segundo lugar, el de las literaturas
producidas en las metrópolis latinoamericanas (caso "Nacionalme-
tropolitano"), e integradas "a espacios intelectuales autónomos locales" (Borges, M. de Andrade, O. Paz); finalmente, el de las literaturas
de espacios urbanos tradicionales integradas "a las culturas nacionales por su articulación con la cultura no-occidental" (Arguedas, Rulfo,
Roa Bastos) (Losada 1984a, 20-23).

De estos casos Losada sólo llega a estudiar los dos primeros; entre éstos, el caso Caribe/Centro América es tal vez el que arroja resultados más útiles para el abordaje de la producción literaria contemporánea, porque desacredita la perspectiva que reduce su complejidad y diversidad a la noción de "nueva literatura", borrando sus articulaciones histórico-sociales y escatimando la pluralidad de proyectos estético-culturales propuestos a partir del período de entre-guerras. La descripción y análisis de las circunstancias en que se realiza
el proceso de internacionalización de estas literaturas permiten a
Losada establecer su existencia como sistema literario independiente
y resaltar las diferencias de su proyecto estético-cultural con respecto
al de las vanguardias rioplatenses, con las que la crítica ha venido
unificándolas a partir de una perspectiva que opone su "modernidad"
frente al carácter "tradicional" de la narrativa social. Además de efectuar esta distinción entre dos sistemas literarios, Losada restaura en
cambio los vínculos entre esta narrativa y las literaturas internacionalizadas del Caribe y América Central.

El más interesante aporte de la interpretación losadiana está dado en su atención, tanto en este caso como en el de las vanguardias ríoplatenses, al contexto de doble articulación en que tienen lugar los procesos de internacionalización de ambas literaturas y a los discursos y prácticas culturales con que cada una de estas literaturas se identifica en los espacios en los que se originan. La internacionalización de la literatura del Caribe/América Central se da a partir de la inserción de su sujeto productor, de una parte, " ... a la sub-región [y de otra] ... a los centros hegemónicos ... [desde donde] produce una contracultura ...". El productor de esta literatura se debe a sociedades con enormes poblaciones campesinas de origen indígena o africano, sociedades que aún no han erradicado la herencia colonial, con espacios urbanos tradicionales, carentes de redes institucionales que harían posible la profesionalización de la producción cultural; generalmente, el escritor será " ... un estudiante, que por el sólo hecho de serlo, se separa de su base social y se echa a cuestas un problema de *no-identidad* (énfasis en el original) que lo hostigará toda su vida ..."; pero será también un individuo incapaz de identificarse con la élite dominante, ya sea " ... una oligarquía terrateniente que ahoga toda perspectiva intelectual ...", o " ... dictadorzuelos que imponen un tipo irracional de relaciones sociales ...". Las limitaciones que para el trabajo del intelectual se derivan de tal contexto, están a la raíz de la segunda articulación social de su obra: las metrópolis centrales, a las que ellos se desplazan muchas veces a causa de la represión y en condición de exilio forzado. Pero esta segunda articulación tiene características más precisas; los autores del caso Caribe / Centro América se incorporan específicamente a los sectores intelectuales radicales, contestatarios, anti-capitalistas, dentro de estas sociedades metropolitanas. Desde esta particular inserción elaborarán literariamente " ... aquella agenda de cuestiones que se constituyó en su primera experiencia de la propia sociedad ...". Pero, enfatiza Losada, su visión de la problemática de sus países de origen será enfocada desde una perspectiva no ya local, sino global, que pone en cuestión los valores que sustentan al sistema hegemónico: " ... la lucha por producir una nueva sociedad en América Latina [es interpretada] como un aspecto de la lucha a que se ve enfrentada toda la humanidad por superar un tipo destructivo de organización social e internacional basada en la explotación capitalista". Será también desde su experiencia metropolitana que intelectuales como Carpentier y Asturias "descubrirán", revalorarán y asumirán como propias a las culturas autóctonas de sus sociedades e intentarán resolver el problema de " ... *su no-identidad con su propio pueblo por pertenecer al sector dominante* que los rechazaba, y por incorporarse como intelectuales al mundo ideológico e institucional metropolitano que despreciaba su cultura". Será desde allí que formulen e incorporen a la cultura internacional esos " ... nuevos lenguajes narrativos que pretenden penetrar la subjetividad

colectiva de las antiguas culturas indígenas y negras del Caribe..."
(1987, 62-67; énfasis en el original).

Ciertas operaciones reduccionistas operadas sobre los lenguajes
"vanguardistas", contrapesarían, en cambio, los aportes a la crítica
del tratamiento losadiano del caso "Nacional-metropolitano". Este co-
rrespondería a la urbe modernizada, donde se ha desarrollado un
espacio intelectual "autónomo", que alrededor de los años treinta ha
articulado nuevos lenguajes literarios, incorporados a la cultura internacional y claramente diferenciables de los sistemas literarios
precedentes: en otras palabras, aquellos lenguajes generalmente denominados "vanguardistas" o "cosmopolitas" por la crítica y valorados
en términos de su "modernidad". La lectura de Losada pone en cuestión la legitimidad valorativa de este criterio de lo "moderno" y llama
la atención sobre la insuficiencia del simple reconocimiento de la
internacionalización de estas literaturas; tal abordaje pasa por alto,
de un lado, la problematicidad de las relaciones entre el espacio intelectual de las urbes latinoamericanas y el espacio intelectual de los
centros hegemónicos y del otro, el hecho de que la producción cultural
ilustrada en América Latina se realiza históricamente en el contexto
de una también conflictiva relación con las culturas populares tradicionales, las más de las veces no incorporadas a la sociedad "nacional" por el proyecto capitalista. Los procesos de internacionalización
de las letras latinoamericanas tienen por definición un carácter
contradictorio y una incidencia directa en la especificidad de su desarrollo. En contra de la ya tradicional actitud celebratoria de la modernidad de las vanguardias por parte de la crítica, Losada se propone el esclarecimiento del tipo de relaciones intertextuales que se
establecen entre el espacio intelectual ilustrado latinoamericano, el
metropolitano y los otros espacios culturales con los que coexiste en
su propio ámbito local: las culturas oficiales y las culturas populares.

El análisis losadiano se mueve por lo menos en dos niveles: por
una parte, el de la relación entre las obras vanguardistas y sus propios espacios intelectuales. Los escritores "cosmopolitas" no sólo se
transforman en respuesta a "... los estímulos que ... vienen del mundo
de la cultura internacional, sino [a] ... la articulación a la propia
tradición literaria...". Borges se explicaría, hasta cierto punto, como
continuación y ruptura frente al modernismo y Paz se debería tanto a
los discursos de lo nacional propuestos por la política cultural de la
revolución mexicana, como al peso de las tendencias vanguardistas.
Por otra parte, Losada busca "... interpretar las transformaciones del
sistema literario por la relación entre el espacio intelectual que lo
sostiene institucionalmente, con los demás espacios culturales que
caracterizan la complejidad metropolitana". El énfasis de Losada
está colocado sobre la importancia de las circunstancias locales en la
producción de los lenguajes vanguardistas. La modernización del espacio urbano y su mayor complejidad socio-cultural acompaña a las

transformaciones del espacio intelectual ilustrado; si éste gana autonomía frente a las élites, es también desplazado y empujado a la
marginalidad y a su disociación respecto del acontecer social por el
surgimiento de la cultura de masas y por la institucionalización de la
cultura oficial con los cuales compite:

> *Contra estos dos nuevos espacios culturales* se debe defender, readaptar y
> desarrollar el antiguo espacio intelectual ilustrado, redefiniendo su propia
> función y su identidad global. Sus instrumentos serán la creación de un
> lenguaje de vanguardia que encierra el arte literario en el horizonte simbó-
> lico y la herencia cultural de los intelectuales profesionalizados; y para lo-
> grar desarrollar ese lenguaje y adquirir una nueva legitimidad, tratarán de
> establecer nuevas relaciones literarias con la tradición cultural popular y
> con la cultura europea. (25-26; énfasis en el original)

A Losada le interesa indagar de qué manera y en qué medida la
formulación de los lenguajes de vanguardia y de sus nuevas funciones sociales se debe tanto a su interacción con la cultura popular
como con la europea. Pero sobre todo, y aquí radica una de sus más
sugestivas contribuciones a la investigación de su especificidad cultural, el énfasis de Losada está colocado en la determinación de los
discursos particulares con los cuales las literaturas de vanguardia
establecerán relaciones de intertextualidad y la luz que ellos arrojan
sobre el carácter de su proyecto. En este sentido, subraya Losada la
conexión entre los discursos con los que se identifican las vanguardias tanto dentro del marco de lo popular, como de lo europeo y la
ambigüedad con que las obras del período encaran la modernización
de su sociedad: de una parte, esta literatura endosa el proyecto nacional de modernización capitalista, pero a la vez se distancia de la
sociedad resultante del avance de tal proyecto. Así, llama Losada la
atención, en primer lugar, sobre el hecho que el "... horizonte de lo
popular [que dicha literatura maneja] no es la cultura de masas que
transforma rápidamente su antigua ciudad, sino el compadrito orille-
ro (Borges), [o] el gaucho que había despreciado y perseguido pero
que ahora está a su servicio incorporado a sus estancias (Güiraldes)
..." En segundo lugar, apunta Losada, el interés de la vanguardia no
se centra en las propuestas europeas más progresistas, "... sino [en]
los postulados decadentistas de fin de siglo, la fenomenología como
una filosofía de la subjetividad, planteos esencialistas, [y] reflexiones
sociológicas como aquéllas que insisten en una visión racista y discri-
minatoria de la nueva sociedad o que enfatizan la crisis de lo moderno ...". Losada se pregunta, en fin, ¿hasta qué punto esta literatura lo
que está haciendo a través de dichos procesos intertextuales es "...
reelaborar el mundo contemporáneo a partir de un sentimiento epi-
gonal de la cultura del pasado"? lo que por lo demás, para Losada
implica "una crisis de identidad", más que "... una expansión de la
cultura latinoamericana hacia la cultura mundial" (27-29).

La utilidad de este enfoque es indudable, en cuanto dirige su
atención a los procesos histórico-culturales particulares de las socie-

dades latinoamericanas que condicionan las "escogencias" de sus autores, dejando atrás aquellas perspectivas ahistóricas que conciben a la producción literaria continental como una repetición pasiva de sus modelos europeos. La objeción que habría que hacer a Losada, objeción que no descalifica su fecundo punto de partida, sería la de dejar a medio camino su análisis de la dinámica de los procesos de intertextualidad en que se embarcan los autores de la vanguardia ríoplatense: no basta con mostrar los discursos y las prácticas culturales con las que estos últimos se identifican. Habría que entrar a hacer un seguimiento en los textos mismos, de las transformaciones que sobre los primeros se operan y de las diferentes funciones que se les asignan en su nuevo contexto. En última instancia se trataría de un desplazamiento del énfasis en las "fuentes" para concentrarlo en los nuevos lenguajes formulados.

Tal procedimiento permitiría poner a prueba el sesgo ideológico del argumento circular que controla el análisis losadiano: los escritores "marginales", que son reaccionarios, seleccionan discursos reaccionarios y por eso producen proyectos reaccionarios, perdiendo de vista, para comenzar, su presupuesto de que en todo proceso de producción cultural en América Latina habría "un proceso de selección y transformación" de los materiales tomados tanto del polo europeo como del local tradicional (30). A las literaturas "social-revolucionarias" de la región Caribe / Centro América, incorporadas al espacio cultural de las metrópolis europeas, por las que apuesta Losada, se les otorga, en cambio, un carácter uniformemente contra-discursivo; por oposición a las "marginales", estas literaturas se articulan a los sectores intelectuales contra-hegemónicos y confrontan "... la cultura europea tradicional *participando en la producción de una nueva cultura mundial.* Desde Europa logran impugnar la legitimidad de todo el proceso histórico que se desarrolló bajo su dominio, y reinterpretan, con la perspectiva de los pueblos y las culturas dominadas y hasta ahora despreciadas por el centro hegemónico, el sentido del hombre y las posibilidades del desarrollo histórico de la humanidad" (31; énfasis en el original). Sin duda Losada hace justicia a esta segunda modalidad de los procesos de internacionalización seguidos por la literatura latinoamericana del período de entre-guerras; no tan convincente resulta, en cambio, su valoración de los escritores "marginales" del Río de la Plata.

Sin embargo, es imposible negar que su discurso sobre los procesos de internacionalización de la producción cultural latinoamericana ofrece a la disciplina una valiosa línea de trabajo: su propuesta de abordaje de los mismos desde el punto de vista de la contradictoria relación de la cultura latinoamericana con las culturas metropolitanas centrales y las culturas populares tradicionales y de la incidencia de esta relación en la formulación de nuevos lenguajes. Por lo demás, este enfoque tendría el potencial para contribuir a matizar la lectura

ideológica que Losada hace de los dos modos de producción literaria
predominantes en el siglo XX ("marginales" y "social-revolucionario");
pero, hay que reiterar, esto requeriría un manejo de textos concretos
y un análisis de sus lenguajes y formas, que Losada no realiza. Su
discurso desemboca de nuevo en el juicio que, de una parte, condena
a las literaturas "marginales" como literaturas reducidas al reflejo y
a la copia de las propuestas de las culturas centrales, irremediable-
mente incapaces de producir contra-discursos; de otra parte, adjudica
a las literaturas "social-revolucionarias", articuladas a las metrópolis
europeas, el monopolio de todo potencial transformador y contra-cul-
tural. Mientras estas últimas, "... que se identifican con los oprimidos
...", se propondrían "... configurar la conciencia colectiva y reformular
la experiencia histórica de las culturas sometidas por la expansión
occidental ...", las primeras, "... que se identifican con Europa ...", tendrían como objetivo "el desarrollo de la conciencia subjetiva marginal, reelaborando la herencia tradicional occidental ..." (30-31 & 35).

Ahora bien, Losada pone en cuestión, como ya se ha dicho, la noción de lo "nacional" asociada al inacabado proyecto burgués en América Latina, tanto como una concepción aproblemática de lo "nacional" que ignora el hecho que la "identidad latinoamericana" se construye en el contexto de la tensión entre la cultura metropolitana y las
culturas populares locales. Sin embargo, su lectura no resulta ex-
presamente atrapada en el discurso que define lo "nacional" americano como articulado a las culturas tradicionales/campesinas, frente
a lo "cosmopolita" entendido como antítesis de lo nacional, propio del
nacionalismo cultural que domina dentro de la izquierda durante las
décadas posteriores a la revolución cubana. Aunque Losada no apele
al lenguaje característico del nacionalismo de izquierda, hay que preguntarse no obstante, hasta qué punto su privilegio de las literaturas
"social-revolucionarias" por sobre las "marginales" no tiene de todas
maneras como trasfondo esta perspectiva, o más aún, en qué medida
no constituye éste otra versión de la misma disyuntiva. Después de
todo, Losada termina fatalista y maniqueamente reduciendo a dos
las alternativas con las que para definir su identidad cuenta la cultura latinoamericana: o copia de lo europeo por las literaturas de las
metrópolis latinoamericanas internacionalizadas o producción de una
contra-cultura por las literaturas articuladas a las culturas tradicionales. En los siguientes términos lo expresa Losada:

> ... se trata de redefinir cuál es la identidad de América Latina sin negar la
> evidencia constitutiva: su relación con Europa y su pertenencia al mundo
> hegemónico desde su integración a la historia mundial. Su cultura se ha
> visto forzada, desde su origen colonial, a desarrollarse como periferia de
> aquel otro universo que, por la violencia, se constituyó en sujeto de su his-
> toria. Si esto es así, hay que preguntarse francamente si este desarrollo
> cultural no *significa* otra cosa que la internacionalización resignada de esa
> situación como si ella constituyera su destino definitivo; si sólo es un fenó-
> meno periférico, epigonal y repetitivo de los caminos transitados por la pro-
> pia Europa; o si además de todo ello, revelando al mundo las vibraciones de

un espíritu que quiere ser sujeto y conciencia de su propia historia, no
refulge de tanto en tanto un lenguaje cultural que redefine inéditamente su
posible identidad, desafiando una y otra vez todas las evidencias empíricas
y todos los discursos culturales que se la niegan. (35-36; énfasis en el original)

A pesar de sus planteamientos sobre el papel activo de las culturas periféricas en sus procesos de apropiación y reelaboración de discursos, este camino se le niega por principio a los espacios urbanos
modernizados, que Losada percibe como sometidos a una relación de
dependencia ineludible respecto a la cultura hegemónica, como espacios "des-nacionalizados", en efecto, y desnacionalizados en su totalidad; un espacio urbano modernizado es para Losada, por definición,
como reitera incansablemente a lo largo de su extensa obra, irreme-
diablemente entregado a la "alienación" capitalista, mientras que toda resistencia a esta dominación sólo podría provenir de los espacios
intelectuales, ¿por qué no, *nacionales* [el énfasis es mío], comprometidos con las culturas populares tradicionales no incorporadas a las
urbes modernizadas? ¿No es válido preguntarse también hasta qué
punto esta perspectiva de Losada constituye en realidad otra versión
de una lectura que reduce la comprensión de la producción literaria
continental a un esquema bi-polar como el que ya fuera comentado
en el capítulo que examina la obra de Angel Rama?

Ahora bien, si su manejo de la producción literaria ilustrada en
las grandes urbes modernizadas del continente resulta problemático,
su interpretación de las literaturas de la región andina y el Caribe/
América Central, proporciona un aporte fundamental a la crítica histórico-cultural latinoamericana. Al igual que en el discurso de Angel
Rama, en el de Losada las literaturas articuladas a las culturas
tradicionales resultan justamente beneficiadas al ser oportunamente
reivindicadas y revaloradas dentro del espectro de las literaturas
contemporáneas; su propuesta, tanto como la del crítico uruguayo,
rompe a la vez con lecturas homogeneizantes y contribuye al avance
de la disciplina en términos de su posibilidad de dar razón de la pluralidad de proyectos que constituyen el corpus de la literatura latinoamericana y de la especificidad de los mismos con respecto a las
literaturas metropolitanas.

El sistema conceptual de Losada:
Algunas definiciones

Conviene ahora hacer un inventario de las principales categorías
analíticas de que hace uso el crítico argentino a lo largo de su trabajo
y tratar de sintetizar algunas de las definiciones de éstas que sirven
de base a su labor investigativa:

Praxis social

La comprensión de la producción literaria como *praxis social* es uno de los ejes conceptuales que atraviesa el discurso de Losada. El crítico argentino distingue tres niveles en su análisis del hecho literario, a saber, "... el proceso de producción, el producto y la relación del sujeto productor consigo mismo y con la sociedad". Estos tres niveles, que constituyen un único proceso social, son englobados en la noción de praxis social, que aquél define como, valga la redundancia, el proceso social "... donde el sujeto productor, precisamente en su forma de producción y a través de su producto, establece un modo concreto de relación consigo mismo y con los hombres de su sociedad" (1976a, 121).

Esta noción de *praxis social*, junto con las de *institución social* (18-19) y *horizonte de existencia*, se explica según Morales Saravia, en el contexto del distanciamiento por parte de Losada, con respecto a aquella tradición dentro de los estudios sociológicos de la literatura que conciben la literatura como "... un elemento separado al que se tendría que articular [la sociedad] ...", así como su ruptura "... con ciertas formas de la teoría del reflejo..." (Lienhard et al. 1986, 635-36).[71]

Señala con razón Lienhard que esta concepción de la literatura como praxis y más aún, como una praxis más entre todas las praxis de índole cultural que tienen lugar en la sociedad, está de acuerdo con "... un pensamiento antropológico que considera las sociedades como vastos y complejos sistemas de comunicación, cuya segmentación no tiene sino un valor metodológico y didáctico. La práctica literaria, inseparable de las demás prácticas comunicativas, constituye uno de los segmentos aislables para los fines de una investigación científica apoyada en un instrumental específico...". En el sentir de Lienhard, entre las consecuencias más valiosas de esta perspectiva para la disciplina, se cuenta en primer lugar la diferenciación de Losada entre la producción literaria ilustrada y aquélla basada en la cultura popular y la tradición oral y la determinación de los procesos de intercomunicación entre ambos sistemas en América Latina (Lienhard et al. 1986, 640-41). Es justo señalar, sin embargo, como bien nos recuerda Ventura, que este desarrollo ha sido en realidad obra más de Lienhard que de Losada, pues las literaturas populares, directamente, no formaron nunca parte de su objeto de investigación (Ventura 1987, viii). En efecto, la relectura de las literaturas ilustradas urbanas latinoamericanas y más específicamente hispano-

---

71 Sin embargo, hay que anotar que Losada remite su lectura de la literatura moderna como praxis social para dar cuenta del hecho literario como realidad concreta, a la noción que de lo concreo expusieran Lukács en *Historia y conciencia de clase*, Kosic en *Dialéctica de lo concreto* y Hauser en *Introducción a la historia del arte* (Losada 1976a, 215).

americanas, conforma el foco de sus escritos (Losada 1979a, 9). En segundo lugar, añade Lienhard, se desprende de dicho "... enfoque ... el rechazo, compartido hoy por numerosos investigadores, de una dedicación exclusiva a los géneros literarios canónicos (europeos) y a la valoración de los discursos antaño considerados como no literarios" (crónicas, testimonios, folletines, etc.) (Lienhard et al. 1986, 640-41).

Sistema literario

El proyecto de Losada pretende dar cuenta de procesos generales y no de desarrollos particulares. De allí su formulación de la noción de *sistema* o *conjunto literario* como objeto de su investigación. Este concepto, proveniente de acuerdo a Ventura, de "... la distinción propuesta por Antonio Cândido entre 'obras literarias' y 'sistema literario' (formado por obras, autores y público) ..." (Ventura 1987, ix)[72] constituye para Losada la praxis de uno y sólo un grupo social y es explicada en términos de un modo de producción particular. Si el primero de éstos varía y por ende el segundo, estamos en el terreno de formación de un nuevo sistema (Losada 1976a, 276-77).

Ahora bien, dentro de un sistema pueden presentarse diferentes *tendencias* o *variaciones*, como es el caso del sistema de la narrativa peruana contemporánea, las cuales son consecuencia de distintos tipos de *praxis individual* dentro del mismo sujeto colectivo, en respuesta, por ejemplo, a cambios en el contexto social o a una circunstancia de transición en el proceso histórico-social (279). La narrativa peruana contemporánea es en efecto interpretada por Losada

> ... como un sistema simbólico donde predominan los rasgos escépticos, negativos y nihilistas, la protesta y la falta de un sentido positivo de la existencia, como el quehacer cultural de un grupo marginal, como el hecho social de un sector de intelectuales que no ha podido hacer otra cosa que elaborar su propia frustración, atendiendo a las certidumbres que nacían en lo más auténtico de su subjetividad, y que se vieron condicionados por una situación de estrecha dependencia a una clase social y a una época histórica que los ha determinado y de la que nunca pudieron evadirse. (271)

Pero si por una parte es cierto que tanto Vargas Llosa como Arguedas, Ribeyro, Scorza o Bryce son leídos por Losada como integrantes de un mismo sujeto social y su práctica cultural caracterizada como marginal, también lo es el que cada uno ha interrogado su realidad social desde distintos ángulos, ha tratado de encontrar respuestas en diferentes caminos y ha planteado su relación con la sociedad de diversas maneras; esta multiplicidad de búsquedas ocurre, obviamente, incluso al interior de la obra de cada uno de estos autores (140-71).

---

[72] Ventura remite al lector a Cândido (1975).

Fiel a esta definición de sistema literario como praxis de un sujeto productor en determinadas condiciones de producción, Losada elabora en trabajos posteriores, tipologías de las tendencias dominantes
dentro de los dos sistemas literarios asociados a los *paradigmas
estético-culturales* denominados por él, de las *culturas dependientes*
(1780-1920) y de las *culturas autónomas* (1840-1970). Tales paradigmas sientan las bases para el replanteamiento del sistema de periodización eurocentrista que rige a las historias literarias latinoamericanas. El primero engloba a las literaturas tradicionalmente agrupa-
das por la crítica bajo los rótulos de clasisismo, romanticismo y modernismo, o más exactamente, "... ilustración borbónica colonial, romanticismo peruano-mexicano, modernismo peruano-mexicano-chile-
no-argentino ...", pues para Losada todos ellos "... pueden ser inter-
pretados como distintas variaciones de un mismo fenómeno cultral
..." (1977b, 3). El segundo, en cambio, hace referencia al romanticismo del Río de la Plata, movimiento que inaugura un nuevo modo de
producción cultural predominante a lo largo del siglo XX (1979a, 23).
Aunque no es del caso detenernos ahora en las tendencias que dentro
de cada paradigma identifica Losada, no está demás, sin embargo,
recogerlas aquí; dentro del primer paradigma éste diferencia tres
tendencias: *populismo ilustrado, radicalismo abstracto* y *aristocratis-
mo intimista*, mientras que dentro del segundo, Losada reconoce tres
proyectos: *realismo revolucionario (o social), subjetivismo marginal* y
naturalismo populista (o tremendista).[73]

La interpretación de la evolución de las letras en el continente,
en términos de sistemas literarios por oposición a su tradicional organización en "períodos", permite a Losada mostrar tanto las a-sin-
cronías del proceso literario entre las diferentes regiones del continente, como la persistencia de ciertos modos de producción y ciertos
paradigmas estético-culturales en determinadas regiones, a lo largo
de épocas más largas de lo que la crítica está dispuesta a reconocer y
a pesar de que en otras áreas culturales se hayan ya articulado nuevos conjuntos literarios, referidos a nuevos sujetos productores-recep-
tores y a nuevas circunstancias sociales. Los cambios en estas últimas son entendidos por Losada principalmente como consecuencia
del diferente ritmo con el cual el proceso modernizador va penetrando las sociedades americanas y va transformando su estructura social, cambios que funcionan como correlato de las variaciones a nivel
de la producción cultural. Es el caso, por ejemplo, de las literaturas
"dependientes" (romanticismo peruano) y las "autónomas" (romanticismo del Río de la Plata), proyectos con una significación literaria y
social esencialmente divergentes a pesar de su coincidencia cronológica (1977a, 1977b).

---

73 Para una caracterización de las tendencias dentro del primer paradigma ver Losada (1977b, 11-23). Las tendencias al interior del segundo paradigma son des-
critas por Losada en (1977a).

Finalmente, como se desprende de lo dicho anteriormente, los sistemas literarios no necesariamente se constituyen sucesivamente uno detrás de otro, como quisieran los modelos críticos tradicionales, sino incluso simultáneamente, de modo que en una época histórica determinada es posible encontrar, coexistiendo, varios sistemas: mientras que la literatura peruana contemporánea se caracteriza por conformar un único sistema literario, por ejemplo, en otros países del continente, en cambio, el rasgo predominante lo constituye

> ... la coexistencia de tres sistemas literarios ampliamente diferenciados, contando cada uno de ellos con una evolución relativamente autónoma e independiente, siendo así que ... la peruana no ha podido desplegar ni un sistema populista, vinculado a los *mass media* que atienda a la necesidad de consumo, distracción y consentimiento pasivo, aproblemático, de sectores medios que constituyen un mercado constante y determinan un modo de vivir cultural; ni tampoco un sistema aristocrático esteticista, autónomo, con voluntad de realizar una creación lingüística que tenga el efecto de constituir a la propia subjetividad como una realidad "superior" de sus condicionamientos sociales (Borges, Cortázar, Lezama Lima, con una vida literaria aparentemente libre de toda coacción y toda referencia a la vida práctica política, económica y social como lo habían comenzado a esbozar el primer Vallejo, Eguren o Martín Adán). (1976a, 270; énfasis en el original)

Este comportamiento de los sistemas literarios latinoamericanos es, en definitiva, explicado por Losada en términos de la condición periférica de las sociedades continentales y su situación de dependencia tanto económica como cultural (195-200).

Ahora bien, como aporte principal de la aplicación losadiana de la noción de sistema literario señala con razón Ventura su replanteamiento de la visión "homogénea" y "unitaria" de la literatura latinoamericana y de toda escatimación de sus variedades a partir de criterios de "síntesis cultural"; ciertamente la legitimidad de la idea de "mestizaje" como principio interpretativo y supuestamente diferenciador de la literatura latinoamericana resulta cuestionada por el crítico argentino, en tanto ella en realidad oscurece los rasgos específicos de la sociedad, la literatura y la historia continentales:

> En Latinoamérica, la idea del mestizaje olvida la de dominación y dependencia, la articulación de la sociedad latinoamericana al proceso de desarrollo histórico desatado por la Edad Moderna y, posteriormente, por la revolución burguesa como entidad subordinada y sub-desarrollada, excepto ciertos enclaves productivos y ciertos grupos sociales que se desarrollan bajo su dominio. (187-88)

De la misma manera, el concepto de mestizaje a más de homogeneizar ilegítimamente literaturas esencialmente diversas, oculta el carácter conflictivo de las sociedades latinoamericanas al diluir la pluralidad de proyectos socio-culturales a los cuales se articulan las distintas propuestas al interior del proceso literario latinoamericano,

(187-188)[74]. Esta perspectiva, en efecto, es la que lleva a Losada en trabajos futuros a su abordaje de las "... literaturas latinoamericanas consideradas como formas diferenciadas de producción (y recepción) de textos literarios en diferentes espacios sociales y geográficos, constituidos en una situación colonial común ..." y a su propuesta de división por regiones culturales del continente como base para la investigación de los varios sistemas literarios producidos en ellas (Ventura 1987, ix).

A partir de sus trabajos de los años ochenta el papel central que hasta entonces jugara esta categoría de sistema literario cedería su lugar, sin embargo, a la de *modo de producción cultural*, que desde entonces funcionaría como eje articulador de su investigación. Su relectura, redefinición y reclasificación del proceso literario continental, que sirviera de base a su propuesta alternativa de periodización del mismo, girará en torno a esta última noción más que a la de *sistema literario*, dominante en su discurso hasta finales de los años setenta.

Sujeto productor

El *sujeto productor* hace referencia no ya al autor individual sino al grupo social al que este último se articula. La obra no es producto de un individuo, sino de un sujeto colectivo, que por lo demás, abarca la noción de público: dicho sujeto social no sólo produce las obras, sino que se identifica con ellas y las hace suyas (Losada 1976a, vii). Esta noción, que Losada vinculara inicialmente a los estudios de Goldmann y Hauser, es ubicada por Martín Lienhard como una de las perspectivas losadianas procedentes de la antropología moderna (19). Así se expresa Lienhard sobre este presupuesto de Losada que plantea el carácter colectivo de todo proceso de producción y difusión cultural:

> En vez de considerar los textos como objetos de investigación autosuficientes, Losada subraya el carácter de práctica social que suponen las operaciones constitutivas –producción, recepción, transformación– del "fenómeno literario". El concepto de "grupo productor", llamado a sustituir al de "autor", vincula la concepción antropológica de una práctica colectiva con la definición sociológica del lugar de los intelectuales en las formaciones sociales modernas de América Latina. (Lienhard et al. 1986, 640)

Los sistemas literarios "... como [conjuntos] con cierta unidad intrínseca y con referencia esencial a su sociedad ..." (Losada 1976a, vii) y no las obras individuales conforman el objeto de la práctica crítica de Losada. Sin embargo y aunque no es nuestro propósito entrar en esta discusión ahora, cabe preguntarse ¿hasta qué punto es necesario el establecer esta oposición entre lo colectivo y lo individual y si

---

[74] Ver, también, Losada (1977a, 8).

no resultaría más enriquecedor para la disciplina un análisis que combine las dos dimensiones?

El concepto de sujeto productor, por otra parte, constituye una herramienta conceptual imprescindible dentro de su proyecto de lectura del proceso de conformación de los distintos sistemas literarios latinoamericanos, su significación social y la comprensión de sus particularidades en relación a la producción literaria de las sociedades centrales (255). Por lo demás, la identificación de los diversos sujetos productores y su articulación a sus correspondientes sistemas literarios permite a Losada aislar una noción central en su discurso: el hecho que los sistemas literarios que la crítica ha denominado tradicionalmente "literatura hispanoamericana", son en realidad la "praxis de ciertas élites sociales" y no la totalidad de su corpus (181).

Ahora bien, este sujeto productor constituido por una élite minoritaria que en un momento dado se articula a las demandas de los sectores dominantes y en otro a las de los sectores populares, sirve de base a Losada para su cuestionamiento de la noción de literaturas "nacionales", por cuanto en América Latina no se ha nunca articulado un proyecto en el que todos los actores sociales puedan "reconocerse y reconciliarse", de modo que pueda legítimamente considerársele "nacional" (1981b).

Modo de producción literaria / cultural

Aunque Losada apelara ya recurrentemente al concepto de *modo de producción literaria* en su primer libro *Creación y praxis* (1976a), en el que por lo demás fuera intercambiable aún con el de *modo de creación*, al menos en la primera parte del mismo (12), no intenta allí dar una definición concreta del término; ésta debe deducirse de las varias aplicaciones que de dicho término hace a la narrativa peruana contemporánea. En primer lugar, la noción de *modo de producción* proporciona una perspectiva alternativa a los enfoques tanto generacionales como estético-formales del proceso literario, además de contribuir a la constitución de una estrategia de lectura que permita dar cuenta de la configuración de nuevos sistemas literarios (14 & 172-213). Losada se sirve aquí de esta categoría para analizar varios aspectos del acontecer literario: ella le permite examinar, en primer lugar, las formas de pertenencia a la sociedad, tanto del *sujeto productor* como de las obras, y en segundo lugar, las funciones que cada uno de los primeros cumple con respecto a la última. Igualmente, por medio de ella, interpreta las elaboraciones que de la realidad realizan las obras, o más aún, la realidad que éstas instauran, articulándolas a las formas expresivas en que ellas se condensan y valorando su significación histórica y social (3-35). Evidentemente, esta noción está asociada a desarrollos post-althuserianos dentro de la crítica que cuestionan la visión de lo literario como un acto de "creación" a partir de la nada, y lo replantean en cambio en términos del concepto de *producción* literaria; el autor deja de ser un "creador" para ser entendido como un "productor" de textos, restaurando así las articulaciones histórico-sociales del proceso de la escritura (Macherey 1966)[75].

El concepto de modo de producción literaria será ampliado a la esfera de la *producción cultural* en el ya citado artículo de Losada "Rasgos específicos de la producción literaria ilustrada en América Latina", publicado un año más tarde (1977a); a él se refiere ya como *modo de producción cultural*, ya como *modo social de producción cultural*, subrayando la novedad del uso de tal noción dentro de los estudios literarios (1977a, 19 & 22).[76] Si bien Losada no proporciona una definición sistemática de dicha categoría, precisa las funciones que dentro del discurso crítico ella cumple: sin ella resultaría imposible para la disciplina dar cuenta de las diferencias estilísticas, culturales e histórico-sociales entre movimientos hasta ahora presentados por la crítica como uniformes y homogéneos, como es el caso, entre otros, del romanticismo peruano y del igualmente denominado romanticismo del Río de la Plata:

> Sólo el concepto de *modo social de producción* respeta la complejidad de los hechos y reproduce conceptualmente la diversidad radical de los lenguajes que produjeron [ambos fenómenos literarios]; de los diversos paradigmas de lengua y expresión que utilizaron; de los distintos sentimientos y géneros que prefirieron; de las distintas funciones que cumplió esa producción y, sobre todo, de los diferentes horizontes existenciales que instituyeron y de las distintas relaciones que establecieron —en ese nuevo lenguaje–, consigo mismos, con su sociedad y con la cultura. (22; énfasis en el original)

La noción de *modo de producción* hace posible no sólo la caracterización y diferenciación entre los distintos paradigmas estético-culturales, sino su articulación a los distintos tipos de formación social detectados dentro de las diferentes "sub-regiones" histórico-culturales del continente, por oposición a los diversos Estados nacionales, procedimiento este último, hasta entonces hegemónico dentro de la crítica.

Desde comienzos de los años ochenta esta categoría, ahora en ocasiones intercambiable con *forma de producción* (1984a, 33) vendrá a ocupar un lugar cada vez más central dentro del modelo teórico de Losada, convirtiéndose en su opinión en instrumento clave para la

---

[75] El término "modo de producción literaria" forma parte también del sistema conceptual de Terry Eagleton (1976). Sin embargo, no hay ninguna referencia en Losada que sugiera vínculo alguno con el crítico británico.

[76] Morales Saravia considera que el concepto de modo de producción es formulado en sus trabajos sobre las literaturas "dependientes" y "autónomas" (Losada 1987, 229-30). Sin embargo y a pesar de que el énfasis puesto por Losada en la introducción de dicha noción en tales trabajos sea nuevo, esta categoría ya venía funcionando en su discurso desde *Creación y praxis* (1976a).

sistematización de la especificidad del desenvolvimiento histórico de la literatura latinoamericana; la elucidación que en este período de su obra realiza, de los *modos de producción* dominantes en el proceso literario continental durante los siglos XIX y XX (literaturas *dependientes, marginales* y *social-revolucionarias*), permiten a Losada proporcionar una alternativa al sistema de periodización que tradicionalmente se hubiera modelado en las historias literarias europeas. La lectura de Losada rompe con una visión del proceso literario latinoamericano como imitación pasiva, muchas veces tardía y empobrecida de su "modelo" metropolitano, restaurando su especificidad, pero también enfatizando el hecho de que los cambios socio-culturales en las sociedades periféricas no solamente responden a motivaciones externas (los cambios en los centros dominantes), sino a la influencia del contexto local y de dinámicas internas sobre la forma en que los discursos centrales se apropian y rearticulan, produciendo en no pocas ocasiones proyectos contra-culturales.

La obra de Losada en los años ochenta se centra sobre la producción literaria durante el siglo XX; trabajando a partir de una concepción "regional" más que "nacional" de América Latina, la investigación muestra como resultado la co-existencia a lo largo del siglo en el continente y muchas veces dentro del mismo espacio "nacional", de dos formaciones sociales y *dos modos de producción* cultural netamente diferenciados: las literaturas *marginales,* producidas en un espacio metropolitano internacionalizado y las literaturas *social-revolucionarias*, producidas en sociedades que aún se debaten contra los conflictos heredados del período de dominación colonial.

Las literaturas *marginales*, que agrupan a los movimientos tradicionalmente llamados "modernismo" y "vanguardismo", constituyen aquellos proyectos articulados,

> ... como una respuesta de la élite intelectual aristocrática frente a la incorporación acelerada de la masa de población inmigrante [primordialmente proveniente de las áreas deprimidas mediterráneas] que abruptamente se apodera de las instituciones, domina la vida política, presiona y obtiene una mayor participación del excedente productivo, se organiza y, finalmente, transforma las pautas culturales dominantes y desplaza a la antigua élite artística del lugar de privilegio que pensaban les correspondía ... (1983b, 21)

A este proceso de inmigración que ocurre sobre todo en el Cono Sur, se suma ese otro, de inmigración interna, campesina, que en muchas ciudades transforma radicalmente su perfil cultural (Lima, México) y que en todas conduce no sólo a una búsqueda de identificación por parte de las élites internacionalizadas con la cultura hegemónica, sino a un divorcio entre su producción cultural y la de los sectores populares e incluso a una negación de todo vínculo con estas últimas y con su realidad social. Así sintetiza Losada dicho proceso: "... desde que esas masas mayoritarias se constituyen en dominantes en cada espacio urbano nacional, la producción literaria internacionalizada de la propia región tiene un sentido, no sólo de identificación con los procesos que se desarrollan en las ciudades europeas o norteamericanas, sino de negación de la pertenencia a la propia sociedad". Añade Losada que en situaciones extremas de agitación política de los sectores populares, estas literaturas pasarían de su situación marginal y de desarraigo, a una de significación aún reaccionaria. Estas condiciones de producción se mantendrían hasta los años sesenta, en que se intentara un acercamiento entre los intelectuales y el movimiento popular, hecho que daría lugar a "... una transformación de los géneros tradicionales y [al] surgimiento de nuevas expresiones artístico-literarias directamente articuladas a la movilización popular a lo largo de todas las metrópolis de América Latina ..." (20-22).[77]

Las literaturas *social-revolucionarias*, producidas desde la Revolución Mexicana y a lo largo del siglo XX, especialmente en Centro América, Caribe, los Andes, Paraguay y algunas regiones de Brasil, constituyen un *modo de producción* diferenciado con respecto tanto a las *dependientes*, como a las *marginales*, fundadoras de una nueva tradición que se prolonga incluso hasta García Márquez, Asturias y Rulfo: en efecto, el negrismo caribeño, el indigenismo andino, la literatura de la revolución mexicana, la narrativa social antillana, la paraguaya, ecuatoriana, o del nordeste brasileño, conforman "... un fenómeno específico que no puede ser conceptualizado a partir de los modos de producción urbanos dependientes de la estabilización capitalista en el período neo-colonial ni en el período metropolitano" (1983b, 24).

Estas literaturas cumplen una función social diferente tanto a la de las *dependientes*, como a la de las *marginales*, ya que ellas se articulan los movimientos que intentan transformar las condiciones sociales de su ámbito, y se producen "... con la perspectiva de realizar una revolución social que logre liquidar la herencia colonial, enfrentar al imperialismo y reestructurar la sociedad de una manera alternativa, no capitalista, y en función de las demandas y de la identidad de la masa popular". Los sujetos productores de este tipo de literatura surgen en sociedades caracterizadas por Losada en los siguientes términos:

> ... estas sociedades están dominadas por una *situación de transición* pre-revolucionaria que permanece irresuelta. No son sociedades que se reestructuran globalmente bajo un nuevo período de avance del capitalismo ... sino que se encuentran en un momento histórico cuando entre en crisis el sistema neo-colonial dependiente; y por otro lado, no logra imponerse el sistema capitalista a la sociedad global y reestructurar las relaciones sociales bajo una nueva forma de producción. (25; énfasis en el original)

---

[77] Para una exposición más detallada de esta hipótesis, ver Losada (1987, 148-75).

Otra diferencia respecto a los otros dos modos de producción de la literatura continental enfatizada por Losada la constituye el hecho que ésta es, en realidad, la primera literatura que en América Latina intenta articularse a la "... sociedad presente como totalidad ...", en otras palabras, a la masa popular, la élite oligárquica y los centros hegemónicos. Es la primera literatura con un contenido "nacional", pero también con proyecciones continentales e internacionalistas.

Finalmente, refuta Losada aquellos discursos críticos que descalifican a estas literaturas como "no modernas" o "tradicionales", por oposición a las vanguardias internacionalizadas por las que ellos apuestan, rescatando su modernidad en términos de la noción alternativa de lo moderno que las literaturas social-revolucionarias propondrían; es decir, "... un concepto histórico y social, revolucionario, de qué es la modernidad ..." (26-28). Este rescate de las literaturas "tradicionales", con lo que conlleva de rescate del componente popular de las mismas, es indudablemente uno de sus más enriquecedores aportes a la crítica latinoamericana.

Formas literarias

Las *formas literarias* expresan el modo en que el autor toma conciencia de la realidad o más exactamente, de su forma de existir en el mundo y de relacionarse con él: ellas "... son expresión de las formas de conciencia que tiene el hombre de sus formas de existencia en el mundo". Por otra parte, afirma Losada, estas formas literarias son a la vez formas de la conciencia del sujeto productor y formas de la *praxis* social del mismo (1976a, 134-39). Losada echa mano para su análisis de la narrativa peruana, de la tipología de las formas del género épico, al cual pertenecería la novela, propuesta por Lukács. La épica, según éste, se cuestiona sobre el significado que para el hombre tiene su existencia en el mundo y responde a tal interrogante a través de tres formas: *realista, naturalista* y *subjetivista* (140). Así sintetiza Losada la concepción lukacsiana de dichas formas:

> ... el realismo trata de crear una forma que muestre el sentido de la totalidad del mundo; el subjetivismo, en cambio, de crear una forma que sea la imagen del caos. El punto de partida del naturalismo no es ni uno ni otro pues ignora el problema de la significación. Trata de "mostrar" la totalidad tal como aparece a los ojos o como es sentida en el interior del hombre, de modo que el lector mismo le dé significación "tal como actúa en la vida misma". (142)

El realismo, añade Losada, pretende crear una forma que exprese una "... realidad como tendencia objetiva y coherente ..."; el subjetivismo, una expresión de "... la experiencia del interior ..."; el naturalismo, en cambio, una que exprese "... la realidad como es experimentada en la inmediatez de la vida cotidiana tal como se presenta al alcance de los sentidos ..." (142-43).

Horizonte de existencia

La noción de *horizonte de existencia* juega un papel importante en el discurso de Losada para su abordaje del sentido de los proyectos estético-culturales que conforman los diferentes sistemas literarios que caracterizan a las letras latinoamericanas. Dicha noción es entendida por Losada como "... todo aquello que determina en una sociedad la idea de su destino, de lo que le está concedido y le está negado por la vida, lo que puede y debe cumplir, lo que le está mandado evitar, sus modos de comportamiento, de sentimientos y de comprensión de sí en el mundo...". Este concepto heideggeriano, señala Losada, remite a la discusión sobre la "subjetivización" del sentido en la edad moderna: si en la antigüedad clásica y en la Edad Media regía una totalidad de sentido que trascendía a la subjetividad de los individuos, en la edad moderna este sentido se ha roto obligándolos a "... construir el mundo a partir de la interioridad ...". Esta acción de construcción de un mundo, sería concebida por Heidegger como la proyección de un *horizonte de existencia*. Ahora bien, para Losada, por medio de la literatura los seres humanos dan sentido a su existencia y a su relación con el mundo, instaurando un *horizonte de existencia*. (19-20).

Paradigma estético-cultural

La interpretación de todo "... movimiento cultural como un proceso histórico dentro de una determinada matriz estructural ..." (1977b, 35), desemboca en el modelo crítico de Losada en la formulación, hacia finales de los años setenta, de la noción de *paradigma estético-cultural* como categoría que permite la reconstrucción y caracterización de los lenguajes, géneros y formas expresivas que articulados por un nuevo sujeto productor, dominantes en un período particular y de acuerdo a un determinado modo de producción, pueden ser asociados a un particular sistema literario. En fin, Losada define dicha categoría a partir de la concepción que de la producción cultural elaboran los sujetos sociales correspondientes, en términos de su función social y los principios estéticos que la sustentan. Ahora bien, es a través de dicho proyecto estético-cultural y de los lenguajes que formula, que su sujeto productor funda su horizonte de existencia y establece "... diferentes relaciones consigo mismo, con su sociedad y con la cultura europea ...", lo que en efecto le conferirá su perfil particular (12-13, 16 & 22).

En última instancia, propone Losada, un paradigma se mantiene mientras perduren las mismas condiciones históricas de producción (o matriz cultural): en el caso de las *culturas dependientes*, por ejemplo, su proyecto estético-cultural, incluidas obviamente sus variaciones o tendencias en su interior, persistirá siempre y cuando permanezca virtualmente intocado el ámbito urbano, de modernización restringida, con las relaciones de dependencia del intelectual respecto a las oligarquías tradicionales en que se produjo la literatura posterior a la cultura cortesana de las élites coloniales y anterior a la crisis del sistema de dominación oligárquico y a la aparición de las *culturas autónomas* de la clase media. Este paradigma de las literaturas autónomas será modificado por Losada en sus escritos de los años ochenta; hacia fines de los años setenta, sin embargo, Losada entendería por estas últimas, aquellas literaturas producidas a partir del "romanticismo" del Río de la Plata, hegemónicas durante la mayor parte del siglo XX y concretamente desde la primera guerra mundial. Algunos ejemplos: Vallejo, Martí, Mariátegui, Arguedas, García Márquez, Borges, Neruda, Octavio Paz, etc. Dichas literaturas se producen en una "... situación de reestructuración social, que posibilita la perspectiva de un horizonte abierto que ha de ser definido por la propia subjetividad ...". Dicha reestructuración involucra la profundización de la modernización del espacio urbano y su transformación en metrópoli, así como la formación de sectores secundarios y terciarios no dependientes rígidamente de las oligarquías. Es una literatura de "... un grupo problematizado de intelectuales desarraigados, que intentan una producción autónoma de las élites oligárquicas, de su sociedad concreta, y aún, de la identidad social que habían recibido...". La identidad social y aún nacional o continental es un problema que ella se plantea y que busca definir, así como la rearticulación de sus productores a su sociedad y a un mundo que deben reinterpretar junto con su historia. Por medio de su escritura y los lenguajes que formulan, "... instituyen su realidad [una realidad literaria], se dan a sí mismos una nueva función social y se crean una identidad..." (1977a).

No sobra reiterar aquí que detrás de este planteamiento se encuentra uno de los aportes más interesantes de Losada a la búsqueda de autonomía de la crítica latinoamericana: su énfasis en el hecho que los mencionados cambios estructurales que acompañan a las transformaciones en el orden de la producción cultural ocurren a ritmos diferentes en las distintas regiones del continente, lo que le permite romper con los modelos "nacionales" y con los mitos de la "unidad" y la homogeneidad del proceso literario latinoamericano que sirvieran de soporte a la crítica anterior.

Ahora bien, aunque durante los años ochenta Losada continúa la línea de investigación iniciada con su noción de *paradigma estético-cultural* así como con su tentativa de elucidación de los proyectos literarios formulados a lo largo del siglo XX y sus articulaciones con las diferentes formaciones sociales establecidas para este mismo período, el énfasis en su investigación se desplaza de la categoría de paradigma a la de *modo de producción*. En estos años el concepto de literaturas autónomas desaparece de su sistema conceptual para ser reemplazado por dos modos de producción cultural, detectados como dominantes dentro de las letras continentales en el siglo veinte: las literaturas *marginales* de los espacios metropolitanos y las *social-revolucionarias* de los espacios en que aún se encuentran irresueltos los conflictos provocados por la herencia colonial. Estas últimas, de hecho habrían sido articuladas por primera vez en el Río de la Plata entre 1840 y 1880 por el movimiento "romántico". Para ser consecuentes con los desplazamientos de énfasis en el discurso de Losada, estos dos proyectos literarios son descritos en el aparte correspondiente a *modos de producción*.

Periodización

Para matizar esta caracterización del espacio social latinoamericano, que peca para Losada por su generalidad y con miras a la posibilidad de formular un sistema de periodización que refleje la especificidad de dicho espacio, sugiere Losada en sus últimos trabajos algunos conceptos temporales ("momentos"), que contribuyan a un abordaje del proceso histórico y cultural de América Latina independientemente de los cambios operados en los centros hegemónicos y hasta ahora considerados como variable independiente y determinante de los cambios en Latinoamérica.[78]

En su citado artículo de 1986, "La historia social de la literatura latinoamericana", Losada propone tres categorías que denomina "evidencias" y cuya función consiste en hacer comprensibles las " ... 'contradicciones generales' que definen el espacio social latinoamericano a partir de procesos concretos ...", diferenciando en cada "subregión" la relación entre proceso social y proceso literario.

En primer lugar se cuenta el *momento formativo o fundacional*, que hace referencia a la constitución de las sociedades americanas a partir del trauma de la Conquista, instaurando tanto su especificidad respecto a Europa como de las distintas "sub-regiones" entre sí. Las diferencias entre estas últimas se deben tanto a la época en que el *momento formativo* tuvo lugar, como a los diversos cruces culturales que se dieron en cada una. Este momento inauguraría una época que se prolonga hasta hoy y que ejerce una influencia determinante sobre la producción literaria en las "sub-regiones":

> El mundo andino y mesoamericano debe elaborar todavía el hecho de la conquista colonial de sociedades con un grado significativo de acumulación e identidad cultural. El espacio Caribe adquiere su especificidad de la emigración esclavista y de la economía de plantación colonial, con su enorme

---

[78] Losada (1983b) ofrece un bosquejo inicial que, sin embargo, será replanteado más tarde (1986). Esta propuesta de periodización es aplicada al análisis de los tres modos de producción cultural establecidos por Losada para los siglos XIX y XX en la América Latina (*dependiente, marginal y social revolucionario*), así como para el proceso de internacionalización de su literatura, en (1987, 47-109).

diferenciación social y sus estrategias de aniquilación de la identidad cultural de la fuerza esclava de trabajo. El Cono Sur, junto con otros bolsones urbanos, adquieren su fisonomía a partir del proceso de colonización reciente de extensiones enormes de tierras fértiles, en base a la aniquilación de la población local y a la emigración europea. (23-24)

Este *momento* había ya sido expuesto en términos comparables, en "Articulación, periodización y diferenciación de los procesos literarios latinoamericanos" (1983b). En tal trabajo Losada proponía un segundo *momento de superación*, que no aparecerá más en su última formulación. Por dicho *momento* entendía Losada, valga la redundancia, la superación de la manera en que las sociedades latinoamericanas se estructuraron, fundando una nueva época en su desarrollo, momento que se iniciaría a comienzos de este siglo (14). En "La historia social de la literatura latinoamericana" (1986), Losada plantea, en cambio, dos "evidencias" más: los *momentos decisivos* (el término es de Antonio Cândido) permiten dar cuenta del proceso de desarrollo particular de cada "sub-región" y tienen como objetivo final el "... dar razón del horizonte de problemas contemporáneos". Son momentos "traumáticos", "... que reorganizan la comprensión del proceso global de desarrollo de cada unidad sub-regional y lo articulan en un centro de conflicto". Los *momentos decisivos* determinan un "antes" y un "después" en el proceso histórico de cada "sub-región". La articulación de los procesos literarios a estos momentos es la que permite dar razón de la significación de los primeros.

El horizonte de interpretación que se proponen regiones como Paraguay, los Andes y el Caribe, por ejemplo, es el de un "carácter problemático", o el de una "... serie de crisis irresueltas que se repiten desde la desestructuración social que trajo consigo la crisis colonial". Sus literaturas se articulan a "... un único momento decisivo: la lucha por liquidar la herencia colonial y por constituir una nueva sociedad". Otras regiones, en cambio, (México, Brasil, Río de la Plata), se atribuyen como horizonte interpretativo de su historia y su identidad un "carácter afirmativo" o incluso "triunfalista". Plantean sus momentos decisivos "como una progresiva superación del pasado colonial y una mayor constitución de la identidad nacional": "reestructuración oligárquica, liquidación de la herencia colonial y surgimiento de una sociedad integrada y moderna, sobre todo en sus espacios industrializados y urbanos". Sus literaturas se articulan "a estos movimientos sociales y ... los tres, puestos en relación con el momento fundacional, toman un significado diferente del que se proponen las ideologías dominantes". (24-25)

La tercera "evidencia" tiene que ver con el tiempo presente y "combina" *momentos formativos* y *momentos decisivos*; se trata del examen de "los resultados [del] proceso fundacional y formativo", o en otras palabras, de "la evaluación de la situación de la sociedad y la cultura a la que se pertenece" (26).

Espacio social

El modelo teórico de Losada busca articular proceso literario a proceso social y ello lo hace a través del análisis de la relación que entre ambos y por medio de un proyecto determinado establece el sujeto productor.

La noción de *espacio social* hace referencia al proceso histórico del cual es resultado: el *espacio social latinoamericano*, es un espacio contradictorio, que tiene su origen en el trauma causado por la Conquista; conforma "... una totalidad social constituida por las relaciones contradictorias entre tres sociedades articuladas: Europa/USA como centros hegemónicos, las sociedades tradicionales "interiores" en la región latinoamericana, y las ciudades en proceso de modernización". El interior de cada uno de los componentes de esta totalidad se ve tensionado por la "contradicción general". El método de trabajo de Losada propone como objetivo de "... la observación de los procesos de producción literaria ... la descripción de la manera en que un proyecto literario global se vincula (o trata de desvincularse) con este espacio cargado de contradicciones" (22).[79]

---

[79] Para una aplicación del concepto al estudio de los espacios sociales de los tres modos de producción que caracterizan la literatura latinoamericana de los siglos XIX y XX, ver Losada (1987, 47-109).

CAPITULO 4

ANTONIO CORNEJO POLAR:
SOBRE LA HETEROGENEIDAD CULTURAL
Y LITERARIA EN AMERICA LATINA

La obra crítica de Antonio Cornejo Polar constituye al lado de los trabajos de Angel Rama y Alejandro Losada, un tercer y fundamental aporte a esta empresa colectiva en que durante las últimas décadas se ha empeñado la crítica latinoamericana por dotar a la disciplina de perspectivas teóricas y metodológicas que la capaciten para dar cuenta de la especificidad de sus literaturas y develar las articulaciones de éstas a los peculiares procesos histórico-culturales de sus sociedades.

El discurso de Cornejo Polar forma parte de la rica tradición que sobre la discusión de su problemática socio-cultural se inicia en el Perú en los años veinte y se reabre en la década del sesenta, y entronca primordialmente, como ya se ha indicado, con el pensamiento mariateguiano. Ya nos detendremos en las propuestas de Mariátegui que Cornejo desarrolla y que proporcionan una rica área de reflexión al debate sobre la producción cultural y literaria en América Latina.

Obviamente no se está sugiriendo que aquí se agoten las múltiples filiaciones intelectuales del discurso de Cornejo; sólo queremos resaltar la relevancia que los debates peruanos de la década del veinte y especialmente la obra de Mariategui tienen para la formulación de su propuesta crítica, la cual en todo caso, entrará en fértil diálogo con los trabajos que dentro de la crítica latinoamericanista de las últimas décadas enfatizan la pluralidad cultural de la región, especialmente, las propuestas de Rama sobre la transculturación de nuestra narrativa y de García Canclini sobre los procesos de hibridación cultural en la región (Rama 1987 y García Canclini 1990).[80]

---

[80] Hacia el final de su obra, sin embargo, Cornejo sometería a severo escrutinio, las categorías de "transculturación" e "hibridez". Para una problematización de su uso, sobre todo de la primera, ver Cornejo Polar (1994a). Para una respuesta y una propuesta de recuperación crítica de los conceptos de hibridación y mestizaje, ver García Canclini (1999).

Cornejo sintetiza el debate sobre la estructura social peruana, en torno a dos ejes argumentativos fundamentalmente: de una parte, aquél que sostiene su unificación por el sistema capitalista y de otra, aquél a favor de "... su dualidad sustancial por acción de dos órdenes diversos, uno capitalista y otro feudal o simplemente precapitalista" (1980b, 5). Sin embargo, añade Cornejo que,

> Un análisis de las más importantes caracterizaciones permite observar ... una estrecha franja de convergencia. En efecto, inclusive dentro de la tesis unitaria, se reconoce la coexistencia de niveles sociales en distinto grado de desarrollo, o por lo menos la acción de un polo hegemónico y otro dependiente –al margen de que ambos, por cierto, están sometidos a los intereses del imperialismo. (1980b, 5)

La intervención de Cornejo en esta polémica se articula a las tesis que apoyan no sólo la pluralidad esencial de la configuración social de su país, sino lo que es más importante aún, cultural, concepción ésta última, que por lo demás, nos recuerda que Cornejo, concuerda con "la conciencia empírica del Perú" (8). Las diferencias socio-culturales saltan a la vista: mientras la cultura indígena tiene como ámbito el espacio subdesarrollado, la occidental ("occidentalizada", prefiere llamarla Cornejo), se circunscribe al de mayor desarrollo (7). Así, nos dice que,

> [... aunque] cada vez con menos claridad, en razón del creciente proceso transcultural, sigue siendo [en todo caso] relativamente fácil distinguir entre un sistema históricamente dependiente de la cultura impuesta a partir de la Conquista y otro que responde, en consonancia con su propio desarrollo histórico, a las culturas nativas. No se trata ... del mitológico deslinde entre una cultura "occidental y cristiana" y otra "incaica" ... [sino] de la convivencia en un solo espacio nacional de por lo menos dos culturas que se interpretan *sin llegarse a fusionar.* (6; énfasis mío)

Esta idea de una sociedad fracturada por las diferencias y el conflicto de orden socio-cultural constituye un eje que atraviesa toda la obra de Cornejo; para éste la crítica debe desmitificar las interpretaciones que apuestan por procesos de síntesis conciliadoras, como ocurre con las teorías del mestizaje. En su revisión del proceso de la literatura peruana, en su último libro *Escribir en el aire: ensayo sobre la heterogeneidad socio-cultural en las literaturas andinas* (1994b), por ejemplo, Cornejo demuestra cómo una lectura a contrapelo tanto del intento del Inca Garcilaso de "configura[r] un espacio de convergencias y armonías", como de la construcción de "la imagen simbólica de una nación integrada" realizada a partir de la gesta emancipadora en el siglo XIX, revela de hecho las contradicciones y las fracturas entre los diferentes espacios étnicos y socio-culturales que conforman el Perú (92-93). Asimismo, en sus últimos escritos enfatiza la conflictividad de esta "red articulatoria multicultural" a partir del bosquejo de una nueva categoría en su discurso, la del "migrante" (que se desplaza entre espacios geográficos, pero también culturales), por oposición a la del mestizo (metáfora de fusión y síntesis); por medio de ella intenta explorar alternativas a las lecturas que proponen fusiones armonizantes de las relaciones interculturales y destacar en cambio, el desarraigo, la discontinuidad, la fragmentación y la fluidez en la formulación de las identidades, radicalizando su lectura de la disgregación y la *heterogeneidad* (categoría clave dentro de su discurso) de la sociedad y cultura peruanas (1995, 1997).[81] En síntesis, Cornejo concibe como objetivo fundamental de la crítica latinoamericana la forja de un aparato conceptual que permita dar cuenta de la pluralidad de "situaciones socio-culturales y de discursos en los que las dinámicas de los entrecruzamientos múltiples *no* [en bastardilla en el original] operan en función sincrética sino, al revés, enfatizan conflictos y alteridades" (194a, 369; énfasis en el original).

Por una crítica histórica y cultural de la literatura latinoamericana

Un objetivo central dentro de los planteamientos de Cornejo consiste en la recuperación para la crítica de la dimensión social e histórica de los procesos literarios y culturales, erradicada por las metodologías inmanentistas que hegemonizaran la disciplina hasta los inicios de la década del setenta en Latinoamérica en sus vertientes estilística y estructuralista. Para Cornejo es ineludible el hecho de que

> ... las obras literarias y sus sistemas de pluralidades son signos y remiten sin excepción posible a categorías supraestéticas: el hombre, la sociedad, la historia. (1981b, 118)

Por lo demás, nos recuerda Cornejo, el inmanentismo es el resultado tanto de la influencia del modelo lingüístico saussureano, como de la ilegítima universalización de una teoría edificada sobre los principios de una poética particular, aquélla del simbolismo y las vanguardias, movimientos que proponían "la radical autonomía del fenómeno literario", y la autorreferencialidad del lenguaje, premisas estéticas que encontraban, ellas sí, su "... razón de ser en la dialéctica de un proceso histórico concreto "(1982, 10).[82]

Cornejo constata la crisis epistemológica que experimenta la crítica europea y norteamericana durante los años sesenta, poniendo en entredicho "la validez del conocimiento que [ésta] propone" y aún "la legitimidad de su existencia misma", pero señala como más grave

---

81 Trigo explora el potencial crítico de la categoría de "migrancia" (desarrollada a partir de la noción de "migrante", de Cornejo) en conexión con el estudio de los procesos de transculturación en un contexto transnacional en Moraña (1997, 163-66). Para un examen de la conceptualización del "sujeto migrante" en el discurso de Cornejo, ver Moraña (1999).

82 Ver también Cornejo Polar (1982, 13-14 & 1986, 118).

todavía la misma crisis dentro de la crítica latinoamericana, pues esta última incluiría una problemática particular:

> ... la necesidad de articular coherentemente las cuestiones propiamente científicas de la crítica, ya de por sí inquietantes, con una realidad social que no admite la neutralidad de ninguna actividad humana –y menos de aquéllas que, como la crítica, suponen una predicación sobre los problemas fundamentales del hombre. (1982, 9)

De allí su cuestionamiento radical de las bases de la crítica inmanentista. Esta postura de Cornejo da cuenta de su interés, además de Mariátegui, en los aportes marxistas pre y post-althuserianos[83] a la sociología de la literatura, así como de su afinidad con algunas perspectivas gramscianas, que incluyen la recuperación por parte de Gramsci de la cultura popular para el arte, su desconfianza en un arte encerrado en la esfera de una estrecha élite intelectual y desvinculado del resto de la sociedad (Gramsci 1976, 31 & 125) en fin, su preocupación por los problemas involucrados en la forja de una literatura con carácter nacional-popular, en un país donde el proceso de unificación nacional jamás se ha llegado a cumplir (100-102 & 123-124). No hay que olvidar, sin embargo, que éstos son también, como ya se ha visto, aspectos centrales en la obra de Mariátegui que Cornejo convierte en ejes de su propio discurso. En todo caso, puede sugerirse una presencia de Gramsci más o menos indirecta en el pensamiento de este último a nivel de su lectura radical de Mariátegui.

Considera Cornejo que es particularmente indispensable para la crítica latinoamericana el recurrir a una óptica histórica y social frente a nuestra literatura, en primer lugar porque ella "... está sustantivamente ligada desde sus orígenes a una reflexión sobre una realidad que unánimemente se considera deficitaria ..." y en segundo lugar, "... porque las imágenes que [ella] instaura contienen con frecuencia postulaciones proyectivas: hay en la literatura latinoamericana ... una suerte de modulación propiciatoria que parece ensayar desiderativamente un mundo todavía no realizado" (1982, 10-11).

Su defensa del abordaje de la literatura como producción social se apuntala también en el carácter peculiar de la inserción de la literatura latinoamericana dentro de "... una sociedad igualmente peculiar, distinta, al menos si el término de comparación es [sic] la literatura y la sociedad occidentales". Tal peculiaridad tendría su raíz en la problemática ocasionada tanto por la heterogénea composición cultural de los distintos países latinoamericanos, como por las consecuencias de su sometimiento a una historia de "... conquista y domi-

---

83 Dentro de los primeros es de anotar su conformidad con la caracterización de la novela planteada por la tradición teórica que parte de Georg Lukács, pasa por Lucien Goldmann y culmina con Jacques Leenhardt. Dentro de los últimos se cuenta especialmente Alejandro Losada, cuyas categorías de "sistema literario" y "modo de producción" –definidas en el capítulo dedicado al crítico argentino– Cornejo incorpora a su discurso crítico.

nación colonial y neocolonial..." (15). Por ello, considera Cornejo tarea inaplazable de la crítica el,

> ... esclarecer ... el modo específico de la articulación de *esta* literatura con *esta* sociedad, lo que importa definir en términos históricos el funcionamiento de la institución literaria, los modos de producción que emplea, el sistema de comunicación en que se inscribe. (15; énfasis en el original)

Y concluye que hasta cuando no entendamos el funcionamiento social de nuestra literatura, "... será imposible comprender con rigor el sentido de su desarrollo histórico y hasta sus manifestaciones textuales concretas" (15).

Hay que subrayar, sin embargo, que esta opción por las perspectivas que favorecen los componentes histórico-sociales y culturales del fenómeno literario y que declaran su "ininteligibilidad ... como categoría autónoma", no implica un menosprecio por los logros y la sofisticación de las metodologías estructuralistas principalmente, a las que en todo caso recurre Cornejo especialmente en su obra temprana para la descripción de los textos que son materia de su análisis.[84] Aunque el peruano expresa su escepticismo con respecto a "... la conveniencia de emplear [tales] métodos dentro de otro proyecto crítico ..." (1982, 14),[85] la realidad es que, sin caer en el eclecticismo al que teme, se sirve de un instrumental descriptivo estructuralista que forma parte de hipótesis de trabajo que trascendiendo los límites de la textualidad, inscriben la lectura de los textos en marcos explicativos mayores; entre estos se cuentan las especificidades del funcionamiento de la institución literaria y de sus articulaciones con los procesos sociales y culturales en el Perú. Efectivamente, más que a su manifiesta negativa a apelar a los métodos estructuralistas, el trabajo de Cornejo responde a la estrategia que defendiera un par de años antes en su ya citado artículo, "Problemas y perspectivas de la crítica literaria latinoamericana" (1982),[86] artículo en el cual enfatiza la necesidad para un proyecto de crítica latinoamericana autónoma, de apropiarse de estas metodologías pero liberándolas de las determinaciones socio-culturales bajo las cuales se habían producido, como requisito para su adecuación a tal proyecto:

> Hay que reconocer que la crítica inmanentista viene desarrollando métodos cada vez más precisos en orden a la descripción de [las] categorías formales, y es posible que instrumentalizados dentro de la perspectiva [histórico-social] propuesta, puedan resultar efectivamente esclarecedoras. En todo caso, puestos en contacto de servicio con la tarea de revelar el sentido de las imágenes del mundo que provienen de la peculiaridad latinoamericana, estos métodos tendrán que perder el peligroso mimetismo que suele vincu-

---

[84] En particular Todorov. Ver por ejemplo Cornejo Polar (1989b).
[85] Publicado originalmente en 1977.
[86] Trabajo presentado originalmente como ponencia en la Universidad Nacional Mayor de San Marcos en 1974 y publicado inicialmente en 1975.

larlos, irrestrictamente, a modelos concebidos bajo el imperio de otras ur-
gencias sociales y culturales. (11-12)

En 1977 Cornejo Polar publica *La novela peruana: siete estudios,*
recopilación de siete trabajos monográficos escritos entre 1967 y 1975
y dedicados, con excepción de uno, a novelas indigenistas.[87] Los estudios reunidos en este libro son concebidos por Cornejo como etapa
inicial de un proceso de investigación orientado hacia la futura elaboración teórica del desarrollo histórico de la literatura peruana y de su
significación social.[88]

A través de este procedimiento y de la determinación de la cosmovisión que da cuenta de los textos que lee y de las relaciones entre
éstos, el sistema literario en que se inscriben y la sociedad en que se
producen, Cornejo aspira a "llegar a la comprensión de la literatura
como hecho social", lo que constituirá la siguiente fase de su proyecto
(1989b, 9-10).

Esta percepción del corte sociológico de su propia perspectiva se
ajusta sobre todo a los seis últimos ensayos que contiene el libro, ensayos escritos entre 1972 y 1975, ya que el primero, "La estructura
del acontecimiento de *Los perros hambrientos*", que data de 1967,
responde aún a un modelo de descripción estructural de la novela de
Ciro Alegría, donde sin embargo, comienzan a delinearse aspectos
que más adelante adquirirían una significación extra-textual al ser
leídos a la luz de los planteamientos culturalistas de Cornejo. En los
cinco artículos siguientes Cornejo pone el instrumental metodológico
estructuralista al servicio de una lectura sociológica de la novela indigenista donde se continúa este proceso de develación de elementos
peculiares tanto a la narrativa indigenista como a la sociedad peruana, elementos que más tarde va a elaborar como sustento teórico de
su discurso crítico. El séptimo escrito, versa sobre Julio Ramón Ribeyro y la problemática de la novela "urbana" peruana, narrativa que
en cierta medida resulta contrapuesta en su discurso a ese otro, el de
las literaturas que Cornejo denomina "heterogéneas", las cuales constituyen el núcleo de su propuesta.

---

87 En orden cronológico estos artículos son: "La estructura del acontecimiento de
Los perros hambrientos" (1967); "La obra de José María Arguedas: Elementos para una interpretación" (1970); *"Los ríos profundos*: un universo compacto y que-
brado" (1973); *"El zorro de arriba y el zorro de abajo:* función y riesgo del realismo" (1974); *"Aves sin nido*: indios, 'notables' y forasteros" (1974); "La imagen del
mundo en *La serpiente de oro*" (1975) y *"Los geniecillos dominicales:* sus fortunas
y adversidades" (1975).
88 Algo más de una década después, Cornejo intentaría este proyecto de elaboración global del proceso literario peruano, en su libro *La formación de la tradición literaria en el Perú,* (1989c); en este trabajo, Cornejo examina el proceso
histórico de formación de las tradiciones literarias del Perú y sus articulaciones
con los distintos proyectos nacionales formulados a partir del período republicano, en cierta medida desarrollando el modelo inicial bosquejado por Mariátegui
en "El proceso de la literatura".

Un segundo y fundamental punto de despegue del proyecto del crítico peruano consiste tanto en el rescate del momento, la función y la significación de una narrativa, la indigenista, como en la determinación del significado que para el lector actual pueda ella tener; ambos objetivos implican la tarea de esclarecer el estatuto socio-cultural que dicha narrativa pone en juego (1989b, 53). Aparte de los mencionados trabajos monográficos, Cornejo dedica a ésta una serie de estudios a través de los cuales persigue tanto un trazo global del movimiento, como una sistematización a nivel teórico y metodológico de los resultados a que llegara en los primeros y que recogería y sintetizaría en su libro *Literatura y sociedad en el Perú: La novela indigenista* (1980). Dicho libro incorpora materiales ya elaborados en sus artículos "Para una interpretación de la novela indigenista" (1977) y "El indigenismo y las literaturas heterogéneas: su doble estatuto socio-cultural" (1978).[89] En su últmo libro, *Escribir en el aire*, el espacio nacional como objeto de su teorización se extiende a uno transnacional, andino, que incluye a Bolivia y Ecuador. En él, Cornejo caracteriza la novela indigenista a partir de la conflictiva relación entre tradición y modernidad que la origina, explora las tensiones que esta relación produce en ella y evalúa su capacidad de procesamiento de la coyuntura socio-cultural que la genera (1994b, 194-207).

Cornejo trae a primer plano una fundamental contribución del indigenismo a la reflexión de la novelística latinoamericana sobre nuestra problemática cultural, destacando sobre todo la obra de Ciro Alegría y su reformulación de la dicotomía sarmentina, al resaltar "... la superioridad de la comunidad indígena ..." y al invertir "... los valores tradicionalmente subyacentes en los términos civilización y barbarie...". Añade Cornejo que tal aporte, paradójicamente proveniente de ese mundo "civilizador" pero ahora desenmascarado como el realmente "bárbaro" a causa de su histórico papel de opresor, constituye no obstante, "... la construcción de un sólido sustrato ideológico para el desarrollo de una novelística campesina..." (1982, 68-69).[90]

El discurso de Cornejo hace eco a su vez, a nivel de la disciplina, de este replanteamiento de los términos sarmentinos realizada por la novelística de Alegría, al proveerla, tanto de elementos teóricos y metodológicos para la revaluación justamente de una literatura articulada a una cultura y a una problemática campesinas, como para la recuperación para el corpus de la literatura latinoamericana, de una

---

[89] En su esclarecedor trabajo, "La novela indigenista: una desgarrada conciencia de la historia", publicado en 1980, Cornejo ofrece un detallado análisis de la novela indigenista peruana de los años treinta y de las "conciencias de la historia" que la atraviesan (1982). Para un estudio de la novelística de Manuel Scorza y el neo-indigenismo, ver (1989b).

[90] Sobre la estrategia narrativa por medio de la cual Alegría intenta resolver las tensiones entre tradición y modernidad en su novela *El mundo es ancho y ajeno*, ver Cornejo Polar (1994b, 200-207).

literatura de raigambre indígena, hasta el presente desconocida o menospreciada por una crítica que fundamentada en presupuestos etnocéntricos, ha erigido en modelos estéticos universales las formas literarias provenientes del mundo occidental.

De esta manera precisamente, apunta Cornejo, leído desde la perspectiva de la nueva novela, el indigenismo es descalificado como una narrativa insuficiente e imperfecta. Cornejo cuestiona una crítica que aborda tal novelística a partir de parámetros establecidos por una poética particular: la de la "nueva novela hispanoamericana", que Mario Vargas Llosa denominara "novela de creación" para oponerla a la producción narrativa anterior o "novela primitiva". Cornejo considera esta oposición tan imprecisa, como ilegítimo el procedimiento de una crítica sustentada en tales criterios; así nos lo hace saber en su citado artículo sobre Ciro Alegría, "La imagen del mundo en *La serpiente de oro*", artículo en el que se propone restituir a este último su propio estatuto estético y su justo lugar dentro del proceso literario peruano:

> Algunos enjuiciamientos últimos, que comienzan y concluyen asimilando la obra de Alegría a la "novela regional", casi siempre en condición de único y anacrónico eslabón, no hacen más que repetir la imagen formada desde la perspectiva de la nueva novela hispanoamericana de toda la narrativa anterior; de esta manera, a través de una interpolación ilegítima, la crítica ha asumido lo que en realidad es el arte poética de un movimiento literario, su justificación dentro de un proceso que pretende alterar sustantivamente. (1989b, 83-84)

Devuelve Cornejo a la novela de Alegría su dimensión histórica y esclarece sus "problemas" estructurales y técnicos, desde el marco de una lectura socio-cultural. No le preocupa si ella califica dentro de los criterios estéticos de la "nueva novela" tal como los entiende Vargas Llosa, sino la comprensión de sus peculiaridades y de las de la sociedad y la cultura peruanas, tal como las elabora lá obra de Alegría. Aclara Cornejo que la contradicción lingüística básica en la construcción de la novela –una dualidad de norma utilizada por un mismo "narrador representado"– de hecho,

> ... reproduce una de las contradicciones básicas de la sociedad y cultura peruanas, su heteróclita pluralidad, y expresa al mismo tiempo el doloroso desencuentro del escritor que, sin posibilidades efectivas de modificar la estructura social que condiciona su actividad, intenta revelar positivamente algunas dimensiones del mundo que esa misma estructura desprecia y margina. En el fondo de la persona misma del escritor se compromete en el conflicto: él también es ajeno a ese mundo que pretende representar con autenticidad; por eso, para hacerlo, no le queda otro camino que fundar –paradójicamente– un artificio ... Su legítima intención de interioridad hace evidente su inevitable exterioridad. La contradictoria y disgregada realidad peruana –en términos generales, hispanoamericana– deja aquí su marca definitiva. (86-89)

Cornejo de hecho define la producción literaria –haciendo eco a la noción de literatura como superestructura– como "... un proceso ... que *reproduce* la estructura de los procesos sociales ..." (1982, 17; énfasis mío).[91] Esta percepción de la literatura como reproducción mimética de la realidad, obviamente heredera de la noción de reflejo que maneja la tradición estética marxista a la cual se articula, distorsiona su funcionamiento al escatimar su carácter anticipatorio del hecho social y su capacidad de imaginar, en efecto, nuevos mundos.

Aunque una constante dentro de su discurso, esta visión de la construcción novelesca como reflejo convive, si bien en una relación de tensión, con otras. Detrás de su lectura de la estructura narrativa dual de la novela de Alegría puede deducirse una conclusión que en realidad se desprende de las premisas que ella misma establece: el hecho de que la composición misma de la novela se constituye en una requisitoria de ese orden que marca su escritura con los irresueltos conflictos de su propia y heterogénea conformación socio cultural. Además, Cornejo también introduce, si bien no desarrolla, en el ya mencionado artículo "Problemas y perspectivas de la crítica literaria latinoamericana" (11), una concepción más enriquecedora del proceso literario que enfatiza su carácter anticipatorio y prefigurador. En otro lugar y refiriéndose a la novela indigenista, ocurre otro tanto: sin dar mayor desarrollo a su afirmación, subraya su negativa a considerar aquélla ni como "... reflejo inmediato de una realidad determinada ni tampoco como traducción a términos literarios de una problemática ideológica preexistente ..." y concluye, en cambio, que "... se trata, más bien, de la convergencia sobre un núcleo conflictivo de diversos modos de ejercicio de la conciencia social –lo que supone, a su vez, un complejo juego de autonomías y dependencias entre cada uno de ellos y en relación con su fuente de realidad" (97-98).

Ahora bien, desde el punto de vista del objetivo de Cornejo, de alcanzar un nivel de reflexión que trascendiera los límites de los textos individuales, objeto de sus investigaciones monográficas, este estudio de la novela de Alegría constituye un avance significativo, por cuanto en él sistematiza las conclusiones que ya venían arrojando los trabajos anteriores y ofrece las primeras teorizaciones generalizables tanto sobre la heterogeneidad de la novela indigenista y de la sociedad en que se produce, como sobre el imperativo para la crítica de abordar el proceso literario en su especificidad, restaurando sus articulaciones histórico-culturales.

Esta revaloración que de la novela indigenista efectúa Cornejo es un indudable aporte, no sólo para la crítica peruana, sino continental, en tanto ella señala la importancia para ésta de reconciliarse con la historia y llama la atención sobre la necesidad de repensar la legitimidad de los juicios que sobre la "impureza", el "anacronismo" o la

---

[91] Ver también (1983, 49-50).

ineficacia estética de las literaturas regionales latinoamericanas se han institucionalizado.[92] En todo caso, tal enfoque, nos diría Cornejo un par de años más tarde (1977), lo que hace es centrarse sobre las "desviaciones" de dichas literaturas respecto de sus "modelos" occidentales, dejando de lado lo más importante desde un punto de vista histórico-cultural: el hecho mismo de la existencia de formas heterodoxas y su significación, que para Cornejo es "... el resultado del vigor del referente entregado a un proceso exógeno de enunciación, o si se quiere la transformación del producto a partir de la naturaleza contradictoria de su modo de producción, cuanto, al mismo tiempo, la consecuencia formal de la estructura de base que se expresa homológicamente en el texto" (1989b, 79).[93] Y en última instancia, el discurso de Cornejo subraya el insatisfactorio quehacer de una crítica que erige una estética como modelo a partir del cual medir toda otra propuesta, o como apuntara Cornejo ya en 1975, parafraseando a Néstor García Canclini, confunde "dos órdenes discursivos distintos, el arte poética con la crítica literaria" (83-84). Así sintetiza Cornejo, en su artículo "Problemas de la crítica, hoy" (1977), su rechazo a la crítica de la novela regional:

> A partir de un cierto concepto de novela ... [el de la] "novela de lenguaje", se establece la defectividad de estas formas heterogéneas y se postula la necesidad de liberar a la nueva novela de esas impurezas. No se sospecha siquiera que tal heterogeneidad, al margen de producir un sesgo peculiar en la constitución del género, representa la formalización del conflicto básico de una literatura que quiere revelar la índole de un universo agrario, semifeudal, con recursos y desde perspectivas que inevitablemente están señalados por su presencia citadina y burguesa. La tensión que subyace en este proyecto ... determina la apertura de la forma novela para dar cabida a otras formas que provienen, no de la instancia productiva, sino, más bien, del mundo referido. Este hecho específicamente literario, pues consiste en la modificación de la estructura del género, incluso en sus aspectos formales, resulta inexplicable al margen de su peculiar correlato social; o sea, al margen de la heterogeneidad básica de la sociedad y la cultura latinoamericanas. (1982, 16)

Este tipo de ejercicio crítico cuestionado por Cornejo, implica un tácito recurso a parámetros estéticos provenientes de otros contextos sociales (Europa, Estados Unidos), que resultan instituidos por dicha práctica crítica, en modelos universales respecto de los cuales se miden los "logros" o los "desaciertos" formales de la literatura latinoamericana (16).

En todo caso, y aunque bien es cierto que a él no dedica Cornejo gran espacio dentro de sus escritos, este asunto remite una vez más

---

92 Para un detallado replanteamiento de la problematicidad de la obra narrativa de Alegría, por ejemplo, leída tradicionalmente por la crítica en términos de "errores de construcción", ver Cornejo Polar (1989b, 58-60).

93 Sobre la relectura que Cornejo hace de la heterodoxia de la narrativa anterior al "boom", ver también (1980b, 68-76).

al ya planteado en otro lugar de este trabajo, de las dificultades que para la crítica ha ocasionado el manejo del problema de la modernización en el campo de la cultura y el arte, problema que a menudo se intersecta con el de la no muy clara disyuntiva entre tradiciones culturales locales e inserción en un espacio cultural internacionalizado. Tal vez no esté de más reiterar el hecho de que este eje articula en buena medida el debate cultural en el continente desde fines de los años sesenta y a lo largo de la década siguiente y que constituye uno de los aspectos más polémicos de los proyectos de crítica latinoamericana que se formulan en el período.

Cornejo explora la problemática de la modernización, en lo que toca en particular al proceso de las letras peruanas a partir de los años cincuenta, en su artículo "Hipótesis sobre la narrativa peruana última" (1979), publicado como apéndice en la versión aumentada de su libro *La novela peruana* (1989b). Dicho proceso se inicia, en su opinión, aproximadamente cuando el monopolio que ejerciera el indigenismo tradicional comenzara a ceder el paso a una diversificada gama de experiencias literarias que tendrían en común su empeño de renovación técnica y formal. Si bien esta narrativa de los años cincuenta no constituye para Cornejo de ningún modo el correlato peruano de la "nueva novela hispanoamericana", el análisis que de aquélla realiza, contribuye a la elucidación de su concepción general del fenómeno modernizador, y por lo tanto de esta última, así como de las relaciones que el crítico percibe entre modernización social y modernización literaria, aspectos que deben ser examinados a la luz de los planteamientos propuestos por la crítica latinoamericana de las últimas décadas (1989b, 257-58).

En breve, nos dice Cornejo, después de un vital despegue la mayoría de los escritores de esta generación experimentan un receso de su obra. Este primer proyecto modernizador de las letras peruanas fracasa, de acuerdo a Cornejo, por la desigualdad de los términos entre la renovación textual y la precariedad tanto del proceso de producción literaria, como de un público escaso e incapaz de ir al paso de tales replanteamientos estéticos: "... los narradores 'del '50' [anota el peruano] pretendieron producir artesanalmente, pues éste era el signo del sistema editorial que los acogía, una literatura moderna" (260). Esta interesante apreciación de Cornejo se problematiza, sin embargo, al intentar articular la modernización literaria en términos de homología al proceso general de modernización, por cierto fallido él también, que viviera la sociedad peruana en el período; y lo que problematiza este discurso del peruano es justamente el salto que efectúa del análisis que venía haciendo de lo literario propiamente y del sistema de comunicación en que se enmarca su circuito de producción y recepción –análisis que caracteriza, en cambio, su lectura del indigenismo– a la imposición sobre los textos de un esquema de lectura ideológico:

Existe una cierta relación homológica entre este proceso social de falsa
modernización (en el fondo imposible: el orden oligárquico es inmoderniza-
ble) y los conflictos de la narrativa "del '50". También aquí las categorías
novedosas, las nuevas formas del relato, se artificializan y pierden consis-
tencia al adelantarse a un sistema productivo que repite sin mayores modificaciones su arcaísmo. (261)

En última instancia, al apelar aquí a la noción de homología entre fenómeno social y fenómeno literario, lo que Cornejo está afir-
mando es que sin modernización social, es imposible la modernización literaria. Esta visión del hecho literario como reproductor del
hecho social implica en primer lugar, condenar a la literatura urbana
–porque es a ella a la que aquí se refiere exclusivamente– a repetir
modelos supuestamente "a la par" con el desarrollo histórico de sus
sociedades, lo que se infiere de su comentario sobre la obra de Ribeyro, uno de los dos escritores de la generación "del '50" cuya producción no se vería interrumpida: "... es sintomático que uno de los
dos escritores de este grupo que mantiene una actividad narrativa
constante, Julio Ramón Ribeyro, se caracterice por su apego a los cánones del relato tradicional" (261).

Fiel a su concepción de literatura como reflejo de la estructura
social, la única vía de renovación literaria que Cornejo al parecer reconoce, es aquélla seguida por las literaturas indigenista o neoindi-
genista (en particular la de José María Arguedas o Manuel Scorza)
por articularse a la problemática campesina y a su cultura, así como
al carácter heterogéneo de la composición de la sociedad peruana
(1989b, 266-69 & 209-16).

Por este procedimiento, que parte, de hecho, de una opción ideológica amparada en la Teoría de la Dependencia y que abandona a
medio camino un tratamiento de la materia literaria en su especificidad, Cornejo está reduciendo la pluralidad de búsquedas en que se
empeña la literatura de su país, al instaurar a las literaturas heterogéneas como único modelo legítimo de modernización. Detrás de este
planteamiento, si bien ello no se hace explícito en los trabajos de Cornejo, se detecta, sin embargo, la idea constante en los proyectos de
crítica latinoamericana autónoma del período, de que el único modelo
literario verdaderamente nacional es aquél articulado a las tradiciones culturales locales y que lo nacional es incompatible con la ciudad
estigmatizada en tanto espacio por excelencia de la penetración del
sistema capitalista y del circuito internacional de la cultura. Tal estigmatización cierra la posibilidad de abordar sin prejuicio la rica
producción cultural y literaria que tiene lugar dentro de las urbes del
continente y de explorar las alternativas que allí se formulan, e ignora los efectivos procesos transculturales que entre los distintos
núcleos socioculturales en su interior se realizan, así como entre estos últimos y el ámbito rural. Si bien Cornejo no lo llega a explorar,
habría que ver hasta qué punto su categoría del "migrante" tendría el
potencial de desarrollarse para atender a este vacío de su proyecto; al

fin, el foco de esta categoría necesariamente lo constituyen los espacios que bien pueden ser de intersección, o por el contrario, de incomunicación y desencuentro, entre los varios estratos socio-culturales tanto al interior de las urbes, como entre éstas y el campo.

Podría argüirse también que aquella lectura condenatoria de la cultura citadina se desprende del empeño dentro de la crítica de izquierda nacionalista latinoamericana de los años setenta, por invertir los términos de la oposición sarmentina entre civilización y barbarie, a través de su reivindicación de las culturas campesinas y autóctonas; sólo que si bien el polo rural resulta justamente revaluado, el urbano en cambio, permanece relativamente inmodificado: únicamente el signo de la definición de las ciudades latinoamericanas que hiciera Sarmiento en *Facundo* es invertido, mas no la definición misma.

Es esta carga valorativa y sólo ella, la que dicha crítica replantea. Ahora bien, para hacer justicia a Cornejo, si por una parte el manejo que Cornejo hace de la producción urbana conduce a las nociones reduccionistas expuestas, por otra, su proyecto constituye una ambiciosa búsqueda teórica y metodológica con miras a superar las tradicionales lecturas unitarias del mismo, así como a dar cuenta de la multiplicidad de sistemas que conforman el corpus de la literatura peruana. Además, como se verá, un objetivo de sus trabajos sobre las literaturas heterogéneas consiste precisamente en el estudio de las zonas de intercomunicación entre los distintos espacios culturales que coexisten en las sociedades andinas, la peruana en particular y las propuestas formales que a partir de ella elaboran las primeras.[94]

Hacia un replanteamiento del corpus de la literatura de la región

Un tercer y necesario propósito orienta el proyecto crítico de Cornejo: la redefinición del corpus de la literatura peruana y por extensión, latinoamericana con miras a incorporar en él los sistemas literarios articulados a las culturas populares.[95]. El rescate de la especificidad del proceso cultural y literario de la región y el desmonte de las perspectivas universalistas y etnocéntricas que animaran a la

---

94 Un ejemplo de dicha acción transculturadora de las literaturas heterogéneas se puede apreciar en la lectura que Cornejo hace del proyecto de Arguedas entre otros trabajos en "Hipótesis sobre la narrativa peruana última" (1989b, 268-269).

95 Para un diseño alternativo del corpus de la literatura latinoamericana y una sistematización de su sustento teórico, ver "Unidad, pluralidad, totalidad: el corpus de la literatura latinoamericana" (1982, 43-50). Este artículo constituye una fusión y profundización de "El problema nacional en la literatura peruana" y "Para una agenda problemática de la crítica literaria latinoamericana: diseño preliminar" (1982, 19-31 & 33-41).

crítica, permiten a Cornejo hacer evidente el recorte y las distorsiones que esta última inflingía sobre la literatura peruana y continental, en aras de una concepción cultista de ésta. El diluir las particularidades de nuestra literatura dentro de una visión universalista y
jerarquizante de la producción literaria, conduce a la crítica, nos dice
Cornejo,

> ... a privilegiar en términos absolutos la literatura "culta" y a remitir hacia
> el folclore la literatura de los estratos más deprimidos de la sociedad lati-
> noamericana. Se cancela así un riquísimo horizonte de creación y en algu-
> nos casos se asume como único espacio lingüístico el de las lenguas "moder-
> nas", prescindiendo por completo de las literaturas en lenguas "nativas", o
> considerándolas sólo a la manera de estrato arqueológico, como si efecti-
> vamente hubieran dejado de producirse a partir de la conquista. (1982, 15-
> 16)[96]

Efectivamente, nos dice Cornejo, esta operación mutiladora y
tergiversadora del complejo conjunto de las literaturas continentales
y de la región andina específicamente, a más de las dificultades metodológicas para dar cuenta de la multiplicidad de los sistemas literarios producidos, constituye el reflejo a nivel de la crítica, de una
concepción "oligárquico-burguesa" de la misma, que implica la conva-
lidación de la estructura de tales sociedades y la ilegítima universalización de su canon cultural dominante. Añade el peruano que los
mecanismos de unificación de dicha perspectiva crítica no sólo mutila
las manifestaciones populares y nativas, sino incluso las cultas
cuando ellas no coinciden con los "paradigmas consagrados" o con
"el modelo promovido en un determinado momento". Ejemplo por excelencia dentro de la crítica contemporánea, la negación de la novela
regional ante la imposición del modelo único dictado por la "nueva
novela" (43-46).

De otra parte, afirma Cornejo que otro recorte inflingido por la
crítica al corpus de nuestra literatura se debe, a "... la fijación de secuencias unilineales en el proceso de la literatura latinoamericana...", con lo que, de hecho, deja por fuera "... todos los desarrollos
que, por uno u otro motivo, no se integran en esa secuencia de realización sucesiva de modelos únicos". Este procedimiento estaría ilustrado dentro de la historiografía literaria latinoamericana por la lectura que del pre-modernismo, modernismo y pos-modernismo ella
realiza: la producción literaria "... que va hacia Darío, Darío mismo y
su escuela, y luego 'el abandono del modernismo' forman un proceso
que cubre un extenso período dentro del cual se desapercibe todo lo
que escapa a esa dinámica, o se le asigna carácter de excepción no
significativa" (45).

Refiriéndose a su propuesta de ampliación del corpus de la literatura peruana en particular, Cornejo plantea, a pesar de las dificulta-

---

[96] Ver también Cornejo Polar (1982, 43 & 120-21).

des resultantes del escaso conocimiento de las literaturas populares, la necesidad de estudiar las zonas de convergencia entre los distintos sistemas de la primera, para rastrear así los circuitos de comunicación que se puedan haber establecido entre ellos en determinados momentos, su carácter y su significación: esta comunicación, afirma el peruano, es por lo general "... inestable, ambigua y contradictoria, sin duda, pero suficientemente significativa" (1982, 25-26).[97] En su artículo "El problema nacional en la literatura peruana", Cornejo ofrece una exploración de dichos procesos comunicativos para el caso de las corrientes criollista e indigenista, mientras que en su trabajo "Literatura peruana: totalidad contradictoria", lo hará tanto en referencia a la literatura de la Conquista, como a los préstamos lingüísticos operados entre los sistemas literarios culto y popular (27-31).[98] En *Escribir en el aire* (1994b), hace un seguimiento de la entreverada historia de los encuentros y desencuentros de la oralidad y la escritura en las literaturas andinas (no ya sólo peruanas) que abarca del "grado cero" de tal proceso, en el "diálogo" entre Atahuallpa y Valverde en Cajamarca en 1532, a la literatura testimonial de la zona en los años 70. Ahora bien, este intento de hacer un seguimiento del flujo de información cultural y literaria entre los sistemas articulados ya al mundo indígena, ya al ámbito occidental de la sociedad peruana de hecho constituirá un eje, precisamente, de sus trabajos sobre las literaturas heterogéneas y especialmente sobre el indigenismo y funcionará como uno de sus criterios de valoración de las diferentes variantes de este último, como se verá más adelante.

La categoría de la heterogeneidad: un aporte al abordaje de la pluralidad cultural en América Latina

Hacia 1977 Cornejo inicia, a partir de las investigaciones que viniera realizando sobre la narrativa regional y el indigenismo en particular, una etapa de teorización sobre las Literaturas Heterogéneas, o "literaturas sujetas a un doble estatuto socio-cultural" (1978, 7), proyecto en clara deuda, nos dice, con los planteamientos que Mariátegui hiciera respecto de las literaturas producidas en sociedades fragmentadas como consecuencia de la acción de la conquista.[99] Tal teorización tiene como mira una relectura global del proceso literario peruano y por extensión, latinoamericano, ya que el concepto de literaturas heterogéneas hace referencia a todas aquellas "... literaturas situadas en el conflictivo cruce de dos sociedades y dos culturas"

---

[97] Ver también (46-47).

[98] Ver también (1983, 46-49).

[99] Para una evaluación de la categoría de la heterogeneidad, ver Schmidt (1994), Kaliman (1995, 1999) y Bueno (1996).

(8).[100] Dicho proyecto, además, enfrenta el reto que le propone el debate cultural contemporáneo, de buscar fórmulas que permitan a la crítica y a la historia literarias el dar cuenta del acontecer literario en su pluralidad superando los reduccionismos impuestos por el recurso tradicional de la disciplina a perspectivas unificadoras, muy posiblemente derivadas, éstas últimas, del modelo unitario que rigiera a las historias literarias europeas en que se inspiraran desde sus inicios las latinoamericanas (1982, 43).[101] En lo que toca a la naturaleza "plurinacional" de su literatura y de su país, enfatiza efectivamente Cornejo la necesidad de recuperar la riqueza implicada en tal diversidad, aún por sobre el fracaso histórico para el logro de un proyecto democrático de integración nacional del que ella pueda ser consecuencia, tarea que recoge, de hecho, el carácter político del quehacer crítico:

> ... la imagen desiderativa de la literatura peruana no tiene por qué seguir dependiendo de una idea de unidad abstracta, que en el fondo sería sólo la universalización del patrón dominante; al contrario, puede y debe postularse la preservación de su multiplicidad, siempre que pueda desligarse de su actual significado opresivo. Sólo desde esta perspectiva la pluralidad se convierte en plenitud. La realización de esta alternativa, que Arguedas expresó como la opción de "vivir feliz todas las patrias", no es ya tarea literaria: es obra política. (1982, 30-31)

Más aún, Cornejo considera esta búsqueda como el aporte de la crítica al proceso general de "liberación de nuestros pueblos" que vive el continente en la década del setenta, lo que en su opinión responde no sólo al componente ideológico de su proceder –la crítica tiene también una función de "esclarecimiento de la realidad"–, sino "... porque al proponerse un desarrollo en consulta con los requerimientos específicos de su objeto está cumpliendo, en el orden que le corresponde, una importante tarea de descolonización" (17).

Muy útil para la crítica latinoamericana resulta la noción que de la relación entre política y disciplina maneja Cornejo; no desconoce éste las articulaciones que se operan entre la instancia ideológica, la concepción política del crítico y su reflexión sobre la cultura, pero en lugar de someter la lógica de la última a la de las dos primeras, busca resolver su interacción a nivel de los procesos culturales mismos. Sin dejar de esclarecer las razones históricas que dan cuenta tanto de las condiciones de opresión y marginación social de que son escenario los países latinoamericanos, como de su pluralidad cultural y literaria, el discurso de Cornejo sitúa su función política a nivel del rescate de las literaturas heterogéneas y de su capacidad de generar formas e identidades con un potencial contrahegemónico.

---

[100] Ver también (42-43).
[101] Para un resumen de las diversas lecturas unitarias de la literatura peruana, y una ilustración de la inoperatividad dentro de su crítica, de la categoría de la unidad, ver también Cornejo Polar (1983, 38-42).

Este discurso de Cornejo sobre las literaturas heterogéneas está en la base de su más importante contribución al desarrollo de una crítica latinoamericana que rompiendo con el principio de universalidad dominante en la disciplina hasta entrados los años setenta, se empeñaría en la formulación de parámetros propios para el abordaje de su producción literaria.

La propuesta de Cornejo forma parte de una tendencia más general de la crítica, no necesariamente conectada con el pensamiento mariateguiano, que incluye además de los trabajos sobre la transculturación narrativa de Angel Rama (1976), a los de Noé Jitrik sobre Alejo Carpentier (1975) o Agustín Cueva sobre García Márquez (1974), trabajos con los que cuenta el peruano para la formalización de su planteamiento teórico (a partir de 1977). Dicha tendencia, que se extendiera en el continente durante el período, se comprometería, como nos recuerda Cornejo, con la exploración de "... la heterogeneidad socio-cultural de algunos sectores básicos de nuestra literatura ..." y con la superación de las versiones homogeneizantes y unificadoras de la misma que hegemonizaran la disciplina hasta entonces (1978, 8 & 12-13).

Este discurso de Cornejo cuestiona la legitimidad de la noción de "literatura nacional", prevalente dentro de la crítica y la historiografía latinoamericanas, cuyo campo y base teórica, así como sus periodizaciones busca reformular, restituyendo la densidad de los procesos socio-culturales involucrados en la producción de nuestra literatura (1983, 38). Por una parte, dice Cornejo, la categoría de lo nacional en literatura no sólo presenta dificultades para la delimitación entre "literatura culta" y "literatura popular" (1982, 10), sino que aparece como incapaz de aprehender las variantes intranacionales, escatimando la coexistencia de producciones articuladas a estratos diferentes, como ocurre con las literaturas de los países andinos, donde la noción de literatura nacional "... alude ... exclusivamente a la literatura culta en español que se escribe en [ellos] ...", desconociendo por completo las literaturas en lenguas nativas (1981b, 119). Por otra parte, con el recurso a dicha categoría se pierden de vista los movimientos que trascendiendo las fronteras nacionales encuentran sus correlatos en otras regiones del continente, al escapársele a la crítica las zonas de confluencia y los momentos de comunicación entre las producciones literarias de los diversos países y regiones del continente (1978, 10).

A este concepto de literatura nacional, particularmente problemático en el caso de nuestra literatura, Cornejo opone como sistema alternativo, el de la "literatura latinoamericana", para el peruano "... categoría idónea para la captación de las unidades menores" (10). Además, en concierto con una, como ya se ha visto en el capítulo sobre Angel Rama, generalizada visión dentro de la crítica de los años setenta, los sistemas menores y el sistema englobante no deberían constituir términos contradictorios, insistiendo en que la clave se encuentra en un abordaje dialéctico de los mismos:

> Las categorías puestas de manifiesto hasta aquí: el sistema nacional, su disolución en una estructura mayor y su fragmentación en sectores menos amplios no tienen por qué ser contradictorias. Un buen tratamiento dialéctico podría dar razón de la coherencia de su funcionamiento en el proceso real de nuestras literaturas. Es importante advertir que en todas ellas se busca un grado suficiente de homogeneidad, presuponiendo que ésta es la condición indispensable para la conformación de un objeto pasible de esclarecimiento crítico: de hecho, en efecto, hasta las literaturas provenientes de grupos sociales en pugna corresponden a una estructura social que no por estratificada deja de ser única y total. (10-11)

Ahora bien, el mismo Cornejo reconocería años más tarde (1981) que si a nivel teórico esta propuesta es perfectamente válida, "... ésto no implica ... que su realización sea sencilla". Efectivamente, Cornejo se refiere a los problemas que aún enfrenta la disciplina para su aplicación en los siguientes términos:

> No está definido ni remotamente el modo como puede investigarse sobre sistemas literarios profundamente divergentes, que incluyen desde la oposición escritura-oralidad hasta la realización de conceptos antagónicos acerca de lo que es o no es la producción literaria, pues la solución más expeditiva, consistente en el estudio por separado de cada sistema, no parece ser la más correcta. En efecto, ni las dificultades mencionadas, ni la realidad de la que emergen, borran el hecho de que todos estos sistemas participan de un proceso histórico común, incluso en los casos extremos en los que las bases sociales de cada uno de ellos corresponden a muy desiguales grados de desarrollo. De hecho, la convergencia en un sólo país de modos de producción capitalistas y no capitalistas ... determina profundas disparidades y marcados alejamientos, mas también, condicionan formas de articulación dependiente que ensamblan la totalidad social. (1981b, 120)

El proyecto de Cornejo erradica la idea de unidad y busca abordar la pluralidad, una pluralidad que inscribe dentro de una categoría mayor, que asume la conflictividad: la categoría de la totalidad contradictoria, entendida esta última como "globalización de todos los sistemas por acción de la historia que los preside" (120). En efecto, aclara Cornejo acertadamente, el reconocimiento empírico de la pluralidad de los sistemas literarios producidos en las sociedades latinoamericanas, a más de llamar la atención sobre la ilegitimidad de las lecturas homogeneizadoras de las mismas, es poco lo que resuelve a nivel teórico y metodológico para el abordaje concreto del conjunto de las literaturas del continente. El concepto de pluralidad, señala, incluso puede conducir al riesgo de una visión disgregadora absoluta, que puede hacer perder de vista tanto "las zonas de confluencia ... [como] los movimientos articulatorios que efectivamente se realizan en el curso de la historia". La respuesta la encuentra Cornejo en la aproximación histórica al fenómeno literario, la cual no sólo posibilita la comprensión de tal pluralidad en términos "... del desarrollo desigual de nuestras sociedades ...", sino que pone en evidencia "... un nivel integrador concreto: el que deriva de la inserción de todos los sistemas y subsistemas en un solo curso histórico global" (1982, 47-48).102

Considera Cornejo que así como a nivel social "... no parece haber mayores dudas acerca de que inclusive en los casos más agudos de disgregación, cuando un solo espacio es compartido por modos de producción pre-capitalistas y capitalistas, existe un grado variable pero efectivo de articulación que permite comprender la totalidad ...", es igualmente cierto que "... hasta los sistemas literarios más alejados entre sí tienen en común el estar situados dentro de un solo proceso histórico" (48). A este reto responden sus propios trabajos sobre el indigenismo y las literaturas heterogéneas.

No hay que pasar por alto el hecho de que la búsqueda de Cornejo constituye no sólo uno de los más convincentes aportes dentro de la crítica del período a la discusión sobre las dimensiones de unidad y diversidad del proceso literario continental, sino uno de los más ambiciosos intentos de la misma por escapar a la presión de visiones integradoras que no pueden más que conducir al cubrimiento de fisuras o al escamoteo de conflictos y contradicciones y finalmente a una simplificación del "espesor" —el término es de Cornejo— de los múltiples procesos de producción literaria de las sociedades latinoamericanas.

Por lo pronto, la propuesta inicial de Cornejo es la de acometer esta tarea a partir del estudio de las literaturas (ilustradas) que recogen en su proceso de producción el fenómeno de la heterogeneidad socio-cultural, tarea especialmente urgente en países desgarrados, donde los conflictos de clase se combinan con los étnicos:

> Una posibilidad de acercamiento a este nuevo espacio problemático ... consiste en trabajar sobre objetos literarios que en su propia constitución reflejan, de una parte, el carácter plural y heteróclito de la literatura latinoamericana, pero de otra dan razón de su totalidad conflictiva; esto es, aquéllos movimientos literarios que se instalan en el cruce de dos o más formaciones sociales y de dos o más sistemas de cultura. (121)

Cornejo distingue dos "sistemas de producción literaria" en los países latinoamericanos: uno que él denomina "homogéneo" y que define como la literatura de "... una sociedad que se habla a sí misma ...", ya que "... la movilización de todas las instancias del proceso literario [se produce] dentro de un mismo orden socio-cultural ...". Dentro de él incluye las literaturas urbanas que, escritas y leídas por la clase media del continente, elaboran su propia problemática. En

---

102 Sobre las categorías de la pluralidad y la totalidad contradictoria en el discurso de Cornejo, ver también (1983, 43-46, 47 & 49-50 y 1987, 127-29). Para un examen más detallado de estos conceptos, así como de la evolución de la noción de literatura nacional y su relación con las de literatura regional y continental en el discurso de Cornejo, ver D'Allemand (en prensa).

segundo lugar, están las literaturas "heterogéneas", categoría que, aunque surgida de su observación del indigenismo, abre la posibilidad de efectuar una relectura del proceso general de la literatura de la región a partir de la Conquista.[103] En su primera formulación Cornejo caracteriza las literaturas heterogéneas a partir de "... la duplicidad o pluralidad de los signos socio-culturales de su proceso productivo: se trata, en síntesis, de un proceso que tiene por lo menos un elemento [instancia de producción, referente o instancia de distribución y consumo] que no coincide con la filiación de los otros y crea, necesariamente una zona de ambigüedad y conflicto" (1978, 11-130).[104] En otras palabras, la inserción de dichas instancias en divergentes espacios socio-culturales produce la tensión y la ambigüedad formal que caracteriza al texto resultante.

Esta concepción de la heterogeneidad es, sin embargo, replanteada en términos mucho más radicales en sus últimos escritos: allí la heterogeneidad no sólo afecta la relación entre estas instancias, sino que además las penetra, "haciéndolas dispersas, quebradizas, inestables y heteróclitas dentro de sus propios límites"; con ello se busca realizar un examen más puntual no sólo de su configuración interna, sino de las transacciones que se operan en "los bordes de sistemas culturales disonantes [e incluso] incompatibles", en que funcionan las literaturas de los Andes (1994, 16-17). Igualmente, el objeto de investigación del último Cornejo resulta redefinido: la aplicación de la noción de heterogeneidad deja de restringirse al campo de las literaturas ilustradas, para extenderse al análisis de tradiciones "teatrales" andinas [las comillas son de Cornejo] (16-17).[105]

En Latinoamérica este sistema heterogéneo de producción de textos, aún vigente, se inaugura ya con las Crónicas de la Conquista, las cuales, de acuerdo a Cornejo, "... se limitan a reproducir, en los términos que específicamente les corresponden, un hecho histórico insoslayable: la conquista, y a marcar el inicio de lo que Mariátegui llamaba las literaturas no orgánicamente nacionales" (1978, 13-14).[106] Las crónicas constituyen a la vez, la manifestación extrema

---

[103] Para una discusión de las implicaciones de esta perspectiva binaria para el proyecto cornejiano de lectura de la pluralidad de prácticas que conforman el corpus de la literatura latinoamericana, ver D'Allemand (de próxima aparición)

[104] Para una detallada descripción de las varias instancias de producción respecto al referente sobre el que las literaturas heterogéneas versan, en particular la novela indigenista, ver Cornejo Polar (1980, 64-67).

[105] Ver especialmente su interpretación de las representaciones "teatrales" andinas del "diálogo" de Cajamarca (1994b, 50-89).

[106] Ver también (1989b, 79-80). Para una lectura radical de las crónicas que enfatice tanto la presencia de la voz autóctona como un recuento contrahegemónico de la experiencia histórica y cultural latinoamericana posterior a la conquista, ver Martín Lienhard (1991). Esta línea de investigación, que enfatiza el "diálogo intercultural" (su término) es extendida por Lienhard a una amplia gama de tex-

de la heterogeneidad literaria; en ellas, los elementos productivo y receptivo pertenecen a una realidad totalmente ajena al enigmático referente que ellas pretenden explicar. Este último es elaborado desde formas que pertenecen a tradiciones occidentales, de hecho provenientes de una sociedad que impone sus parámetros y su cultura sobre él y es dirigido a un público ignorante de ese referente e inmerso en otra realidad: "Todas las crónicas ... llevan implícito un sutil y complejo juego de distancias y aproximaciones: si por una parte producen una red comunicativa donde antes sólo había desconocimiento o ignorancia, por otra parte, pero al mismo tiempo, ponen de relieve los vacíos que separan y desarticulan la relación de las fuerzas que movilizan" (13).[107]

Pero no es que el referente acepte la imposición de formas ajenas pasivamente ni que ellas permanezcan inmodificadas en el proceso de elaboración del mismo. La significación de las transformaciones formales operadas en las literaturas heterogéneas dependen del grado de distancia entre referente y circuito de producción y consumo, así como de la correlación de fuerzas entre los mismos: o bien el proceso productivo puede ahogar totalmente al referente, en cuyo caso, la influencia de éste sobre las formas es mínima o incluso inexistente, como es el caso de la mayoría de las crónicas, o bien el referente logra imponerse sobre las formas, cambiándolas fundamentalmente, como ocurre en las crónicas heterodoxas, la de Guamán Poma de Ayala por ejemplo. La gama de modificaciones formales que tienen lugar entre estas dos alternativas extremas, ilustradas aquí por las crónicas, puede verificarse según Cornejo, en los distintos momentos del proceso literario latinoamericano, pasando por la literatura de la emancipación hasta llegar a su paradigma por excelencia, la narrativa indigenista (14-16).

Efectivamente, lejos de pensar la forma literaria como una categoría neutral, Cornejo la concibe, en cambio, como un "... factor directamente comprometido en el curso y significación de las literaturas heterogéneas" (15). Cornejo enfatiza la necesidad para la crítica de esclarecer las representaciones que de la pluralidad socio-cultural elaboran las literaturas latinoamericanas no sólo a partir de sus contenidos, sino más aún, de las formas que ellas producen. Refiriéndose al indigenismo afirma que tanta importancia como,

> ... lo que [éste] pueda *decir* acerca de la naturaleza heteróclita y problemática de los países andinos ... [tiene] esta viva formalización literaria del conflicto, esta ceñida reproducción, en términos estéticos, de la desgarradura interior que define a las sociedades multinacionales. (1989b, 80; en bastardilla en el original)

---

tos coloniales y decimonónicos en la antología que prologa y anota para la Biblioteca Ayacucho (1992).

[107] Ver, también, Cornejo (1980b, 33-36).

Y añade que es justamente esta dimensión de la narrativa indigenista la que garantiza su vigencia al continuar "... proponiendo al
lector contemporáneo un espacio de reflexión y polémica acerca de
aspectos básicos de la realidad americana y de otras extensas zonas
del mundo donde también se produjeron rupturas históricas como la
de la conquista y colonización de América" (80).

Ahora bien, esta visión del papel activo de las formas en los procesos culturales involucrados en la producción de tales textos no sólo
contribuye a una relectura del papel que en aquéllos juegan los sectores dominados, así como de su capacidad para articular respuestas
contrahegemónicas, modificar los elementos provenientes de la cultura dominante y aún de penetrarla con los suyos propios, sino que proporciona una alternativa al contenidismo reductor de dichos procesos
y de la naturaleza del hecho literario de que adolece tan frecuentemente la crítica sociológica.

La interpretación del indigenismo como una literatura heterogénea tiene el carácter de una reivindicación justamente de su condición y aún de su premisa de heterogeneidad, en contra de una crítica
que tradicionalmente la ha juzgado en función de su capacidad para
producir o no, una visión "desde adentro" del mundo indígena que intenta representar. Remitiéndose a Mariátegui de nuevo, para quien a
la literatura indigenista no podía exigírsele ser literatura indígena,
Cornejo enfatiza precisamente el hecho de que el indigenismo necesariamente se define por la exterioridad de todas las instancias de su
producción. El indigenismo es obra de una clase media que acomete
la tarea de representar desde pautas culturales occidentales, los conflictos de sectores insertos en otro referente socio-cultural: los enfrentamientos entre un campesinado en mayor o menor grado indígena y
el gamonalismo. "Este difícil diálogo intersocial e intercultural [nos
recuerda Cornejo] constituye el cimiento más profundo del indigenismo". Por eso reitera el hecho de que sin pretender "... una homogeneidad que le está vedada por definición, el indigenismo realiza una
pauta contraria, de heterogeneidad, y en ella encuentra sus mejores
posibilidades ideológicas y literarias ..." (1978, 16-20).[108] Y concluye
que,

> ... el indigenismo, el mejor indigenismo, no sólo asume los intereses del
> campesinado indígena; *asimila también, en grado diverso, tímida o audaz-*
> *mente, ciertas formas literarias que pertenecen orgánicamente al referente.*
> Se comprende que esta doble asimilación, de intereses sociales y de formas
> estéticas, constituye el correlato dialéctico de la imposición que sufre el
> universo indígena del sistema productor del indigenismo: es por así decirlo,
> su respuesta. (el énfasis es mío)

En efecto, para Cornejo el indigenismo no sólo reproduce la fractura de la sociedad y la cultura andinas, sino que recoge la capacidad

---

108 Ver, también, Cornejo (23-24).

de resistencia de las culturas sometidas, "... el vigor de los pueblos que la conquista no pudo liquidar" (21).[109] Este proceso de "impregnación" de un género de origen occidental como es la novela indigenista, por formas provenientes de la cultura indígena, tales como "... las formas míticas, épicas o del relato folklórico ...", enfatiza Cornejo en trabajo sobre la obra de Alegría publicado en 1978, trasciende la dimensión de lo "puramente formal" para ubicarse en un nivel de orden ideológico. Considera Cornejo que, efectivamente, "... el grado de permeabilidad de la estructura novelesca parece estar en relación directa con la adhesión del narrador a los valores e intereses del pueblo indio". Y encuentra una progresión a lo largo del desenvolvimiento histórico de la novela indigenista, correlato de "... la creciente integración de la zona andina en el sistema de la sociedad nacional ...", progresión que se expresa en términos de una mayor heterogeneidad en sus "primeras secuencias" respecto de las más recientes en donde tendría lugar "... una cada vez más audaz asimilación de formas generadas por el referente ...", como sería el caso de las novelas neoindigenistas, sin que ello llegue a implicar, de ninguna manera, "... la cancelación de la heterogeneidad de base" (1989b, 56-57).[110] Enfatiza en su trabajo "Sobre el 'neoindigenismo' y las novelas de Manuel Scorza" (1984), "... la disgregación sociocultural del mundo andino no ha desaparecido aunque ... se ha reformulado en los últimos decenios y ... por consiguiente, la literatura que trata de revelar ese carácter sigue conservando su razón de ser" (189b, 216). No está de más reiterar que para Cornejo la premisa misma de la existencia del indigenismo la constituye el hecho de que la instancia enunciativa se inscribe en un universo ajeno al del referente y de que precisamente dejaría de ser indigenismo "... si su producción no vinculara conflictivamente a ese mundo con el otro sistema socio-cultural que convive con él dentro de las fronteras del país" (1982, 90).

Esa heterogeneidad esencial está presente aún en el extremo más reciente del neoindigenismo: el ciclo novelístico de *La guerra silenciosa*, publicado por Manuel Scorza a lo largo de la década del setenta, es una obra motivada por los movimientos campesinos de los años cincuenta y sesenta, con la que el autor persigue una articulación de ciertas propuestas estéticas de la "nueva novela" ("realismo mágico", a través del cual apropia la racionalidad mítica del mundo quechua reelaborándola literariamente), con la tradición indigenista (novela social) y una inserción de ella en el espacio internacionalizado de la literatura. Así recoge Cornejo tanto el carácter heterogéneo de la narrativa de Scorza, como su significación dentro de la tradición indigenista:

---

[109] Ver también, Cornejo (1989b, 54-56).
[110] Ver, también, Cornejo (1980, 25-26).

... el ciclo de Scorza reproduce, dentro de una tradición que comienza con las viejas crónicas de América, la constitución actual de la heterogeneidad andina. En otras palabras: si se inserta en la modernidad más puntual y se refiere al arcaísmo de la sociedad indígena, es porque esa modernidad y ese arcaísmo siguen coexistiendo, contradictoriamente, dentro de un mismo espacio nacional. No es poco mérito de *La guerra silenciosa* haber puesto el problema sobre el eje de la contemporaneidad. (1989b, 21-16)

Por otra parte, si esta condición de exterioridad del escritor, de ajenidad respecto al referente objeto de su obra define la esencia del indigenismo, ello de ninguna manera sugiere, como quiere el hispanoamericanista italiano Roberto Paoli, la idea supuestamente implicada en la categoría de la heterogeneidad, de la imposibilidad de conocer el mundo indígena por parte del escritor indigenista (1980, 257-58). Para Cornejo el universo indígena es simplemente "otro", diferente al del escritor, sin que por ello quiera decir que sea ni "impenetrable" (el término es de Paoli), ni incognoscible. Lo que el crítico peruano persigue con su concepto de heterogeneidad es, por una parte, cuestionar y aun erradicar, la noción tradicionalmente usada por la crítica para evaluar el indigenismo, del mayor o menor grado de expresión "desde dentro" del mundo indígena; como se ha venido reiterando, esa visión es siempre exterior desde la perspectiva de Cornejo. Por otra, con el concepto de heterogeneidad, lo que Cornejo busca es justamente dar cuenta de una literatura producida en esas circunstancias de exterioridad: "... mediante ... [dicha noción] se trata de definir una producción literaria compleja cuyo carácter básico está dado por la convergencia, inclusive dentro de un solo espacio textual, de dos sistemas culturales diversos" (1980a, 88).

A modo de conclusión sobre la pertinencia que para abordar la narrativa indigenista encuentra Cornejo en la categoría de la heterogeneidad, vale la pena reproducir a continuación esta extensa cita, en la que el peruano sostiene que aquélla debe,

... comprenderse ... como un ejercicio cultural que se sitúa en la conflictiva intersección de dos sistemas socioculturales, intentando un diálogo que muchas veces es polémico, y expresando, en el nivel que le corresponde, uno de los problemas medulares de la nacionalidad: su desmembrada y conflictiva constitución. La novela indigenista no es sólo un testimonio literario más o menos certero, más o menos "interno", del mundo indígena; más que eso, aunque obviamente también siéndolo de algún modo, la novela indigenista no tanto enuncia su problemática cuanto –con mayor profundidad– la plasma en su forma, en su estructura general, en su significado. Es un caso excepcionalmente claro para comprender de qué manera la literatura no sólo explicita verbalmente los conflictos y tensiones de una sociedad, sino que los encarna y reproduce en su propia constitución. (1980b, 88-89)

Ahora bien, evidentemente, la propuesta de Cornejo no se agota en el tratamiento de las formas literarias en el contexto de conflictos de orden étnico; por el contrario, ella se proyecta sugestivamente también sobre las dinámicas intertextuales que se efectúan entre las culturas populares y las de las élites en otras sociedades latinoamericanas donde las fracturas no se han mantenido con la misma insistencia ni la misma profundidad que en las sociedades andinas, objeto inmediato de su reflexión. No puede desconocerse tampoco lo que los planteamientos del crítico peruano pueden aportar, trascendiendo el campo de lo literario y pasando a la esfera del debate general sobre la cultura latinoamericana, a los nuevos enfoques sobre los procesos de globalización, el funcionamiento de los medios de comunicación masiva y su interacción con las culturas populares, enfoques que comienzan a cobrar fuerza en el continente a partir de la década del ochenta.111

Esta misma posibilidad de extender la aplicabilidad de la categoría de heterogeneidad a otros fenómenos literarios y culturales aun fuera del espacio latinoamericano es, sin embargo, criticada por Roberto Paoli, quien restándole legitimidad epistemológica a tal noción, juzga que su versatilidad es indicio más bien, de su ineficacia operativa:

> La ajenidad, en rigor, es un riesgo y, al mismo tiempo, un límite cognoscitivo que afecta a demasiadas corrientes de la literatura y puede anidar hasta en las regiones más familiares de la experiencia. En otras palabras, se trata de un concepto cuya validez es tan susceptible de extensión que resulta operativamente ineficaz. (258)

Cornejo no reconoce como válida esta crítica de Paoli. Por el contrario, aunque está de acuerdo con el italiano respecto del valor "genérico" que éste adjudica a la noción de heterogeneidad, sin embargo, enfatiza con razón que dicha categoría tiene que ser aplicada en conjunción con una perspectiva histórica; Para Cornejo es esta dimensión, justamente, la que da cuenta de las diferentes clases de heterogeneidad y de los distintos planteamientos literarios resultantes, lo que en efecto constituye otra objeción de Paoli. Para este último, la heterogeneidad es una noción tan imprecisa, que "... no permite distinguir variantes al interior del indigenismo ...", por ejemplo (1980a, 87-88). En este sentido, aclara con toda legitimidad Cornejo que,

> [... la] heterogeneidad es un concepto teórico general que esclarece el carácter básico de un grupo más o menos extenso de literaturas, pero la gama concreta de sus manifestaciones, su tipología y proceso, sólo pueden ser reconocidos a través del conocimiento histórico. Después de todo, la diferencia entre la heterogeneidad de lo gauchesco y la heterogeneidad del indigenismo no es un problema teórico sino histórico. (89)

Y en efecto Cornejo dedica la mayor parte de su obra precisamente a una aproximación histórica del modo de producción heterogéneo de la narrativa indigenista y a develar a través de un examen de las formas resultantes concretas, las variantes al interior del movimiento. De hecho, su propuesta ofrece al menos dos pautas a partir de las

---

111 Para una aproximación al debate latinoamericano actual sobre comunicación y cultura ver Jesús Martín Barbero (1987 & s.f.) y García Canclini (1990).

cuales llevar a cabo este objetivo que consisten en determinar, de un
lado, "... el grado de asimilación de los intereses sociales auténticos
del pueblo indígena ...", o por el contrario, la incapacidad del indigenismo para apropiarlos o aun el grado en que ellos sean "... tergi-
versados o negados ...". De otro, como ya se había sugerido al reconstruir su lectura de las crónicas, "... la eficiencia con que se asumen
ciertas estructuras temático-formales indígenas y se las inscribe
productivamente en el discurso literario indigenista ...", o en su lugar, "... la manera como este discurso repele tales estructuras y se
encierra dentro de la normatividad occidental" (89).

Pero la categoría de la heterogeneidad en Cornejo no sólo se ofrece como herramienta interpretativa de la narrativa indigenista, del
discurso cronístico colonial o de prácticas teatrales autóctonas, sino
que además se propone como núcleo de un abordaje desmitificador de
los discursos homogeneizadores de la experiencia socio-cultural
latinoamericana, por medio del cual se busca exponer la configuración plural y disgregada de sociedades corroídas por la desigualdad y
la injusticia (1994b, 22-23).

La "nueva narrativa hispanoamericana" en el discurso crítico de Cornejo Polar

Ahora bien, aunque, como queda dicho, el aporte fundamental de
Cornejo a la crítica latinoamericana autónoma provenga de sus investigaciones sobre el indigenismo y de su teorización y propuesta
metodológica para el abordaje de las literaturas (en su sentido más
amplio) heterogéneas, una evaluación global de su obra exige una
consideración de sus escritos sobre la "nueva narrativa hispanoamericana", temática que no constituye un vacío dentro de su discurso.
En efecto, Cornejo dedica algunos estudios parciales a los principales
representantes de esta novelística, no sólo en el Perú, pero sí fundamentalmente, artículos cuyas publicaciones alternarán con aquéllas
dedicadas a su problemática central y a partir de los cuales el peruano lanza algunas hipótesis generales sobre la problematicidad de la
"nueva novela" y su dimensión internacional.[112] Si bien no se puede
comparar la densidad de estos trabajos con aquéllos que conforman el
núcleo de su discurso, completar el cuadro que de las literaturas del
Perú y América Latina ofrece Cornejo, demanda al menos una breve
reconstrucción de su visión de ese otro sistema de producción literario que en alguna ocasión él designara como "homogéneo", y que se
hallara circunscrito primordialmente al ámbito de las clases medias
urbanas y articulado en su mayoría, especialmente a partir de la década de los sesenta, al circuito internacionalizado de la cultura.

---

112 Ver Cornejo Polar (1975 & 1982, 213-56).

Si efectivamente dichos estudios no constituyen el interés central de este trabajo, por cuanto no encontramos en los mismos la más importante contribución de Cornejo a la búsqueda de independencia de nuestra crítica en su tarea de elucidación de la especificidad de nuestro proceso literario y cultural, ni ellos tampoco resuelven fundamentalmente las dificultades encontradas por la mayor parte de los proyectos de crítica nacionalista de izquierda latinoamericana de las últimas décadas para dar cuenta de las literaturas articuladas a la cultura internacional, de todos modos es importante determinar en qué medida la "nueva novela" es opuesta o no, como proyecto literario, a aquél del indigenismo en la obra del crítico peruano, qué significación le confiere éste dentro de las letras peruanas, en fin, cómo la evalúa.

En los escritos de Cornejo Polar el indigenismo es opuesto como sistema literario, como manifestación cultural y como expresión de un proyecto social, a la versión peruana de la "nueva narrativa hispanoamericana", en su más prestigioso representante y, de hecho, impulsor, Mario Vargas Llosa, si bien Cornejo no deja de señalar la "particularidad" de su obra. Mientras la corriente indigenista "... se vincula a los procesos de reestructuración social ..." causados por el fenómeno modernizador, la "nueva novela", en cambio, se articularía justamente a este fenómeno, el cual constituye la otra cara de la circunstancia social del indigenismo. Para Cornejo, Vargas Llosa lleva a cabo la tarea modernizadora que de la narrativa peruana se propusiera, sin llegar a alcanzar, la generación "del '50" y lo haría merced a su inserción dentro del circuito editorial internacional. La modernización literaria del Perú sería el correlato de la modernización económica de su sociedad (1989b, 269-70).

A Cornejo le preocupan tanto el tratamiento de la historia por parte de algunos de los sectores más importantes de la "nueva narrativa hispanoamericana", como su apuesta por el virtuosismo y la autonomía de la técnica y la forma y el borramiento de su propio proceso de producción, así como de su entorno inmediato, cerrando todo espacio de relación crítica entre el lector y la obra; esto se desprende de sus artículos sobre Vargas Llosa principalmente. El chileno José Donoso juega un papel paradigmático dentro de dicha narrativa, en cuanto revelador de algunos de los problemas que Cornejo considera fundamentales en ella, como puede ser su destrucción de la historia y del principio de identidad (1975, 215-16).

Para Cornejo, la obra de Vargas Llosa desemboca, específicamente y por excelencia, en *La guerra del fin del mundo* –si bien a ello llegaría a lo largo de un proceso iniciado en sus primeras obras– (1989b, 271) en una desintegración del sentido de la historia y en un intento de máxima autonomización de la obra que a través de la perfección de su construcción busca "... la trasmutación del caos (referencial, significativo) en orden (formal) y [entregarse] al lector como objeto plenamente hecho y acabado, perfecto, borrando así las quiebras y conflictos de los que surge" (1981b, 241-42). Con ello, dice Cornejo, Vargas Llosa se aleja de una tradición moderna que instaura un "... diálogo ... desmitificador con el lector ...", como es el caso, por ejemplo, de *El zorro de arriba y el zorro de abajo*, o *Yo el supremo*, y se articula a un "... sistema literario que tiene como regla la presentación del texto como realidad precisa e inmodificable, hecha de una vez y para siempre, que pueda admitir ciertos niveles de diálogo y cuestionamiento salvo en lo que toca a su propia existencia" (242). Esta opción de Vargas Llosa y otros narradores hispanoamericanos se explica según Cornejo, a partir de la modernización e internacionalización de la industria editorial, que ejercería presión sobre los escritores para convertir la obra en "... objeto de comercio ... que reproduzca, como tal, los caracteres generales de la mercancía, comenzando por la ruptura del vínculo entre ese objeto, que tiene que ser perfecto en su apariencia, y su siempre conflictivo proceso de producción, lo que es visible, hasta en exceso en algunos casos, en un vasto sector de la nueva narrativa hispanoamericana" (242).

Cornejo lee la trayectoria de la obra de Donoso como una continua búsqueda de quiebra y de reformulación estética respecto a la narrativa tradicional, que se acentúa en *El Lugar sin límites* y culmina con su novela *El obsceno pájaro de la noche*. Esta última realiza a cabalidad elementos ya presentes desde su primera novela, entre ellos primordialmente el tema de la destrucción, eje de la narración en dicha novela, y clave de su composición y su forma, que Cornejo describe como "... una obra apocalíptica ..." (216-20): en sus palabras, "... el lenguaje de *El obsceno pájaro de la noche* es un cruel simulacro que parece crear cuando en realidad destruye" (224). Otra manifestación de la ruptura señalada por el peruano, la constituye la universalización del sentido de la novela a partir de *El lugar sin límites*, pues en las anteriores, éste hacía referencia a un contexto socio-histórico en mayor o menor medida específico (220). En *El obsceno pájaro de la noche*, este contexto es borrado y el destino de deterioro y desintegración del grupo a partir del cual el relato es creado, adquiere un alcance universal, en lo que de hecho, para Cornejo constituye un gesto a-historizante: "La destrucción de una clase y del orden social que la explica se transforma en la destrucción de todo orden posible y del universo en su conjunto ...", y ello se explica en términos de un desplazamiento de perspectivas: "El hablante básico de la novela aparece visceralmente integrado en el orden destruido y es incapaz de reconocer otras posibilidades de existencia. Si *su* mundo desaparece quiere decir que *el* mundo está aniquilado" (224-25; énfasis en el original). Este ocultamiento de la filiación social del sentido de la novela, sería en opinión del crítico peruano, "... resultado de un proceso ideológico" (225).

Tal proceso sería común a un sector significativo de la "nueva narrativa hispanoamericana", la que con su pérdida de la dimensión histórica, habría perdido también su alcance crítico respecto de las sociedades en que se produce y más aún, de su capacidad para prefigurar alternativas a las mismas:

> El proceso de la narrativa de José Donoso deviene representativo de un amplio sector de la nueva narrativa hispanoamericana. En ella es frecuente observar desarrollos ideológicos similares, vale decir, la extensión a términos universales, con intención ontológica, de determinadas formas de conciencia social que ciertamente no tiene esa amplitud y profundidad. En algunos de estos casos el sentido proveniente del texto implica una saludable remoción de hábitos y valores sociales, un cuestionamiento profundo del orden establecido, cuya liquidación se anuncia, pero sólo excepcionalmente se descubre la visión dialéctica que permite descubrir en la destrucción de un sistema la construcción de otro distinto y mejor. Es claro que la nueva narrativa hispanoamericana no accederá a esta visión dinámica de nuestra realidad mientras no recupere para sí el sentido y la experiencia de la historia. (225)

Para Cornejo, la recuperación de la historia por parte de dicha narrativa constituye su tarea más apremiante.

De la sucinta reflexión de Cornejo sobre el proceso de modernización e internacionalización de la literatura hispanoamericana, resulta evidente que su rechazo a ciertas propuestas de ésta tienen que ver más que todo con su postura ante el fenómeno literario, ya recogida en este trabajo: el hecho de que para él, en América Latina, la literatura adquiere un compromiso ineludible con su realidad social y que la evasión o el escamoteo de la perspectiva histórica por parte de ésta actúan en detrimento de su función social; en otras palabras, su labor de develación de su referente y de forja de proyectos alternativos para las sociedades continentales. Por otra parte, esta opción de Cornejo, por una literatura de abierto compromiso político y de carácter testimonial, excluyente de otras concepciones de lo literario, no es una toma de partido aislada dentro de la disciplina; como se ha visto en los capítulos referentes a Rama y Losada, ella constituye una postura generalizada dentro de la crítica latinoamericana de izquierda del período, postura que si bien fuera rearticulada por el discurso cultural de la Revolución Cubana, en realidad entroncaría con tendencias de vieja data dentro del proceso cultural y literario de América Latina. El debate que dicha noción de la función de la literatura suscita, está lejos de ser clausurado. En este sentido habría que recalcar la ya señalada importancia de las contribuciones tanto de Mariátegui, como de Beatriz Sarlo a la crítica, tanto respecto al manejo de relaciones y mediaciones entre las esferas de la literatura, la política y la ideología, como respecto a las vías de abordaje de la pluralidad literaria.

Finalmente, asume Cornejo una actitud crítica, aunque por cierto insuficientemente clara, frente a las vías por las que transita la modernización literaria y en particular por los efectos de la articulación obligada de ésta, en sociedades económicamente dependientes como las latinoamericanas, a los circuitos editoriales internacionales. Esta es una perspectiva de análisis que no rebasa en Cornejo el nivel de acotación y que, en efecto permanece también abierta a la discusión para la crítica.

CAPITULO 5

BEATRIZ SARLO:
POR UNA LECTURA DE LA PLURALIDAD

En esta sección final del trabajo se ofrece una lectura selectiva que de ninguna manera aspira a hacer justicia a la riquísima obra de Beatriz Sarlo. En efecto, más que de una reconstrucción exhaustiva de sus escritos críticos, el propósito de este capítulo es el de explorar las propuestas de Sarlo que permiten repensar los problemáticos paradigmas que hemos venido señalando dentro de los proyectos de crítica autonomista latinoamericana; entre ellos se ha destacado la reducción ideológica de la ciudad y de su producción cultural; ésta es una postura ampliamente compartida por la crítica de izquierda de los años setenta en América Latina y como se ha indicado, está presente, en distinta medida, en el discurso de Angel Rama, Alejandro Losada y Antonio Cornejo Polar. Habría que ver hasta qué punto se puede encontrar una alternativa en los trabajos de Beatriz Sarlo aquí examinados, cuyo objetivo de alguna manera está sintetizado en este apunte suyo en Campinas (1983), sobre la necesidad para la crítica latinoamericana de dar razón de la densidad de los procesos de entrecruzamiento de proyectos en sus literaturas:

> ... ¿cómo podemos hacer para llegar al sistema literario complejo? En una sociedad están funcionando al mismo tiempo elementos que son pertenecientes al sistema popular, al sistema culto, elementos que vienen de sistemas anteriores, elementos que anuncian los posteriores, elementos residuales. Además yo creo que están en comunicación. Por ejemplo yo me planteo el problema de la inflexión criollista que tiene la vanguardia argentina, inflexión que es contemporánea al criollismo urbano que plantea el tango. Yo diría que hay ideologemas de la poesía de Borges en la década del veinte y hasta el treinta y cinco que son ideologemas correspondientes a los del tango. Es un sistema que habla de la circulación social de los discursos ... aunque la musicalizada no entre en el proyecto; lo que a mí me preocupa es cómo pueden quedar representados de algún modo, cómo el espesor del funcionamiento de la literatura en una sociedad puede quedar representado. (Pizarro 1985, 19-20)

Esta propuesta crítica de Sarlo cuenta, hay que subrayar, con la perspectiva que le proporcionan los cambios operados en el campo intelectual latinoamericano a lo largo de los años ochenta. El proyecto de crítica latinoamericana que despegara en la década precedente, en cambio, tiene como contexto la polarización política vivida por las sociedades latinoamericanas a partir de los años sesenta, las dictaduras militares del Cono Sur, el recrudecimiento de la intervención norteamericana, así como la revitalización de la tradición nacionalista de los intelectuales de izquierda y la radicalización de su compromiso con las luchas anti-imperialistas y revolucionarias. A este panorama hay que añadir la ya anotada hegemonía de la Teoría de la Dependencia dentro de las ciencias sociales y su acrítica transposición a la esfera de la reflexión cultural, con su legado de problemas teórico-metodológicos para la disciplina; entre estos últimos se cuentan sus dificultades para abordar los procesos de producción cultural en su especificidad, así como para superar esquemas maniqueos para la lectura de la historia de las letras y la cultura continentales.

Los trabajos que Beatriz Sarlo publica sobre todo durante los años ochenta, exploran esta problemática dentro de la crítica argentina y ofrecen un punto de referencia obligado para la crítica latinoamericana. En este sentido, especialmente útil resulta el detenernos en algunos de los presupuestos teóricos e ideológicos y en algunos de los ejes temáticos que sustentan este proyecto crítico de Sarlo, así como en la coyuntura dentro de la cual ellos se formulan. En efecto, este discurso de Sarlo debe ser leído en el ámbito más amplio de su contribución a ese esfuerzo de "autobiografía colectiva" (como a él se refiere en repetidas ocasiones) que la izquierda del campo intelectual argentino emprendiera en la pasada década y con el que acomete la revisión de su papel y de su parte en la responsabilidad por la derrota en 1976 y se empeña en una búsqueda de alternativas.[113]

Aunque este proceso haya tenido lugar dentro del campo intelectual argentino, tiene proyecciones que lo trascienden pues, como ya había señalado, buena parte de los problemas que Sarlo abordara para la Argentina, tienen sus correlatos y momentos de coincidencia en otras áreas del campo intelectual y político latinoamericano, a pesar de la diferencia de tradiciones y circunstancias. Entre otros, me refiero especialmente a su crítica a la elisión de los límites entre discurso intelectual y discurso político, así como al nacionalismo populista y a la Teoría de la Dependencia que funcionaran como perspectivas hegemónicas en la formulación de discursos sobre la cultura en la Argentina de los sesenta y setenta.[114] *Una modernidad periférica*

---

113 Para un seguimiento de Sarlo en su cuestionamiento del papel del intelectual de izquierda y de sus responsabilidades en dicho contexto, ver sus artículos publicados en *Punto de Vista* entre 1983 y 1986, especialmente (1983b, 1984c, 1985, 1985b & 1986).
114 Algunos de estos temas son revisitados por Sarlo en *La máquina cultural:*

(1988) puede leerse en gran medida como propuesta que nace del intento de encontrar salidas a los problemas que los legados ideológicos de dichas décadas creaban al trabajo del intelectual en general y del crítico en particular.

Sarlo parte de la problematización del lugar, la identidad y la función del intelectual de izquierda en relación al campo político y cultural tal y como éstos habían sido establecidos a lo largo de aquellas décadas en la Argentina. En estos años el discurso del intelectual habría sido subordinado, "canibalizado" –dirá Sarlo– por el de la política; habría tenido lugar un proceso de borramiento de las tensiones entre estas esferas y ello habría llevado a una pérdida de la dimensión crítica:

> El discurso de los intelectuales pasó de ser diferente al de la política, aunque se emitiera en función política o para intervenir en su debate, a ser la duplicación, muchas veces degradada (porque violaba sus propias leyes) del discurso y la práctica política. De la etapa crítica ... habíamos pasado al período del servilismo, sea cual fuere el amo (partido, líder carismático, representación de lo popular o de lo obrero) que nos convertía en siervos. De la etapa crítica pasamos a la etapa racionalizadora. (1985a, 2)

Las fronteras entre ambas esferas deben reconocerse y encararse si se pretende restituir al intelectual su identidad y su función crítica. Sarlo reivindica la diferencia entre estas instancias, en contra de una perspectiva totalizante que pretende homogeneizar lo heterogéneo y borrar las fisuras y los conflictos. Propone así,

> ... repensar las relaciones entre cultura, ideología y política, como relaciones gobernadas por una tensión inelimitable que es la clave de la dinámica cultural, en la medida en que cultura y política son instancias disimétricas y, por regla general, no homológicas. Se trataría, entonces, de pensar al intelectual como sujeto atravesado por esta tensión y no como subordinado a las legalidades de una u otra instancia, listo para sacrificar en una de ellas lo que defendería en la otra. (6)

Lo que a Sarlo le interesa no es una marginación de la política respecto del trabajo del intelectual, sino una redefinición de sus relaciones, del concepto mismo de política y del lugar de su discurso en la esfera pública. Lo que le interesa es la búsqueda de un nuevo espacio para el discurso del intelectual, y en particular para su discurso crí-

---

maestras, traductores y vanguardias (1998). Buena parte de la producción de Sarlo en los años noventa se deplaza de la discusión que aquí nos ocupa, sin embargo, al examen de las transformaciones que el proceso de expansión de la industria "massmediática" acarrean en las esfera política y cultural de la Argentina de fin de siglo. Su reflexión pretende allí, por un lado, impugnar la celebración populista del efecto supuestamente democratizador y emancipador que el dominio de los "massmedia" tendrían sobre la cultura; y por otro, destacar el creciente proceso de marginación a que dicho proceso relega al intelectual "clásico" y a su rol crítico dentro de la sociedad de fin de siglo. Ver, especialmente, Sarlo (1990, 1991, 1992, 1993a, 1994a, 1994b & 1995).

tico, donde no reniega de su responsabilidad política, pero tampoco delega su identidad específica como intelectual.[115]

La raigambre y persistencia de perspectivas nacionalistas en la crítica argentina es para Sarlo ejemplo por excelencia de la disolución de los límites entre ideología política y discurso sobre la cultura, y responsable de numerosas versiones reduccionistas de los procesos literarios en particular. Más aún, lo más importante de la producción crítica de Sarlo del período en consideración aquí, examina las relaciones entre nacionalismo y cultura en el campo intelectual argentino a partir de la Generación del Centenario. Su trabajo se desarrolla sobre el presupuesto de que este eje nacionalista acompaña el proceso de formación cultural de Argentina. Sin pretender dar respuesta definitiva al por qué de esta particularidad de la historia cultural argentina, Sarlo se propone desplegar los diferentes proyectos de cultura nacional formulados por su literatura y explicarlos bien en términos de su carácter hegemónico dentro del campo intelectual, o bien en términos de su coexistencia conflictiva y de sus esfuerzos algunas veces contrahegemónicos, y otras simplemente de ganar un espacio dentro del campo cultural (Sarlo & Altamirano 1980, Sarlo 1980 & 1988). Entre los aportes más interesantes de Sarlo habrá que tener en cuenta su lúcida distancia crítica respecto de las diferentes formulaciones nacionalistas objeto de su discurso, distancia que le permitirá realizar un muy aprovechable y necesario desmonte del contenido mítico de categorías y paradigmas centrales a estos discursos nacionalistas, a partir de los cuales se han diseñado lecturas extremadamente reductoras de los procesos literarios. Más aún, lo que Sarlo hace es cuestionar incluso la legitimidad de estas categorías y paradigmas para funcionar como tales. Nos referimos a dudosas nociones tales como "literatura cosmopolita" o "no nacional" y aún "anti-nacional", que suelen enfrentarse a "literatura nacional" no sólo dentro de la crítica argentina, sino dentro de la latinoamericana en general, al igual que otra similarmente dudosa idea de que sólo las culturas populares rurales pueden ser portadoras de lo nacional, mientras que las urbanas habrían sido "desnacionalizadas" por el cosmopolitismo de su ámbito (1984c, 24-25). En efecto Sarlo proporciona una alternativa de lectura respecto de estas estrategias de construcción (mítica) de linajes y tradiciones, como se verá al discutir *Una modernidad periférica*; este libro, ofrece una más fértil perspectiva sobre la dinámica de los procesos culturales, que aquélla sustentada en una concepción bi-polar de la historia de la cultura latinoamericana.

Esta tenaz presencia de discursos nacionalistas no es peculiar exclusivamente a la Argentina. Es rasgo constante dentro del pensamiento latinoamericano también desde el inicio de la formación de

---

[115] Para una exposición de su concepción sobre la postura política del artista y del crítico, ver Sarlo (1985b). Sobre la problematicidad de la relación entre vanguardia política y vanguardia intelectual, ver también Sarlo (1998, 195-269).

las repúblicas independientes en el siglo XIX. Y como se ha venido reiterando, funciona como eje de los discursos críticos contemporáneos más importantes de la América Latina. A diferencia de Sarlo, Rama, Losada o Cornejo, no están solamente preocupados por entender la perseverancia de los enfrentamientos entre los diversos proyectos nacionalistas en la producción literaria y cultural. Su discurso, de hecho, se articula a estos debates, como proyectos nacionalistas que ellos mismos son. La crítica de Sarlo al nacionalismo populista de la izquierda argentina de las dos décadas anteriores proporciona nuevos elementos desde los cuales examinar la dimensión nacionalista presente en el proyecto de crítica autónoma latinoamericana. Aunque centraremos nuestra reflexión alrededor del nacionalismo de Rama, aspiramos a que ella arrojará luz también sobre dicho componente en los escritos de Cornejo y Losada.

Ahora bien, no está demás resaltar que de ninguna manera pretendemos asimilar a Rama a la historia cultural argentina y que, menos aún, pasamos por alto la coyuntura desde la cual Sarlo formula este discurso: inicios de los años ochenta, desde la izquierda de un campo intelectual que emprende la revisión de su participación en la experiencia revolucionaria de la década anterior y su trágica derrota. Su postura frente a la relación entre nacionalismo y cultura no es independiente de su cuestionamiento del nacionalismo populista de la izquierda argentina. En él se apoya su distancia. Es necesario señalar también que Sarlo jamás proyecta su crítica al campo intelectual latinoamericano. Sin embargo, resulta difícil ignorar la relevancia que ella pueda tener para la lectura de los proyectos de crítica latinoamericana autónoma de los años setenta y para la búsqueda de salidas a algunos de sus problemas teóricos y metodológicos.

Muy diferentes a las de Sarlo son las circunstancias en que se produce el discurso de Rama. Sus trabajos sobre la transculturación en América Latina se escriben en la segunda mitad de la década del setenta, en un ámbito que no ha experimentado la brutalidad de la derrota argentina y careciendo aún de la perspectiva que da el tiempo y con la que cuenta Sarlo; para no mencionar la experiencia de una izquierda que hace su autocrítica, como es el caso argentino. Ya habíamos mencionado que el discurso de Rama y su nacionalismo tienen sus articulaciones con las dimensiones anti-imperialista, tercermundista y latinoamericanista del discurso de la revolución cubana. Habría que esclarecer, tal vez también hasta qué punto el peronismo de izquierda pueda ser elemento pertinente para comprender la historia intelectual de Rama. Leer el nacionalismo de Rama en el contexto de la articulación cubana, sin embargo, no nos impide encontrar proyecciones del discurso de Sarlo en relación a ella. Más aún, la crítica latinoamericana podría encontrar en la propuesta alternativa de ésta, salidas a sus áreas problemáticas, que tanto tienen

que ver con el carácter mistificador de categorías heredadas de esta
perspectiva nacionalista.

Sarlo cuestiona la legitimidad de una identidad nacional definida
por un argumento que opone a Buenos Aires como "... sede de intelectuales más sensibles a las novedades europeas que a la cultura del
pueblo, [como] Babilonia que, en el goce de una cultura sofisticada y
cosmopolita pierde de vista los valores de las culturas regionales y
populares". Para ésta, un proyecto crítico construido sobre la base de
un discurso nacional-populista, niega la posibilidad de dar razón de
la densidad objetiva de la trama cultural de la sociedad argentina:

> Me resisto a pensar la cultura argentina como una empresa de homogenei-
> zación realizada en nombre de la identidad nacional, de la clase obrera o
> del pueblo (según sean las perspectivas políticas que la izquierda adopte
> sobre el asunto). Tampoco me parece fiel a los hechos pensar la historia de
> esta cultura como una batalla interminable en la que se enfrentan contin-
> gentes nacionales y antinacionales, como fue inexacto pensar este proceso
> en tanto contraposición simple de una línea "progresiva" y otra reacciona-
> ria. Finalmente, la tentación que acecha a la izquierda es también la de un
> paternalismo misional, que la impulsa a salvar a los sectores populares, de
> los peligros de la cultura "alta" y cosmopolita y, en nombre del respeto de-
> bido a las culturas regionales, campesinas a celebrar panglosianamente lo
> que pueda haber sido resultado de la desigualdad, la injusticia y la priva-
> ción. (25)

Algunos elementos de esta crítica, son pertinentes para la interpretación del discurso de la identidad nacional que mina por momentos el proyecto del Rama de la transculturación; especialmente aquéllos que se refieren a la condena ideológica de la producción intelectual urbana por su cosmopolitismo y la oposición maniquea de la misma a las culturas regionales, así como el proyecto de unificación de la
cultura latinoamericana a partir de una definición de lo nacional que,
de hecho, escatima la pluralidad de proyectos que la conforman. Sin
embargo, la relación del crítico uruguayo con las culturas regionales
latinoamericanas obedece a un contexto diferente del argentino. No
puede subvalorarse el hecho de que en su trabajo sobre la transculturación narrativa en América Latina, tiene como objeto de observación
sociedades donde la modernización ha penetrado más lenta y des-
igualmente que en los países del Cono Sur, y donde, consecuentemente, sobreviven enormes contingentes campesinos —en el caso del
Perú, indígenas— y sus ámbitos tradicionales en relación de coexistencia conflictiva con modernos centros urbanos en expansión. Por
otra parte, su rescate de estas tradiciones no persigue cortarlas de la
dinámica cultural de la sociedad en general, ni mucho menos de la
cultura ilustrada, sino por el contrario, esclarecer sus puentes con la
modernidad y con las tradiciones occidentales y más aún, sacar a luz
sus contra-propuestas. Nuestra intención al cuestionar los aspectos
problemáticos de su visión nacionalista no es, en ningún modo, la de
invalidar su crucial aporte a la crítica cultural latinoamericana.

En *Una modernidad periférica*, Sarlo explora los movimientos de reestructuración del campo cultural argentino, en su relación con los procesos de transformación social que tienen lugar en las décadas del 20 y 30. La modernización de Argentina y en particular de Buenos Aires, funcionan como presupuesto de su lectura. La modernización funciona como eje que articula las heterogéneas respuestas culturales y estéticas al cambio que Sarlo se propone desplegar. Le interesa mostrar las especificidades de la modernidad argentina de los años veinte y treinta, pero cuidándose de recurrir a los paradigmas reduccionistas utilizados por los modelos críticos nacionalistas. En efecto, su propuesta constituye un intento de proporcionar una lectura alternativa, pero que sin embargo dé cuenta de los rasgos específicos de la cultura argentina. Para ello la define a partir de una hipótesis básica de trabajo, por la que la caracteriza como una cultura de mezcla. La mezcla de ideologías, discursos y prácticas culturales es la forma de operar, por excelencia, de la cultura argentina, fórmula que Sarlo extiende a Latinoamérica:

> En efecto, una hipótesis que intentará demostrar se refiere a la cultura argentina como una cultura de mezcla, donde coexisten elementos defensivos y residuales junto a los programas renovadores; rasgos culturales de la formulación criolla al mismo tiempo que un proceso descomunal de importación de bienes, discursos y prácticas simbólicas.... La mezcla es uno de los rasgos menos transitorios de la cultura argentina: su forma ya "clásica" de respuesta y reacondicionamientos .... (1988, 28)

Para Sarlo lo específico latinoamericano y en particular argentino, no está en la supuesta preservación de tradiciones intocadas por lo foráneo y por ello portadoras de "lo nacional". Por el contrario, Sarlo parte de la premisa que el campo intelectual argentino moderno (todo él y no sólo una "élite extranjerizante") está de hecho articulado al campo internacional y que ello implica su necesario contacto con prácticas y discursos importados. Lo que le interesa a Sarlo es explorar las distintas maneras en que éstos son apropiados y reformulados para adecuarse a las necesidades del campo cultural argentino; y en ello justamente encuentra la especificidad de su producción. Las transformaciones sociales operadas en Argentina ya desde fines del siglo XIX, pero intensificadas a comienzos de los años veinte, ocurren con rapidez vertiginosa, no comparable a la mucho más gradual de las metrópolis. Esto implica la articulación, más que la simple coexistencia de un espacio moderno –que importa discursos y proyectos estéticos de la modernidad metropolitana– con uno tradicional, o al menos con un espacio en el que sobreviven elementos tradicionales. Es a la luz de estos cruces, las condiciones que ellos crean y las presiones particulares que ellos ejercen sobre los productores de cultura, donde debe buscarse la especificidad de la cultura latinoamericana.

En realidad éste es uno de los aportes más útiles para la crítica latinoamericana. Sarlo rompe aquí con una interpretación que en-

tiende la producción literaria de la región como meros actos miméti-
cos. Su interés más bien está en mostrar cómo los escritores del período experimentan el proceso de urbanización de Buenos Aires desde
un espacio cultural heterogéneo, que mezcla tradición y modernidad
y desde luego, cómo producen proyectos estéticos diferenciados de los
metropolitanos. Esta perspectiva conlleva una noción mucho más dinámica e histórica sobre los procesos culturales, pues desecha la idea
de imitación que implica en todo caso, una actitud de recepción pasiva y de reproducción mecánica donde no hay lugar para la creatividad; otra ventaja del abordaje de Sarlo está en la productividad que
ella deriva de lo que una lectura basada en la idea de mímesis perci-
biría simplemente como "distorsiones" o pobreza en la "calidad" de la
copia. Es en esos aparentes "desvíos" donde ella busca entender los
procesos de refuncionalización del "modelo" que se están llevando a
cabo. De paso, la noción de modelo como "original" frente a "reproducción", resulta también debidamente erradicada de su propuesta crítica. No se trata de ignorar la condición periférica de los países latinoamericanos, ni mucho menos de pasar por alto el hecho de que esta
condición determina, entre otras cosas, una relación de intertextualidad con los campos intelectuales metropolitanos siempre asimétrica
(el término es suyo).116 Se trata de reinterpretar su funcionamiento
partiendo del reconocimiento de que esta intertextualidad no se realiza en un vacío socio-cultural. Los discursos que se importan deben
entrar a un campo intelectual ya constituido, con sus tensiones y sus
debates y a ellos tienen que responder si quieren ser eficaces. Pero
hay que entender esta ruptura de Sarlo también en relación con los
modelos críticos nacionalistas apoyados en la Teoría de la Dependencia Cultural, pues ellos parten de una concepción igualmente refleja
y pasiva de la apropiación de discursos metropolitanos, cuya única
función sería "desnacionalizar" la cultura (1983a, 87).

Con esta postura Sarlo se aleja del viejo complejo de inferioridad
que ha padecido la crítica latinoamericana respecto de las culturas
metropolitanas y que la lleva a verdaderos juegos malabares para
tratar de garantizar un espacio respetable a nuestra literatura en el
ámbito internacional. A Sarlo no le interesa probar que las "copias"
no son tan malas después de todo, ni apelar a míticas demostraciones
de la "originalidad" de las obras literarias, ni mucho menos negar la
articulación de nuestra cultura con el campo intelectual internacional. En realidad, Sarlo desjerarquiza los procesos culturales, en primer lugar entre metrópolis y periferia, pero también entre producción "culta" y producción "popular", como lo ejemplifican sus lecturas
de Borges y Arlt, respectivamente.

---

116 Este carácter desigual del intercambio discursivo entre centro y periferia lo explora Sarlo también alrededor de las operaciones de traducción en la producción
intelectual de Victoria Ocampo. Ver Sarlo (1998, 93-194).

Uno de los aspectos de Borges que más sugestivos encuentra Sarlo es el de sus "orillas" porteñas, ese margen criollo donde se funden pampa y ciudad; con esta invención Borges interviene al menos en dos debates: el de la identidad nacional en que el sistema cultural argentino está empeñado en ese momento, y el de la articulación de este último al campo intelectual internacional. Las "orillas" porteñas de Borges son a la vez "... las orillas de la literatura universal, [que es] pensada como espacio propio y no como territorio a adquirir" (1988, 50). Borges propone una fórmula de universalidad para la literatura argentina a partir de sus orillas criollas, a la vez que "... acriolla la tradición literaria universal ..." (181). La universalidad peculiarmente argentina que Borges proporciona a su literatura es aquélla que se produce al "... colocarse con astucia, en los márgenes, en los repliegues, en las zonas oscuras, de las historias centrales. La única universalidad posible para un rioplatense" (49). Ciertamente el discurso de Sarlo recoge y aplica esta solución borgeana; no tenemos que buscar demasiado para comprobarlo: el título mismo de su libro ironiza el apelativo de "periferia", desinvistiéndolo de su connotación jerárquica. La relectura de la modernidad argentina de Sarlo es también un proyecto de revaloración y resemantización de la producción cultural "periférica".

La escritura arltiana, para Sarlo, se construye a partir de sus propios límites que son de origen socio-cultural; desde "... el resentimiento causado por la privación cultural de origen ...", Arlt lanzaría su "desafío" contra las "instituciones estético-ideológicas" (50) y se empeñaría en un proceso casi "salvaje" de apropiación de los saberes prestigiosos que le han sido negados y de los saberes marginales a los que tiene acceso desde su condición marginal. Pero este proceso de "canibalización ... deformación ... perfeccionamiento ... y parodia" (52), se convierte además en estrategia de su escritura. Responde con el sarcasmo a la distribución desigual de la cultura, desacralizándola a la vez que afirmándola: "Exhibición de cultura y exhibición de incultura: el discurso doble de la ironía niega y afirma, al mismo tiempo, la necesidad y la futilidad de la cultura" (52). El poder en todas sus formas y relaciones y su asociación fundamental con el saber, son tema hegemónico de la obra de Arlt. Su "asalto" al poder se realiza a través de su conquista del saber y ella se realiza desde los circuitos alternativos de los saberes marginales, que para los sectores populares, "... suplen la ausencia o la debilidad de los circuitos formales". Desde este espacio alternativo, que "... está en los márgenes de las instituciones, [alejado] de las zonas prestigiosas que autorizan la voz ..." (56), Arlt construye su discurso y legitima para él un lugar dentro del campo intelectual moderno argentino, a pesar de y en contra de su exclusión de los circuitos del saber institucional.

No está de más señalar que este planteamiento crítico de Sarlo se construye a partir de lo que su propio corpus le propone. De ello su

lectura de Borges y Arlt son sólo dos ejemplos, si bien especialmente
relevantes por cuanto arrojan luz sobre uno de los gestos más sugestivos de su discurso. Me refiero a su proyecto de revalorización de
una producción cultural que se realiza desde la "periferia" –llamada
así no sin ironía– del sistema de las sociedades modernas; este discurso de Sarlo potencia, como el de Arlt, los límites impuestos por la
"marginalidad" de la "periferia", desjerarquizando los discursos centrales, descalificando tanto las perspectivas que niegan la modernidad latinoamericana como las que sólo pueden encontrar "desfases" y
"reproducciones" pobres y tardías en su producción literaria a causa
de su "atraso" material y sus limitaciones culturales. De hecho, lo
que se desprende de este trabajo de Sarlo es la posibilidad de efectuar una lectura en positivo, de lo que hasta ahora la crítica ha siempre leído en negativo: la marginalidad de la cultura moderna argentina y la asimetría en sus relaciones con los campos intelectuales
centrales a que su condición periférica la somete. Lo que Sarlo en
efecto está sugiriendo es hasta qué punto y de qué manera los escritores argentinos –y agreguemos, latinoamericanos– pueden trocar las
desventajas de su posición marginal en condiciones productivas y
cómo es ella misma la que hace posibles sus estrategias de descen-
tramiento, de desbordamiento, de exacerbación irreverente respecto
de los "modelos" provenientes del campo intelectual metropolitano,
procedimientos que su propio discurso crítico realiza, en realidad; cómo esa situación periférica del intelectual argentino respecto a las
tradiciones centrales –como, por lo demás, lo quiere Borges en su artículo "El escritor argentino y la tradición"– (1961, 151-62), concede a
su escritura la distancia que potencia su radicalidad crítica y su capacidad de innovación, de las que la obra de Borges mismo es una de
sus más eminentes pruebas.[117]

Ahora bien, aunque Sarlo no entable una polémica abierta al
campo latinoamericano, esta lectura suya de la modernidad argentina supone también un cuestionamiento a aquellos modelos críticos
que se empeñan en reducir la multiplicidad de la producción literaria
del continente a dos paradigmas enfrentados, uno "cosmopolita" y

---

117 Para otra lectura alternativa de la noción de "imitación", que junto con la de
Sarlo propicia una nueva óptica para el examen de las relaciones entre discursos
producidos en la periferia y discursos provenientes de las zonas centrales, ver
Roberto Schwarz (1992). A diferencia de Sarlo, sin embargo, Schwarz no descarta
la noción de imitación, sino que la reformula. El crítico brasileño insiste en que la
imitación es inevitable para sociedades dominadas y que su descalificación filo-
sófica no resuelve un problema de orden práctico, vinculado a una organización
concreta del poder (82); para él lo imperativo es replantear una concepción de copia que "... opone lo nacional a lo extranjero y lo original a lo imitado ... [porque
estas oposiciones] ... son irreales y no permiten ver la parte extranjera en lo
propio, o la parte imitada en lo original ni tampoco la parte original en lo imitado
..." y concluye que copiar no es un falso problema "... siempre que se trate prag-
máticamente, desde un punto de vista estético y político y se libere de la mítica
exigencia de la creación a partir de la nada" (16-17).

uno "local". Sarlo nos propone una alternativa a la vieja y recalcitrante lectura maniquea que concibe la producción literaria latinoamericana como un enfrentamiento entre literaturas "nacionales" y literaturas "desnacionalizadoras". De hecho, todos estos vocablos y sus correlativas mitologías están erradicados de su discurso crítico. Lo inadecuado de estas nociones queda demostrado en el cuadro que del campo intelectual argentino de los años veinte y treinta produce Sarlo:

> La búsqueda de nuevas formas de nacionalismo es uno de los signos del período ... He trabajado con la hipótesis de que este clima ... no afectaba sólo a la fracción de derecha del campo intelectual. Más bien, la situación de desconcierto frente a un mundo donde se estaban viviendo grandes transformaciones que incluían procesos políticos o económicos y la redefinición de los lugares del intelectual y de la cultura respecto del estado, concernía, en términos globales, a las élites de escritores y artistas, que se consagran a la elucidación de los rasgos nacionales a partir de un análisis del presente o de una relectura de la historia. (1988, 243-44)

De un lado, la preocupación nacional abarca todo el espectro político del campo intelectual, que se halla en pleno proceso de reestructuración; ella atraviesa todos los proyectos literarios del período, incluidos, por ejemplo, aquéllos supuestamente "auto-referenciales", estigmatizados por la crítica nacionalista como "cosmopolitas" y como desentendidos de la problemática nacional. La obra de Borges, por ejemplo, no puede comprenderse en todas sus dimensiones si se le reduce a la fórmula ultraísta y se ignora su programa criollista de vanguardia, verdadera fórmula de identidad nacional: las "orillas" de Borges, definición de lo "verdaderamente" argentino, tienen más que ver con su invención de un mundo y una tradición criollos que con la nueva sociedad "cosmopolita" desde donde escribe.[118] De hecho, la "argentinidad" propuesta por Borges excluye totalmente a los inmigrantes y debe leerse como una respuesta –entre las muchas otras con que compite– a los profundos cambios que la modernización está operando sobre la sociedad argentina en general y sobre el campo intelectual en particular. Ahora bien, al mostrar los discursos de identidad nacional como patrimonio de todo el campo intelectual, Sarlo des-sectariza la noción de lo político. De otro lado, nos dice Sarlo, es todo el campo intelectual el que está importando discursos; la diferencia radica sólo en los distintos sistemas de lecturas que cada grupo apropia y legitima. Desde este punto de vista, evidentemente, las ideas de "nacional" o "cosmopolita" se diluyen, perdiendo cualquier capacidad operativa. Además de demoler estos esquemas dependentistas y nacionalistas, Sarlo desacredita el reduccionismo de las lecturas bipolares de nuestra producción literaria y sus gestos homogeneizadores; y lo hace con su disposición para abordar el cam-

---

118 Este abordaje de la obra de Borges es profundizado por Sarlo en su libro *Jorge Luis Borges. A Writer on the Edge* (1993).

po intelectual en su complejidad y riqueza de respuestas a la modernización y para desplegar la heterogeneidad de su composición y
producción, sin escatimar sus contradicciones ni sus cruces ideológicos o estéticos. Su mirada crítica valora la búsqueda por sobre las fórmulas cerradas y los modelos acabados. Su lectura es una lectura
abierta a la reformulación constante y al carácter activo de la cultura
y como tal constituye una alternativa importante ante la crisis de los
modelos globales.

La obra de Sarlo aquí examinada, como buena obra modernista
ella misma, se plantea como propuesta de lectura abierta y en constante reformulación; no se propone constituir un modelo, ni servir de
paradigma para la crítica latinoamericana. El foco de su lectura es el
campo intelectual argentino y casi habría que decir, de Buenos Aires.
Su discurso, por lo demás, carece completamente de la dimensión latinoamericanista de los proyectos críticos hispanoamericanos formulados en los años setenta. Sin embargo, a pesar de su reticencia
para entablar polémica con ellos, Sarlo asesta un duro golpe al nacionalismo populista de las izquierdas del continente y a sus inter-
pretacions maniqueas de la cultura. Igualmente, es posible encontrar
en su discurso propuestas utilizables por la crítica latinoamericana,
especialmente a nivel de términos de relación entre cultura y política, entre producción cultural periférica y metropolitana, entre discurso literario y discurso nacional, entre cultura popular y cultura de
élite, entre lectura de los textos y producción del campo cultural. Si
bien no pretende resolver los problemas de método para la crítica
latinoamericana, Sarlo cumple con abrir nuevos caminos a la discusión sobre la cultura en el continente.

CAPITULO 6

BALANCE Y PERSPECTIVAS

Los discursos examinados en este trabajo comparten ante todo, su preocupación por las articulaciones entre procesos socio-culturales y procesos literarios; todos afirman de una u otra manera, la necesidad para el crítico de apelar a la historia como dimensión de su análisis, dimensión que se torna ineludible cuando se trata de establecer el carácter específico de las letras producidas en sociedades sometidas desde sus inicios al control ejercido por centros de poder externos a ellas. La Conquista del continente americano inaugura una conflictiva relación entre las formaciones culturales herederas de los vencedores del siglo XVI y las herederas de los pueblos autóctonos y afroamericanos, que ni la era liberal ni la neoliberal han resuelto.

De la complejidad de esta relación, así como de la elaboración que de ella ha venido realizando la literatura latinoamericana, han intentado dar razón los más importantes críticos del continente. De hecho, se ha propuesto aquí una lista –sin pretensiones exhaustivas– de los momentos claves dentro de la crítica cultural latinoamericana que tiene como uno de sus pilares iniciales la obra de Mariátegui, pasa luego por el equipo intelectual involucrado en el proyecto de crítica latinoamericana de los años setenta –con sus figuras esenciales Rama, Losada y Cornejo– y culmina con la relectura que de la modernidad argentina y del nacionalismo cultural de la crítica de su país realizara Beatriz Sarlo en los años ochenta. Confiamos en haber hecho evidente la relevancia de los planteamientos de estos críticos a las discusiones actuales sobre la cultura de la región.

Vale la pena recalcar que los treinta o cuarenta años que separan las formulaciones mariateguianas sobre nación y cultura en el Perú y el llamado de atención de Rama sobre el vacío de una reflexión cultural dentro de la crítica, estuvieron hegemonizados por abordajes inmanentistas de la literatura, vinculados en un comienzo sobre todo a la Estilística. Esta escuela, no está de más recordar, con su base en la Universidad de Buenos Aires, gozaría de enorme prestigio a lo largo del continente y marcaría el grueso de los estudios literarios del período. A esta tradición estilística se articularían más tarde los métodos estructuralistas, revalidando las ya arraigadas perspectivas inmanentistas. Como ya se ha señalado en otra parte, uno de los efectos del predominio de tales perspectivas dentro de la crítica fue la exclusión de una significativa porción del corpus de las letras americanas, concretamente, aquélla de claro contenido social. Los críticos autonomistas reaccionan, entonces, en contra del abordaje de los textos en un vacío histórico absoluto y a favor de la recuperación para la disciplina de una óptica que le permita reconstruir las articulaciones entre las obras literarias y las formaciones socio-culturales en que se producen, como requisito mínimo para su tarea de elucidación de la especificidad del proceso literario latinoamericano.

Uno de los objetivos de este trabajo era el de acompañar el recorrido de tres de las más fértiles contribuciones al proyecto de construcción de una crítica autónoma, reconstruir sus sistemas conceptuales, discutiendo la aplicabilidad de sus categorías centrales y estableciendo tanto los avances que significaran para la disciplina, como los aspectos problemáticos que pudieran introducir en un momento dado. Entre los primeros se identificaron su rebasamiento de los modelos nacionales de historia literaria y su cuestionamiento de las pautas de periodización que las regían, así como su revaloración del papel renovador que dentro de las letras del continente jugaran las literaturas articuladas a las culturas tradicionales, desafiando a una crítica que modelada sobre la vía de modernización que siguiera la equívocamente llamada "nueva narrativa", resultaba impotente para reconocer en otros paradigmas literarios –especialmente si ellos se alimentaban de las tradiciones autóctonas o regionales– capacidad alguna para interactuar con la modernidad y menos aún para ponerla en entredicho. Rama, Losada y Cornejo contribuyen igualmente a una ampliación y deselitización del corpus de la literatura latinoamericana, a un rescate de las culturas populares rurales así como a la puesta en evidencia de su vitalidad y de su capacidad creativa y contestataria. Entre los segundos, se aislaron algunas perspectivas comunes en mayor o menor grado a los discursos autonomistas, tales como su tendencia a diluir la especificidad de la esfera de lo estético y someterla a la lógica de la política y la ideología, manifiesta, por ejemplo, en su enfoque de los procesos de intertextualidad entre las metrópolis y la América Latina a partir de la discutible noción de "dependencia cultural" o, por otra parte, la reducción de la pluralidad de proyectos que conforman el corpus literario latinoamericano –pluralidad que, paradójicamente, constituye uno de los nortes de sus propuestas críticas– a lecturas bi-polares del mismo y a la sanción de las literaturas articuladas a las culturas tradicionales rurales como portadoras exclusivas de la nacionalidad.

Esperamos haber cumplido con el propósito de sugerir alternativas a estos problemas a partir de la posibilidad de incorporar las rectificaciones teórico-metodológicas que ofrecen los escritos de Mariá-

tegui y Sarlo a nivel de su sutil manejo de las relaciones entre estética, política e ideología, por ejemplo, o del equilibrio de ambos en el
tratamiento de las formas que no sucumbe al contenidismo que la
crítica autonomista heredara de la sociología. Finalmente, y tal vez
ésta sea una de sus más útiles lecciones, cada uno de estos autores, a
su modo, demuestra que "lo nacional", sin necesidad de ser abando-
nado, puede ser redefinido y entendido de manera más compleja,
permitiendo lecturas cabalmente pluralistas de la construcción de la
modernidad cultural de sus respectivos países, lecturas que, en última instancia, continúan enfatizando las particularidades de los procesos de la región.

Aunque el contexto cultural de fin de siglo con sus procesos de
globalización exige replantear las preguntas, repensar las metodologías y rediseñar los mapas (García Canclini 1990), no parece abolir
esta preocupación por lo nacional, por la producción y reformulación
de las identidades locales, por el papel que en ello puedan jugar las
culturas populares (Martín Barbero 1987, 45) o por la capacidad de
resistencia que la región ofrezca a "una homogeneización inexorable
... [a] una uniformización aculturada" (Achugar 1996, 847). Y tal vez
la persistencia de esta preocupación es inevitable: al fin, no se han
superado ni las desigualdades al interior de las sociedades latinoamericanas, ni las desigualdades que marcan las relaciones de éstas
con los centros de poder metropolitanos. Como Jorge Castañeda nos
recuerda, de hecho, la vieja agenda social de la izquierda nacionalista
permanece abierta, ya que las mayorías, herederas de los pueblos
derrotados hace quinientos años, continúan aún excluidas de la nación; así que a ésta no le queda otro remedio que continuar su lucha,
si bien redefiniendo los términos de su nacionalismo y replanteando
sus estrategias, por la incorporación de estas mayorías a esa nación
que nunca han tenido (1994). Para concluir, habría que añadir, ha
ciendo eco a Hugo Achugar, que a la crítica cultural le corresponde
mantener esta problemática en el horizonte de su análisis de la nueva coyuntura (Achugar 1996, 855).

BIBLIOGRAFÍA

GENERAL

Achugar, Hugo. "Notas para un debate sobre la crítica literaria lati-noamericana". *Revista Casa de las Américas,* 110 (1978): 3-18.

-----. "Fernández Retamar, Roberto. *Para una teoría de la literatura y otras aproximaciones".* Revista de Crítica Literaria Latinoame-ricana* 5 (1977): 127-130.

Althusser, Louis. "Ideology and Ideological State Apparatuses". *Le-nin and Philosophy.* New Left Books: Londres, 1971.

Anderson, Danny J. "Cultural Studies and Hispanisms". *Siglo XX/ 20TH Century* 14: 1-2 (1996): 5-13.

Anderson, Perry. "Modernization and Revolution". *New Left Review,* 144 (1984):96-113.

Aricó, José ed. *Marx y la América Latina.* Lima: Ediciones CEDEP, 1980.

-----. "La producción de un marxismo americano". *Punto de Vista,* 25 (1985): 7-12.

Arguedas, José María. *Formación de una cultura nacional indoame-ricana.* México: Siglo XXI, 1975.

Bennet, Tony. *Formalism and Marxism.* Londres & Nueva York: Me-thuen, 1979.

Beverley, John, Diana, G. & Lecuna, V. "A Little Azúcar. Una con-versación sobre estudios culturales". *Siglo XX/20TH Century,* 14: 1-2 (1996): 15-35.

Bolívar, Simón. *Doctrina del Libertador.* Caracas: Biblioteca Ayacu-cho, 1976.

Borges, Jorge Luis. "El escritor argentino y la tradición". *Discusión* Buenos Aires: Emecé Editores, 1961. 151-62.

Bourdieu, Pierre. "Campo intelectual y proyecto creador". *Problemas del estructuralismo*. México: Siglo XXI, 1967.

Bueno Chávez, Raúl. *Escribir en Hispanoamérica. Ensayos sobre teoría y crítica literarias*. Lima/Pittsburgh: Latinoamericana Editores, 1991.

Cândido, Antonio. "Literatura y subdesarrollo". *América Latina en su literatura*. México: UNESCO / Siglo XXI, 1972.

-----. *Formação da Literatura Brasileira: Momentos Decisivos*. São Paulo: Itaiaia, 1975.

-----. "Para una crítica latinoamericana". *Punto de Vista* 8 (1980): 5-9.

Castañeda, Jorge. *Utopia Unarmed. The Left After the Cold War*. New York: Vintage Books, 1994.

Castro, Fidel. "Palabras a los intelectuales". *La Revolución cubana*, México: ERA, 1972.

De La Campa, Román. "Latinoamérica y sus nuevos cartógrafos: discurso poscolonial, diásporas y enunciación fronteriza". *Revista Iberoamericana* LXII: 176-177 (1996): 697-717.

Fernández Moreno, Carlos. *América Latina en su literatura*. México: UNESCO / Siglo XXI, 1972.

Fernández Retamar, Roberto. "Conversación sobre el arte y la literatura". *Revista Casa de las Américas* 22-23 (1964): 130-38.

-----. *Ensayo de otro mundo*. La Habana: Instituto del Libro, 1967.

-----. "Diez años de revolución: el intelectual y la sociedad". *Revista Casa de las Américas* 56 (1969): 7-52.

-----. *Para una teoría de la literatura hispanoamericana y otras aproximaciones*. La Habana: Casa de las Américas, 1975.

-----. "La contribución de las literaturas de la América Latina a la literatura universal en el Siglo XX". *Revista de Crítica Literaria Latinoamericana* 5 (1976): 17-29.

-----. "Algunas anotaciones sobre la cultura en la Cuba revolucionaria". *Hispamérica* 19 (1978): 43-50.

-----. *Calibán y otros ensayos*. La Habana: Casa de las Américas, 1979.

-----. *Para el perfil definitivo del hombre*. La Habana: Editorial Letras Cubanas, 1981.

Fernández Retamar, Roberto. "Calibán revisitado". *Revista de Crítica Literaria Latinoamericana*, 24 (1986): 245-55.

-----. "José Martí en los orígenes del anti-imperialismo latinoamericano". *Revista de Casa de las Américas* 151 (1985): 3-11.

Flores Galindo, Alberto. *Buscando un inca*. La Habana: Casa de las Américas, 1986.

Foucault, Michel. *La arqueología del saber*. México: Siglo XXI, 1970.

Franco, Jean. "The Crisis of the Liberal Imagination". *Ideologies and Literature* 1: 1 (1976-1977): 5-24.

-----. "From Modernization to Resistance: Latin American Literature 1959-1976". *Latin American Perspectives* V: 1 (1978): 77-97.

-----. "Angel Rama y la transculturación narrativa en América Latina". *Sin Nombre* 3 (1984): 68-73.

-----. "Border Patrol". *Travesía. Journal of Latin American Cultural Studies* 1: 2 (1992): 134-142.

García Canclini, Néstor. "¿De qué estamos hablando cuando hablamos de lo popular?" *Punto de Vista* 20 (1984): 26-31.

-----. *Cultura y política*. *Nueva Sociedad* 92 (1987): 116-30.

-----. ed. *Políticas culturales en América Latina. Cultura y sociedad*. México: Grijalbo, 1987.

-----. *Culturas híbridas: estrategias para entrar y salir de la modernidad*. México: Grijalbo, 1990.

-----. "Los estudios culturales de los '80 a los '90: perspectivas antropológicas y sociológicas en América Latina". *Punto de Vista* 40 (1991): 41-48.

Goldmann, Lucien. *Le dieu caché*. París: Gallimard, 1956.

-----. *Pour une sociologie du roman*. París: Gallimard 1964.

-----. *Marxisme et sciences humaines*. París: Gallimard, 1970.

Gramsci, Antonio, *Cuadernos de la cárcel: literatura y vida nacional*. México: Juan Pablos Editor, 1976.

-----. *The Modern Prince and Other Writings*. New York: International Publishers, 1980.

Halperín Donghi, Tulio. *Historia contemporánea de América Latina*. Madrid: Alianza Editorial, 1969.

-----. "Nueva narrativa y ciencias sociales hispanoamericanas en la década del sesenta". *Hispamérica* 27 (1980): 3-18.

Henríquez Ureña, Pedro. "Seis ensayos en busca de nuestra expresión". *Obra crítica*. México: Fondo de Cultura Económica, 1960.

Humphrey, Richard. *Georges Sorel. Prophet without Honour. A Study in Anti-Intelectualism*. Nueva York: Octagon Books, 1971.

Jennings, J.R. *Georges Sorel. The Character and Development of his Thought*. Londres: The Macmillan Press, 1985.

Jitrik, Noé. "Blanco, negro, ¿mulato? Lectura de *El reino de este mundo* de Alejo Carpentier". *Araisa* (1975).

Kaliman, Ricardo. "Documentos de trabajo: Jornadas Andinas de Literatura Latinoamericana y Andina (JALLA), Workshops, 1995". *Dispositio* XVIII (1993): 251-66. (También en *Revista de Crítica Literaria Latinoamericana* 40 (1994): 363-74.

Leenhardt, Jacques. "Uma Figura-chave da Crítica Latino-americana". São Paulo: Edusp, 1993.

Lienhard, Martín. *Cultura popular andina y forma novelesca. Zorros y danzantes en la última novela de Arguedas*. Lima: Latinoamericana Editores, 1981.

-----. "La tarea crítica en América Latina". *Cuadernos de Marcha* 25 (1984).

-----. *La voz y su huella. Escritura y conflicto étnico-social en América Latina 1492-1988*. Hanover: Ediciones del Norte, 1991.

-----. *Testimonios, cartas y manifiestos indígenas*. Caracas: Biblioteca Ayacucho, 1992.

Lukács, Georges. *El Alma y las formas*. Barcelona: Grijalbo, 1970.

-----. *La teoría de la novela*. Barcelona: Grijalbo, 1970.

-----. *Materiales sobre el realismo. Obras completas*. Vol 8. Barcelona: Grijalbo, 1977.

Macherey, Pierre. *Pour une théorie de la production littéraire*. París: Gallimard, 1966.

Mariaca Iturri, Guillermo. *El poder de la palabra*. La Habana: Casa de las Américas, 1993.

Martí, José. *Cuba, nuestra América, Los Estados Unidos*. México: Siglo XXI, 1973.

Martín Barbero, Jesús. *De los medios a las mediaciones*. México: Gustavo Gili, 1987.

-----. *Procesos de comunicación y matrices de cultura. Itinerario para salir de la razón dualista*. México: Gustavo Gili, s.f.

Martínez, José Luis. *Unidad y diversidad en la literatura latinoamericana*. México: Joaquín Mortiz, 1972.

Maturo, Graciela. *Hacia una crítica literaria latinoamericana*. Buenos Aires: Fernando García Gambeiro, 1976.

Mignolo, Walter. "Teorizar a través de fronteras culturales". *Revista de Crítica Literaria Latinoamericana* 33 (1991): 103-112.

-----. "Postoccidentalismo: las epistemologías fronterizas y el dilema de los estudios (latinoamericanos) de área". *Revista Iberoamericana* LXII: 176-177 (1996): 679-96.

Morandé, Pedro. *Cultura y modernización en América Latina*. Madrid: Ediciones Encuentro, 1987.

Moraña, Mabel. *Literatura y cultura nacional en Hispanoamérica (1919-1940)*. Minneapolis: Universidad de Minnesota, 1984.

Navarro, Desiderio. "Eurocentrismo y antieurocentrismo en la teoría literaria de la América Latina y Europa". *Revista de Crítica Literaria* 16 (1982): 7-26.

-----. "Otras reflexiones sobre eurocentrismo y antieurocentrismo en la teoría literaria de la América Latina y Europa". *Revista Casa de las Américas* 150 (1985): 68-78.

Ortiz, Fernando. *Contrapunteo cubano del tabaco y el azúcar*. Caracas: Biblioteca Ayacucho, 1987. (Publicado originalmente en La Habana: J. Montes, 1940).

Osorio T. Nelson. "La nueva narrativa y los problemas de la crítica en Hispanoamérica actual". *Actas del Simposio Internacional de Estudios Hispánicos*. 1976.

-----. "Situación actual de una nueva conciencia crítico-literaria". *Revista de Crítica Literaria Latinoamericana* 29 (1989): 285-94.

Paz, Octavio. *El laberinto de la soledad*. México: Siglo XXI, 1950.

-----. *Posdata*. México: Siglo XXI, 1970.

Perus, Françoise. "La crítica latinoamericanista hoy". *Revista de Crítica Literaria Latinoamericana* 33 (1991): 89-94.

Pizarro, Ana. "Sobre las direcciones del comparatismo en América Latina". *Revista Casa de las Américas* 135 (1982): 40-49.

-----. Coord. *La literatura latinoamericana como proceso*. Buenos Aires: Centro Editor de América Latina, 1985.

-----. *Hacia una historia de la literatura latinoamericana*. El Colegio de México / Universidad Simón Bolívar: México, 1987.

Pizarro, Ana. "Angel Rama: A Lição Intelectual Latinoamericana". *Literatura e Historia na América Latina*. Ed. Ligia Chiappini & Flavio Wolf de Aguiar. São Paulo: Edusp, 1993. 243-53.

Portuondo, José Antonio. "Literatura y sociedad". Ed. Carlos Fernández Moreno. México: UNESCO / Siglo XXI, 1972.

-----. "Crítica marxista de la estética burguesa". *Revista Casa de las Américas* 71 (1972): 5-13.

-----. *La emancipación literaria de Hispanoamérica*. La Habana: Casa de las Américas, 1975.

Rincón, Carlos. "Sobre crítica e historia de la literatura hoy en Hispanoamérica". *Revista Casa de las Américas* 80 (1973): 143-57.

-----. *El cambio en la noción de literatura y otros estudios de teoría y crítica latinoamericanas* Bogotá: Instituto Colombiano de Cultura, 1978.

-----. "Perspectivas del arte narrativo latinoamericano". *Revista de Crítica Literaria Latinoamericana* 29 (1989).

-----. *La no simultaneidad de lo simultáneo*. Bogotá: Editorial Universidad Nacional de Colombia, 1995.

Roa Bastos, Augusto. "Una utopía concreta: la unidad iberoamericana". *Revista Casa de las Américas* 172-173 (1989): 98-106.

Rowe, William. *Rulfo. El llano en llamas*. London: Grant & Cutler / Támesis Books, 1987.

-----. "Liberalismo y autoridad: una lectura política de Vargas Losa". *Nuevo Texto Crítico* 8 (1991): 91-100.

-----. *Memory and Modernity: Popular Culture in Latin America*. London: Verso, 1992.

-----. *Ensayos de hermenéutica cultural*. Rosario/Lima: Beatriz Viterbo Editora/Mosca Azul Editores, 1996a.

-----. *Ensayos arguedianos*. Lima: Universidad Nacional Mayor de San Marcos/Sur, 1996b.

Santiago, Silviano. "Apesar de dependente, universal". En: Silviano Santiago, *Vale quanto pesa (Ensaios sobre questões político-culturais)*. Río de Janeiro: Editora Paz e Terra, 1982.

Schwarz, Roberto. "Nacional por subtração". En: *Que horas são?* São Paulo: Companhia das Letras, 1989.

-----. "Las ideas fuera de lugar". *Revista Casa de las Américas* 159 (1986): 18-27.

Sheridan, Alan. *Michel Foucault: The Will to Truth*. Londres: Tavistock, 1980.

Soler, Ricaurte *Idea y cuestión nacional latinoamericanas*. México: Siglo XXI, 1980.

Sorel, Georges. *Réflexions sur la violence*. París: Librairie Marcel Rivière et Cie., 1950.

Sosnowski, Saúl. "Sobre la crítica de la literatura hispanoamericana: Balance y Perspectivas". *Cuadernos Hispanoamericanos* 443 (1987): 143-59.

Stubbs, Jean. *Cuba: The Test of Time*. Londres: Latin America Bureau, 1989.

Terán, Oscar. "Latinoamérica: naciones y marxismos". *Socialismo y Participación* 11 (1980): 169-90.

-----. *Aníbal Ponce: El marxismo sin nación?* México: Cuadernos de Pasado y Presente, 18 (1983): 7-49.

Vidal, Hernán. "Teoría de la dependencia y crítica literaria". *Ideologies and Literature* II: 13 (1980): 116-22.

-----. "Para una redefinición culturalista de la crítica literaria latinoamericana". *Ideologies & Literature* IV: 16 (1983): 121-32.

Viñas, David. *Indios, ejército y frontera*. México: Siglo XXI, 1982.

Williams, Raymond. *Marxism and Literature*. Oxford: OUP, 1977.

Yurkievich, Saul. Coord. *Identidad cultural de Iberoamérica en su literatura*. Barcelona: Editorial Alhambra, 1986.

ANTONIO CORNEJO POLAR

Achugar, Hugo. "Repensando la heterogeneidad latinoamericana (a propósito de lugares, paisajes y territorio)". *Revista Iberoamericana* LXII: 176-177 (1996): 845-61.

Bueno, Raúl. "Sobre la heterogeneidad literaria y cultural de América Latina". José Antonio Mazzotti y Juan Zevallos Aguilar, coords. *Asedios a la heterogeneidad cultural*. Philadelphia: Asociación Internacional de Peruanistas, 1996: 21-36.

Cornejo Polar, Antonio. *Los universos narrativos de José María Arguedas*. Buenos Aires: Losada, 1973.

-----. "José Donoso y los problemas de la nueva narrativa latinoamericana". *Acta Litteraria Academiae Scientiarum Hungaricae,* 17:

1-2 (1975): 215-26. También en *Sobre literatura y crítica latino-americanas*. Caracas: Universidad Central de Venezuela, 1982. 109-22.

-----. "Para una interpretación de la novela indigenista". *Revista Casa de las Américas* 100 (1977a).

-----. "El indigenismo y las literaturas heterogéneas: su doble estatuto socio-cultural". *Revista de Crítica Literaria Latinoamericana* 7 (1978): 7-21. También en *Sobre literatura y crítica latinoamericanas*. Caracas: Universidad Central de Venezuela, 1982. 67-86.

-----. "Sobre el concepto de heterogeneidad. Respuesta a Roberto Paoli". *Revista de Crítica Literaria Latinoamericana* 12 (1980a): 264-67.

-----. *Literatura y sociedad en el Perú: la novela indigenista*. Lima: Lasontay, 1980b.

-----. *Cultura nacional: problema y posibilidad*. Lima: Lluvia Editores, 1981a.

-----. "El problema nacional en la literatura peruana". *Sobre literatura y crítica latinoamericanas*. Caracas: Universidad Central de Venezuela, 1982. 19-31.

-----. "Para una agenda problemática de la crítica literaria latinoamericana: diseño preliminar". *Revista Casa de las Américas* 126 (1981b): 117-22. También en *Sobre literatura y crítica latinoamericanas*. Caracas: Universidad Central de Venezuela, 1982. 33-42.

-----. *Sobre literatura y crítica latinoamericanas*. Caracas: Universidad Central de Venezuela, 1982.

-----. "Literatura peruana: totalidad contradictoria". *Revista de Crítica Literaria Latinoamericana* 18 (1983): 39-50. También apéndice en *La formación de la tradición literaria en el Perú*. Lima: Centro de Estudios y Publicaciones (CEP), 1989c.

-----. "Inmediatez y perennidad: la doble audiencia de la literatura de la fundación de la República". *Revista de Crítica Literaria Latinoamericana* 20 (1984): 45-54.

-----. "Novela nacional, regional o latinoamericana". *Ejercicio Crítico* 1 (1985): 55-59.

-----. "Literatura peruana y tradición indígena". *Literaturas Andinas* 1 (1988a).

-----. "Sistemas y sujetos en la historia literaria latinoamericana". *Revista Casa de las Américas* 171 (1988b): 67-71.

Cornejo Polar, Antonio. "Los sistemas literarios como categorías históricas. Elementos para una discusión latinoamericana". *Revista de Crítica Literaria Latinoamericana* 29 (1989): 19-24.

-----. *La novela peruana.*lima: Horizonte, 1989, segunda edición aumentada. (Publicada originalmente bajo el título de *La novela peruana: siete estudios*, 1977).

-----. *La formación de la tradición literaria en el Perú.* Lima: Centro de Estudios y Publicaciones (CEP), 1989.

-----. *Clorinda Matto de Turner, novelista.* Lima: Lluvia Editores, 1992.

-----. "Prólogo". G. Mariaca Iturri. *El poder de la palabra.* La Habana: Casa de las Américas, 1992.

-----. "El discurso de la armonía imposible". *Revista de Crítica Litc raria Latinoamericana* 38 (1993): 73-80.

-----. "Mestizaje, transculturación, heterogeneidad". *Revista de Crítica Literaria Latinoamericana* 40 (1994a): 369-71.

-----. *Escribir en el aire. Ensayo sobre la heterogeneidad socio-cultural de las literaturas andinas.* Lima: Editorial Horizonte, 1994b.

-----. "Condición migrante e intertextualidad multicultural: el caso de Arguedas". *Revista de Crítica Literaria Latinoamericana* 42 (1995): 101-109.

-----. "Una heterogeneidad no dialéctica: sujeto y discurso migrantes en el Perú moderno". *Revista Iberoamericana* LXII: 176-177 (1996): 837-44.

D'Allemand, Patricia. "Antonio Cornejo Polar: aportes al abordaje de la pluralidad cultural en América Latina". *Caligrama,* de pronta aparición.

-----. "Literatura nacional: ¿una noción en crisis? Anotaciones sobre el sistema conceptual de Antonio Cornejo Polar". Friedhelm Schmidt (cd.) *Antonio Cornejo Polar y los estudios latinoamericanos.* Pittsburgh: Instituto Internacional de Literatura Iberoamericana, Universidad de Pittsburgh, (2001).

García Canclini, Néstor. "Entrar y salir de la hibridación". *Revista de Crítica Literaria Latinoamericana* 50 (1999): 53-7.

Kaliman, Ricardo. "Cultura imaginada y cultura vivida. Indigenismo en los Andes Centromeridionales". *Revista de Crítica Literaria Latinoamericana* 42 (1995): 87-99.

-----. "Identidades heterogéneas: certezas e ilusiones del 'conocimiento local'". *Revista de Crítica Literaria Latinoamericana* 50 (1999): 113-119.

Mazzotti, José Antonio. "La evolución crítica de Antonio Cornejo Polar: de San Marcos a Berkeley". *Revista de Crítica Literaria Latinoamericana* 50 (1999): 35-39.

Moraña, Mabel. "*Escribir en el aire*, 'heterogeneidad' y estudios culturales". *Revista Iberoamericana* LXI: 170-71 (1995): 279-86. (Reeditado en J.A. Mazzotti y U.J. Zevallos, coords. *Asedios a la heterogeneidad cultural.* Philadelphia: Asociación Internacional de Peruanistas, 1996: 481-92).

-----. "Antonio Cornejo Polar y los debates actuales del latinoamericanismo: la noción de sujeto, hibridez, representación". *Revista de Crítica Literaria Latinoamericana* 50 (1999): 19-27.

Núñez, Charo. "*Escribir en el aire. Ensayo sobre la heterogeneidad socio-cultural de las literaturas andinas*". *Hispamérica* 69 (1994): 109-12.

Osorio, Nelson. "Antonio Cornejo Polar: contribución a una crítica latinoamericana de nuestra literatura". *Revista de Crítica Literaria Latinoamericana* 50 (1999): 29-34.

Paoli, Roberto. "Sobre el concepto de la heterogeneidad: A propósito del indigenismo literario". *Revista de Crítica Literaria Latinoamericana* 12 (1980): 257-63.

Schmidt, Friedhelm. "Literaturas heterogéneas o literatura de la transculturación". *Nuevo Texto Crítico* 14-15 (1994): 193-99. (Reeditado en J.A. Mazzotti y U.J. Zevallos, coords. *Asedios a la heterogeneidad cultural.* Philadelphia: Asociación Internacional de Peruanistas, 1996: 481-92).

ALEJANDRO LOSADA

Borel, Jean Paul. "Alrededor de la historia de AELSAL". *La literatura en la sociedad de América Latina*. Munich: Wilhelm Fink Verlag, 1987. 200-208.

Cornejo Polar, Antonio. "Losada, Alejandro: *Creación y praxis. La producción literaria como praxis social en Hispanoamérica y el Perú*". *Revista de Crítica Literaria Latinoamericana* 5 (1977): 130-132.

Lienhard, Martín et al. "Alejandro Losada". *Revista Iberoamericana* III: 135-136 (1986): 631-44.

Losada, Alejandro. "La obra de José María Arguedas y la sociedad andina". *Eco* 162 (1974): 592-20.

Losada, Alejandro. "Problemas y tareas de la crítica literaria contemporánea. Discursos críticos y proyectos sociales en Hispanoamérica". *Acta Litteraria Academiae Scientiarum Hungaricae* 17 (1975a): 275-84.

-----. "Los sistemas literarios como instituciones sociales en América Latina". *Revista de Crítica Literaria Latinoamericana* 1 (1975b): 39-61.

-----. "Discursos críticos y proyectos sociales en América Hispánica". *Acta Litteraria* 17 (1975c): 71-92.

-----. "Ciro Alegría como fundador de la realidad hispanoamericana". *Acta Literaria* 17 (1975d): 71-92.

-----. *Creación y praxis*. Lima: Universidad Nacional Mayor de San Marcos, 1976a.

-----. "Estructura social y producción cultural en América Latina. Las literaturas dependientes (1780-1920)". *Actas del Simposio Internacional de Estudios Hispánicos*. Budapest: Academia de Ciencias Húngaras, 1976b. 93-109.

-----. "Rasgos específicos de la producción cultural ilustrada en América Latina. Los modos de producción cultural de los estratos medios urbanos en América Latina". *Revista de Crítica Literaria Latinoamericana* 6 (1977a): 7-36.

-----. "La literatura urbana como praxis social en América Latina". *Lateinamerika Studien* 3 (1977b): 1-41. (También en *Ideologies and Literature* 4 (1977c): 33-62).

-----. "Bases para una estrategia de investigación del cambio cultural en América Latina". *Eco* XXXII: 196 (1978): 337-74.

-----. "Rasgos específicos del realismo social en América hispánica". *Revista Iberoamericana* XLV: 108-109 (1979a): 413-42.

-----. "El desarrollo de las culturas autónomas en América Latina. Ensayo de comprensión de los horizontes culturales de los intelectuales de América Latina como praxis social de distintos grupos sociales". *Buildung und Ausbildung in der Romania*. Ed. R. Kloepfer. Munich: Wilhelm Fink Verlag, 1979b. 318-36.

-----. "Creación y praxis social en América Latina. La nueva narrativa como práctica de la marginalidad". *Iberoromania* 11 (1980a): 113-32.

-----. "¿Cultura nacional o literatura revolucionaria? La producción de los intelectuales autónomos en las sociedades periféricas". *Nova Americana* 3 (1980b): 287-330.

184   *Patricia D'Allemand*

Losada, Alejandro. *La literatura en la sociedad de la América Latina: Los modos de producción entre 1750 y 1980. Estrategias de investigación.* Berlín: Freien Universität, 1980c.

-----. "Bases para un proyecto de historia social de la literatura en América Latina". *Revista Iberoamericana* 47: 114-115 (1981b): 167-88.

-----. *La literatura en la sociedad de América Latina. Perú y el Río de la Plata, 1837-1880.* Frankfurt: Verlag Klaus, 1983a.

-----. "Articulación, periodización y diferenciación de los procesos literarios en América Latina". *Revista de Crítica Literaria Latinoamericana* 17 (1983b): 7-38. (También en *La literatura latinoamericana en el Caribe*. Ed. Alejandro Losada. Berlín: Lateinamerika-Institut, 1983c. 1-48).

-----. "La internacionalización de la literatura latinoamericana en las metrópolis complejas. El caso Caribe-América Central entre 1920-1980". *La literatura latinoamericana en el Caribe*. Ed. Alejandro Losada. Berlín: Lateinamerika-Institut, 1983c. 266-351. (También en *La literatura en la sociedad de América Latina*. Munich: Wilhelm Fink Verlag, 1987. 61-91).

-----. "La internacionalización de la literatura latinoamericana". *Caravelle* 42 (1984a): 15-40.

-----. "La literatura marginal en el Río de la Plata, 1900-1960. Informe de investigación". *Hispamérica* 39 (1984): 1984b): 19-28.

-----. "La historia social de la literatura latinoamericana". *Revista de Crítica Literaria Latinoamericana* 24 (1986): 21-29.

-----. *La literatura en la sociedad de América Latina.* Munich: Wilhelm Fink Verlag, 1987.

Ventura, Roberto. "Sistemas literarios y estructuras sociales en América Latina, in memoriam". A. Losada. *La literatura en la sociedad de América Latina*. Munich: Wilhelm Fink Verlag, 1987. VII-XXVII.

JOSE CARLOS MARIATEGUI

Abril, Xavier et al. *Mariátegui y la literatura.* Lima: Empresa Editora Amauta, 1980.

Aricó, José. (ed.). *Mariátegui y los orígenes del marxismo latinoamericano.* Siglo XXI, México, 1978.

Aricó, José. "Mariátegui y la formación del partido socialista del Perú". *Socialismo y Participación* 11 (1980): 139-68.

Cornejo Polar, Antonio. "Apuntes sobre literatura nacional en el pensamiento crítico de Mariátegui. "Xavier Abril et al. *Mariátegui y la literatura*. Lima: Empresa Editora Amauta, 1980c.

Dessau, Adalbert. "Literatura y sociedad en la obra de José Carlos Mariátegui". *Tres estudios*. Lima: Biblioteca Amauta, 1971. 51-109.

Flores Galindo, Alberto, *La agonía de Mariátegui. La polémica con la Komintern*. Lima: Desco, 1980a.

-----. "Los intelectuales y el problema nacional". *Buelna* 4-5 (1980b): 48-59.

Franco, Carlos. "Sobre la idea de nación en Mariátegui". *Socialismo y Participación* 11 (1980): 191-208.

Garrels, Elizabeth. "Mariátegui, la edad de piedra y el nacionalismo literario". *Escritura* 1 (1976): 115-28.

-----. *Mariátegui y la Argentina. Un caso de lentes ajenos*. Gaithersburgh: Ediciones Hispamérica, 1982.

Larsen, Neil. "Indigenismo y lo 'poscolonial': Mariátegui frente a la actual coyuntura teórica". *Revista Iberoamericana* LXII: 176-177 (1996): 863-73.

Mariátegui, José Carlos. *El artista y la época*. Lima: Biblioteca Amauta, 1959.

-----. *Temas de nuestra América*. Lima: Biblioteca Amauta, 1960.

-----. *Historia de la crisis mundial*. Lima. Biblioteca Amauta, 1964a (primera ed.1959).

-----. *La escena contemporánea*. Lima: Biblioteca Amauta, 1964b (primera ed. 1925).

-----. *Defensa del marxismo*. Lima: Biblioteca Amauta, 1969a (primera ed. 1959).

-----. *Cartas de Italia*. Lima: Biblioteca Amauta, 1969b.

-----. *Peruanicemos al Perú*. Lima: Biblioteca Amauta, 1970a (primera ed. 1928).

-----. *El alma matinal y otras estaciones de hoy*. Lima: Biblioteca Amauta, 1970b (primera ed. 1950).

-----. *Signos y obras*. Lima: Biblioteca Amauta, 1970c (primera ed. 1959).

Mariátegui, José Carlos. *Figuras y aspectos de la vida mundial*. Vols I-III. Lima: Biblioteca Amauta, 1970d.

-----. *Ideología y política*. Lima: Biblioteca Amauta, 1980. (1a. ed. 1969).

-----. *Siete ensayos de interpretación de la realidad peruana*. Lima: Biblioteca Amauta, 1985 (primera ed. 1928).

Melis, Antonio. "Mariátegui: Primer Marxista de América". *Tres estudios*. Lima: Biblioteca Amauta, 1971. 11-41.

-----. "Estética, crítica literaria y política cultural en la obra de José Carlos Mariátegui, apuntes". *Textual* 6 (1973): 66-69.

-----. "El debate sobre Mariátegui: resultados y problemas". *Revista de Crítica Literaria Latinoamericana* 4 (1976): 123-32.

-----. "La lucha en el frente cultural". *Mariátegui en Italia*. Lima: Empresa Editora Amauta, 1981. 127-42.

-----. "Medio siglo de vida de José Carlos Mariátegui". *Mariátegui y la literatura*. Lima: Empresa Editora Amauta, 1980. 125-34.

Moraña, Mabel. *Literatura y cultura nacional en Hispanoamérica (1920-1940)*. Minneapolis: University of Minnesota, 1984.

Moretic, Yerko. *José Carlos Mariátegui*. Santiago de Chile: Ediciones de la Universidad Técnica del Estado, 1970.

Paris, Robert. "Para una lectura de los *Siete ensayos*". *Textual* 5-6 (1972).

-----. "El marxismo de Mariátegui". *Mariátegui y los orígenes del marxismo latinoamericano*. Ed. José Aricó. México: Siglo XXI, 1978. 119-44.

-----. "Mariátegui un 'sorelismo' ambiguo". *Mariátegui y los orígenes del marxismo latinoamericano*. Ed. José Aricó. México: Siglo XXI, 1978. 155-61.

-----. *La formación ideológica de José Carlos Mariátegui*. México: Siglo XXI, 1981.

-----. "La formación ideológica de Mariátegui". *Mariátegui en Italia*. Bruno Podestà, ed. Lima: Empresa Editora Amauta, 1981. 79-114.

Podestà, Bruno. *Mariátegui en Italia*. Lima: Biblioteca Amauta, 1981.

Posada, Francisco. *Los orígenes del pensamiento marxista en Latinoamérica. Política y cultura en José Carlos Mariátegui*. Madrid: Ciencia Nueva, 1968.

Posada, Francisco. "Estética y marxismo en José Carlos Mariátegui". *Textual* 5-6 (1972): 24-31. También en *Buelna* 4-5 (1980): 73-86.

Rouillon, Guillermo. *Bío-bibliografía de José Carlos Mariátegui*. Lima: Universidad Nacional Mayor de San Marcos, 1963.

Rowe, William. "José Carlos Mariátegui: 1994". *Travesía. Journal of Latin American Cultural Studies* 3: 1-2 (1994): 290-298.

Sylvers, Malcolm. "La formación de un revolucionario". *Mariátegui in Italia*. Bruno Podestà, ed. Lima: Empresa Editorial Amauta, 1980. 19-77.

Terán, Oscar. "Los escritos juveniles de Mariátegui". *Buelna* 4-5 (1980a): 18-24.

-----. "Latinoamérica: Naciones y marxismos". *Socialismo y Participación* 11 (1980b): 69-90.

-----. *Discutir Mariátegui*. México: Universidad Autónoma de Puebla, 1985.

Vanden, Harry E. *Mariátegui: influencias en su formación ideológica*. Lima: Biblioteca Amauta, 1976.

ANGEL RAMA

Barrenechea et al. "Rama y la cultura hispanoamericana". *Texto Crítico* 31-32 (1985): 309-17.

Blixen, Carina y Barros-Lemes, Alvaro. *Cronología y bibliografía de Angel Rama*. Montevideo: Fundación Internacional Angel Rama, 1986.

Cândido, Antonio. "Uma Visão Latino-americana". *Literatura e História na América Latina*. Eds. Ligia Chiappini & Flávio Wolf de Aguiar. São Paulo: Edusp, 1993. 263-269.

D'Allemand, Patricia. "La crítica latinoamericana y sus metáforas: algunas anotaciones". *De Thesaurus. Boletín del Instituto Caro y Cuervo* LIV: 3 (en prensa).

De La Campa, Román. "Hibridez posmoderna y transculturación: política de montaje en torno a Latinoamérica". *Hispamérica* 69 (1994): 3-22.

Franco, Jean. "Angel Rama y la transculturación narrativa en América Latina". *Sin Nombre* 3 (1984): 68-73.

Leenhardt, Jacques. "Uma figura-chave da Crítica Latino-americana". *Literatura e História na América Latina*. Eds. Ligia Chiappini & Flávio de Aguiar. São Paulo: Edusp,1993. 253-262.

Losada, Alejandro. "La contribución de Angel Rama a la historia social de la literatura latinoamericana". *Revista Casa de las Américas* 150 (1985): 44-57.

Martínez A., Agustín. "Angel Rama: la tradición culturalista en la crítica literaria latinoamericana". *ECO* 265 (1983):1-11.

Martínez, Tomás Eloy. "Angel Rama o el placer de la crítica". Angel Rama. *La crítica de la cultura en América Latina*. Caracas: Biblioteca Ayacucho, 1985. xxv-xli.

Moraña, Mabel (ed.). *Angel Rama y los estudios latinoamericanos*. Pittsburgh: Instituto Internacional de Literatura Iberoamericana, 1997.

Osorio, Nelson. "Angel Rama y el estudio comprensivo de la literatura latinoamericana". *Revista Casa de las Américas* 143 (1985): 153-62.

Pizarro, Ana. "A Lição Intelectual Latino-americana". *Literatura e História na América Latina*. Eds. Ligia Chiappini & Flávio de Aguiar. São Paulo: Edusp, 1993. 243-252.

Prego. Omar. "Angel Rama: la crítica como iluminación". *Cuadernos de Marcha* 25 (1984).

Prieto, Adolfo. "Encuentros con Angel Rama". *Texto Crítico* 31-32 (1985): 33-36.

Rama, Angel. "Sentido y estructura de una aportación original de una comarca del tercer mundo: Latinoamérica". México: Universidad Nacional Autónoma de México, s.f. (Charla dada en Ginebra en 1965).

Rama, Angel, Washington Buño & Rafael Laguardia. "Una política cultural autónoma". *Hacia una producción cultural autónoma para América Latina*. Montevideo: Universidad de la República, 1968. 41-50.

Rama, Angel. "Una nueva política cultural en Cuba". *Cuadernos de Marcha* 49 (1971): 47-68.

-----. *Diez problemas para el narrador latinoamericano*. Caracas: Síntesis Dosmil, 1972a.

-----. *La generación crítica (1939-1969)*. Montevideo: Arca, 1972b.

-----. "Mezzo secolo di narrativa latinoamericana". *Latinoamerica, 75 narratori*. Vol 1. Ed. Granco Mogni. Florence: Vellechi, 1973. 3-72.

Rama, Angel. "El área cultural andina (Hispanismo, mesticismo, indigenismo)". *Cuadernos Americanos* 6 (1974a): 136-73.

-----. "Un proceso autonómico: de las literaturas nacionales a la literatura latinoamericana". *Estudios filológicos y lingüísticos* 5-6 (1974b): 125-39.

-----. "Sistema literario y sistema Social en Hispanoamérica". A. Rama et al. *Literatura y praxis en América Latina*. Caracas: Monte Avila, 1975a. 81-107.

-----. "La gesta del mestizo". J.M. Arguedas, *Formación de una cultura nacional indoamericana*. México: Siglo XXI, 1975b. ix-xxiv.

-----. *Los gauchipolíticos rioplatenses. Literatura y sociedad*. Buenos Aires: Calicanto, 1976a.

-----. *Los dictadores latinoamericanos*. México: FCE, 1976b.

-----. "Literatura y clase social". *Escritura* 1: 1 (1976c): 57-75.

-----. "Dos políticas culturales". *Punto de Vista* Buenos Aires: Edición Especial (1977a): 13.

-----. "Prólogo". *Rubén Darío*. Caracas: Biblioteca Ayacucho, 1977b. ix-lii.

-----. "La Biblioteca Ayacucho como instrumento de integración cultural latinoamericana". *Anuario de Estudios Latinoamericanos*. México: Universidad Nacional Autónoma de México, 1981. 325-39.

-----. *La novela latinoamericana. Panoramas 1920-1970*. Bogotá: Colcultura, 1982a.

-----. "Autonomía literaria americana". *Sin Nombre* 4 (1982b): 7 24.

-----. "La modernización literaria". *Hispamérica* 36 (1983): 3-19.

-----. *Literatura y clase social*. México: Folios Ediciones, 1984a.

-----.*La ciudad letrada*. Hanover: Ediciones del Norte, 1984b.

-----. "La literatura en su marco antropológico". *Cuadernos Americanos* 407 (1984c): 95-101.

-----. *Las máscaras democráticas del modernismo*. Montevideo: Fundación Angel Rama, 1984d.

-----. *La crítica de la cultura en América Latina*. Caracas: Biblioteca Ayacucho, 1985a.

-----. "Aportación original de una comarca del tercer mundo: Latinoamérica". México: Universidad Nacional Autónoma de México, s.f.

Rama, Angel. "Algunas sugerencias de trabajo para una aventura intelectual de integración". Coord. Ana Pizarro. *La literatura latinoamericana como proceso*. Buenos Aires: Centro Editor de América Latina, 1985b. 85-97.

-----. *Rubén Darío y el modernismo (Circunstancia socioeconómica de un arte americano)*. Caracas: Alfadil Ediciones, 1985c. (Ed. original, Caracas: Universidad Central de Venezuela, 1970).

-----. *Transculturación narrativa en América Latina*. México: Siglo XXI, 1987. (1ra. ed.: 1982).

Revista Casa de las Américas 26 (1964): 2 y 41 (1967): 2-4.

Ruffinelli, Jorge. "Angel Rama: la carrera del crítico de fondo". *Escritura* 15 (1983): 123-31.

Sosnowski, Saúl. "Entrevista a Angel Rama". *La crítica de la cultura en América Latina*. Caracas: Biblioteca Ayacucho, 1985. ix-xxiii.

Vogt, Carlos. "Entrevista a Angel Rama". *Escritura* 27 (1989): 9-29.

BEATRIZ SARLO

Sarlo, Beatriz & Carlos Altamirano. "La Argentina del centenario: campo intelectual, vida literaria y temas ideológicos". *Hispamérica* 25-26 (1980a): 33-59.

Sarlo, Beatriz. "La literatura de América Latina, unidad y conflicto". *Punto de Vista* 8 (1980b): 3-14.

-----. "Angel Rama y Antonio Cornejo Polar. Tradición y ruptura en América Latina". *Punto de Vista* 8 (1980c): 10-14.

-----. "Sobre la vanguardia, Borges y el criollismo". *Punto de Vista* 11 (1981): 3-8.

-----. "Vanguardia y criollismo". *Revista de Crítica Literaria Latinoamericana* 15 (1982): 39-69.

-----. *Literatura/Sociedad*. Hachette: Buenos Aires, 1983a.

-----. "La perseverancia de un debate". *Punto de Vista* 18 (1983b): 3-5.

-----. "Literatura y política". *Punto de Vista* 19 (1983c): 8-11.

-----. "Una alucinación dispersa en agonía". *Punto de Vista* 21 (1984a): 1-4.

Sarlo, Beatriz & Carlos Altamirano. *Ensayos argentinos*. Buenos Aires: Centro Editor de América Latina, 1983d.

Sarlo, Beatriz. "La cultura después de la dictadura". *Nueva Sociedad* 73 (1984b): 78-84.

-----. "La izquierda ante la cultura: del dogmatismo al populismo". *Punto de Vista* 20 (1984c): 22-25.

-----. "Intelectuales: ¿escisión o mímesis?". *Punto de Vista* 25 (1985a): 1-6.

-----. "Una mirada política. Defensa del partidismo en el arte". *Punto de Vista* 27 (1985b): 1-4.

-----. "Clío revisitada". *Punto de Vista* 28 (1986): 23-26.

-----.*Una modernidad periférica: Buenos Aires 1920 y 1930*. Buenos Aires: Ediciones Nueva Visión, 1988.

-----. "Lo popular en la historia de la cultura". *Punto de Vista* 35 (1989a): 19-24.

-----. "Borges y la literatura argentina". *Punto de Vista* 34 (1989b): 6-10.

-----. "Basuras culturales, simulacros políticos". *Punto de Vista* 37 (1990): 14-17.

-----. "El audiovisual político". *Punto de Vista* 41 (1991): 21-28.

-----. "La teoría como chatarra. Tesis de Oscar Landi sobre la televisión". *Punto de Vista* 44 (1992): 12-18.

-----. "¿Arcaicos o marginales? Situación de los intelectuales en el fin de siglo". *Punto de Vista* 47 (1993a): 1-5.

-----. *Jorge Luis Borges. A Writer on the Edge*. Londres: Verso, 1993b.

-----. "El relativismo absoluto o cómo el mercado y la sociología reflexionan sobre estética". *Punto de Vista* 48 (1994a): 27-31.

-----. *Escenas de la vida posmoderna*. Buenos Aires: Ariel, 1994b.

-----. "La democracia mediática y sus límites". *Punto de Vista* 52 (1995): 11-16.

-----. "Cultural Studies Questionnaire". *Travesia. Journal of Latin American Cultural Studies* 6: 1 (1997): 85-92.

-----. *La máquina cultural: maestras, traductores y vanguardias*. Buenos Aires: Ariel, 1998.

Hacia una crítica cultural latinoamericana
se termnó de imprimir en la imprenta Cushing-Malloy, Inc.,
en el mes de agosto de 2001 en Ann Arbor, MI, USA.